Das Geheimnis

Patrick Lencioni ist Autor des Bestsellers »The Five Temptations of a CEO« und leitet ein Consultingunternehmen in Kalifornien, das sich auf Organisationsentwicklung und die Beratung von Führungskräften spezialisiert hat.

Patrick Lencioni

Das Geheimnis

Ein Roman über die Prinzipien erfolgreicher Führung

Aus dem Englischen von
Andreas Simon

Campus Verlag
Frankfurt/New York

Die amerikanische Originalausgabe »Obsessions of an Extraordinary Executive« erschien 2000 bei Jossey-Bass Inc.

Die Deutsche Bibliothek – CIP-Einheitsaufnahme

Ein Titeldatensatz für diese Publikation ist bei
Der Deutschen Bibliothek erhältlich.
ISBN 3-593-36942-7

Umschlaggestaltung: mancini-design, Frankfurt
Umschlagmotiv: © Bavaria Bildagentur, München
Satz: TypoForum GmbH, Nassau
Druck und Bindung: Wiener Verlag GmbH, Himberg
Gedruckt auf säurefreiem und chlorfrei gebleichtem Papier.
Printed in Austria

Inhalt

Zweiter Teil

Einleitung

W*o alles wichtig ist, kommt es auf nichts wirklich an.*

Niemand versteht die tiefe Wahrheit dieses Ausspruchs besser als jemand, der ein Unternehmen führt. Ganz gleich, ob es sich um einen internationalen Konzern, eine Abteilung in einem größeren Unternehmen oder eine kleine Firma handelt, jede Organisation hält für eine Führungskraft mehr Ablenkungen und Sorgen bereit, als ein Mensch allein bewältigen kann.

Der Schlüssel zur Bewältigung dieser Herausforderung liegt natürlich darin, eine vernünftige Anzahl von Aufgaben zu identifizieren, die die größtmöglichen Auswirkungen auf den Erfolg des Unternehmens haben, und dann die meiste Zeit damit zu verbringen, darüber nachzudenken, darüber zu sprechen und daran zu arbeiten.

Aber welche Aufgaben sind es? Bevor man sie identifiziert, ist es wichtig zu verstehen, wovon letztlich der Erfolg eines Unternehmens abhängt.

Ich glaube, dass alle erfolgreichen Unternehmen zwei Merkmale gemeinsam haben: Sie sind »klug« und sie sind »gesund«. Eine Organisation beweist, dass sie klug ist, indem sie intelligente Strategien, Marketing-Konzepte, Produktmerkmale und Finanzierungsmodelle entwickelt, die zu Wettbewerbsvorteilen gegenüber ihren Konkurrenten führen. Ihre Gesundheit beweist sie, indem sie Streit und Verwirrung beseitigt und dadurch eine bessere Motivation, einen geringeren Personalwechsel und eine höhere Produktivität sicherstellt.

So wichtig jedes dieser beiden Erfolgsmerkmale ist, konzentrieren meiner Erfahrung nach die meisten Führungskräfte ihre Zeit und Energie darauf, ihre Unternehmen klüger zu machen, während sie nur relativ geringe Anstrengungen dafür aufwenden, ein gesundes Betriebsklima zu schaffen. Das ist angesichts des vorherrschenden Schwerpunktes von BWL-Studiengängen, Business Schools und Wirtschaftsmedien verständlich. Es ist aber auch bedauerlich, wenn man bedenkt, welchen gewaltigen Einfluss eine gesunde Unternehmenskultur auf die Geschäftsentwicklung hat.

Erstens werden gesunde Unternehmen durch diese Eigenschaft auch klüger. Selbst wenn ihre Ideen zeitweilig denen der Konkurrenz unterlegen sind, sind sie gewöhnlich bescheiden und effizient genug, um ihre Mängel zu erkennen und ihre Konzepte zu ändern, bevor es zu spät ist. Andererseits haben viele heute längst vergessene Unternehmen ihren Intelligenzvorsprung aufgrund von inneren Querelen, mangelnder Klarheit und anderen Problemen verspielt, mit denen sich ungesunde Unternehmen herumschlagen müssen.

Zweitens sind gesunde Unternehmen weit weniger anfällig für gewöhnliche Probleme als ungesunde. In schwierigen Zeiten zum Beispiel werden die Beschäftigten einem gesunden Unternehmen gegenüber loyal bleiben, ihm länger die Stange halten und alles daran setzen, wieder einen Wettbewerbsvorsprung zu erzielen.

Schließlich – und das ist der entscheidende Punkt – kann niemand außer der Führungsperson an der Spitze des Unternehmens dafür sorgen, dass es gesund ist. Während Führungskräfte häufig die Verantwortung für Strategie, Technologie, Marketing und Finanzierung erfolgreich an ihre direkten Untergebenen delegieren, können sie die Verantwortung für die Gesundheit der Unternehmenskultur niemand anderem überlassen als sich selbst.

Daher ist es, so seltsam es klingen mag, für den Chef oder die Chefin eines Unternehmens wichtiger, sich stärker auf die Gesundheit als auf die Klugheit ihrer Organisationen zu konzentrieren.

Aber verstehen Sie mich nicht falsch. Ich will damit nicht im Geringsten sagen, dass Themen wie Strategie, Produktinnovation und Marketing unwichtig seien. Natürlich kommt ihnen entscheidende Bedeutung zu, jedes Management-Team sollte ihnen große Aufmerksamkeit schenken. Es ist nur so, dass wohlmeinende und intelligente Manager diesen Themen ein unverhältnismäßig hohes Maß an Beachtung schenken, während sie nicht die Zeit und Energie zu finden scheinen, sich auf die Gesundheit ihrer Unternehmen zu konzentrieren.

Woran liegt das? Der Grund ist, dass die Gesundheit eines Unternehmens relativ schwer zu messen und noch schwerer zu erreichen ist. Managern, die quantitative und verlässliche Methoden bevorzugen, um ihre Unternehmen zu lenken, ist sie zu schwammig. Es dauert auch länger, sie zu verwirklichen, als technische Strategien oder Marketing-Konzepte umzusetzen, die zu unmittelbareren Ergebnissen und Belohnungen führen.

Aber vielleicht wird die Gesundheit des Unternehmens in erster Linie deshalb vernachlässigt, weil man dabei mit Realitäten menschlichen Verhaltens konfrontiert wird, mit denen sich selbst die engagiertesten Manager lieber nicht so gerne befassen. Dazu ist nämlich ein Grad an Disziplin und Mut nötig, den nur wirklich außergewöhnliche Firmenchefs und Topmanager aufbringen.

Der Zweck dieses Buches ist es, allen Managern zu helfen, die entwaffnende Einfachheit und enorme Bedeutung einer gesunden Unternehmenskultur und die vier Schritte zu verstehen, mit denen sie sich erreichen lässt. Es beginnt mit der Geschichte zweier Unternehmen, einem gesunden, das seine Abwehrkräfte unter Beweis stellt, und einem ungesunden, das verzweifelt nach einer Kur sucht.

Die Geschichte ist erfunden. Jede Ähnlichkeit mit dem wirklichen Leben ist beinahe unausweichlich.

Erster Teil

1

Greens Ärger

Rich O'Connors Neider behaupteten, er habe nur Glück gehabt. Andere glaubten, er verfüge über eine natürliche Begabung für Management und Menschenführung.

Sie hatten alle keine Ahnung.

Der Rivale

Über seine achtzig Millionen Dollar Jahresumsatz hätte er glücklich sein können – jedenfalls hätten sie ihn nicht verbittern müssen. Aber Vince Green, Gründer und Chef von Greenwich Consulting, wollte sich nicht zufrieden geben, solange nicht, bis seine Firma die führende technische Beratungsfirma in der Region San Francisco sein würde. An besonders schlechten Tagen scherzte er, dass er erst dann wirklich glücklich wäre, wenn sein schärfster Konkurrent, Telegraph Partners, in Konkurs ginge.

Nicht dass Telegraph Partners wesentlich größer gewesen wäre als Greenwich. Tatsächlich konnte Greenwich manchmal mit Telegraphs Quartalsumsätzen gleichziehen (wenn das auch nie für die Gewinne zu gelten schien).

Mehr noch als der finanzielle Vergleich mit Telegraph machte Vince und seinen Mitarbeitern zu schaffen, dass ihr Unternehmen nie die weniger konkreten Schlachten gewann. Telegraph war der unumstrittene Liebling der Fachpresse. Branchenanalysten waren voll des Lobes. Telegraphs Kunden waren vom Service der Firma begeistert und hielten ihr selbst in schwierigen Zeiten die Stange. Obwohl Greenwich durchaus seinen Anteil an Neukunden sichern konnte, war es ein ständiger Kampf, sie zu halten. Für Telegraph dagegen gab es anscheinend keine leichtere Aufgabe.

Wenn das Vince schon beunruhigte, so machte ihn der Kampf um neue Mitarbeiter richtiggehend wütend. Telegraph musste bei weitem nicht so hart arbeiten oder so viel Geld ausgeben, um gute Leute für sich zu gewinnen. Schlimmer noch, es schien einen kleinen, aber kontinuierlichen Strom von Beschäftigten zu geben, der Greenwich verließ und zu Telegraph ging, während umgekehrt nur selten Mitarbeiter zu Greenwich wechselten. Und in den wenigen Fällen, wo es doch geschah, blieben sie selten länger als ein Jahr.

Vielleicht war der subtilste, aber frustrierendste Aspekt des Wettbewerbs zwischen den beiden Firmen, der die Manager von Greenwich nachts vor Wut nicht schlafen ließ, dass Rich O'Connor, der Chef von Telegraph, Greenwich kaum zur Kenntnis nahm. Es fiel ihm nicht ein, seinen Konkurrenten in Presseinterviews, Konferenzreden oder Kundenpräsentationen auch nur zu erwähnen. Und wenn ein Manager von Telegraph gelegentlich bei einem Branchentreffen einer Führungskraft von Greenwich begegnete, zeigte er meist nicht das geringste Interesse an Greenwich und schien keine Vorstellung davon zu haben, was dieser größte und direkteste Konkurrent tat.

Das alles wäre weniger frustrierend gewesen, wenn Greenwich nicht so viel Zeit und Geld investiert hätte, um mehr über seinen Konkurrenten zu erfahren. Von Gesprächen mit ehemaligen Telegraph-Beschäftigten bis hin zu kleineren Fällen von Industriespionage hatte Greenwich so viel Wissen über seinen Konkurrenten gesammelt wie über jeden seiner Kunden.

Und dennoch ergab diese Bespitzelung nichts, was Greenwich verwenden konnte. Bis jetzt.

Feinderkundung

Um das Geheimnis von Telegraphs Erfolg zu verstehen, lud Vince Green gelegentlich Wirtschaftsexperten zu seinen Vorstandsitzungen ein. Strategiefachleute, Marketing-Professoren und Finanzgurus hatten Telegraphs Praxis analysiert und jenen Bereichen besondere Aufmerksamkeit gewidmet, in denen sich Telegraph von Greenwich unterschied.

Sehr zum Ärger von Green und seinem Team fanden diese Experten jedoch meist nur geringe Unterschiede zwischen den Geschäftsstrategien der beiden Firmen. Beide Unternehmen warben ihre Mitarbeiter an denselben Wirtschaftsfakultäten an; sie zahlten ihren Beschäftigten ähnliche Gehälter (tatsächlich waren sie bei Greenwich sogar etwas höher); sie gaben ungefähr die gleiche Summe für Marketing aus; ihre Finanzierungsmodelle ähnelten sich auffällig; und selbst ihr Service und was sie ihren Kunden dafür berechneten waren nahezu identisch.

Green war verwirrt, dass die Analysen der hoch bezahlten Experten keine neuen Einsichten erbracht hatten. Widerwillig stimmte er zu, eine örtliche Organisationsentwicklerin hinzuzuziehen, um die Unternehmenskultur der beiden Firmen zu vergleichen. An dem Tag, als sie ihren Befund auf der wöchentlichen Vorstandssitzung präsentieren sollte, war Green überhaupt nicht in Stimmung für Psycho-Gequatsche über die Wichtigkeit von Firmenausflügen mit den Beschäftigten und gemeinsamen Festen. Doch er sollte eine angenehme Überraschung erleben.

Die Beraterin erlangte schnell die Aufmerksamkeit aller am Konferenztisch. »Auf der Grundlage der verfügbaren Information und meiner Nachforschungen gibt es zwischen Greenwich und Telegraph so wenige Gemeinsamkeiten, dass ein Vergleich äußerst schwer fällt.«

Verwundert über diese scheinbar lächerliche Bemerkung war Green schon drauf und dran, die Präsentation rasch zu beenden. Aber bevor er dazu kam, fuhr sie fort: »Es gibt etwas Bemerkenswertes an der Firmenkultur von Telegraph, etwas, das mir völlig neu ist. Ich meine damit die Fähigkeit der Firma, neue Kunden und Mitarbeiter anzuziehen, Kunden und Beschäftigte zu halten und sich sogar die Loyalität ehemaliger Kunden und Beschäftigter zu bewahren. Wirklich sehr beeindruckend.«

Die Manager von Greenwich waren hin und her gerissen zwischen zwei starken Emotionen: einem Gefühl der Erleichterung, endlich wenigstens ein Körnchen Einsicht erlangt zu haben, das ihnen vielleicht das Verständnis von Telegraphs Erfolg erleichtern konnte, und Enttäuschung darüber, dass ihr Konkurrent schon wieder einen bewundernden Fan gewonnen hatte.

Aber Green war zu erpicht darauf, seinen Konkurrenten besser zu verstehen, und zügelte deshalb seinen Neid. »Also, was ist es genau, was sie anders machen?«

Obwohl die Unternehmensberaterin die tieferen Gründe für den Unterschied in den Unternehmenskulturen nicht genau benennen konnte, nahm sie sich viel Zeit, um die verschiedenen Aspekte der Firmenkultur von Telegraph zu beschreiben. »Anscheinend gibt es praktisch keine internen Konflikte, kaum freiwillige Kündigungen und relativ wenige Klagen von vergraulten Beschäftigten. Selbst die ehemaligen Angestellten, mit denen ich gesprochen habe, waren von der Unternehmenskultur hellauf begeistert.«

Die Manager von Greenwich hörten aufmerksam zu, stellten Fragen und machten sich Notizen, wie Studenten am Tag vor einer wichtigen Prüfung.

Die Beraterin kam zum Schluss: »Im Wesentlichen haben sie eine Organisation, die so stark ist, so«, sie rang nach dem richtigen Wort, »so gesund, dass sie gegen die meisten Bedrohungen immun ist. Das ist der entscheidende Grund dafür, dass sie finanziell und strategisch so erfolgreich sind und gegenüber ihren Mitbewerbern Wettbewerbsvorteile erringen können. Ich wünschte, ich wüsste genau, wie sie das gemacht haben.«

»Ich auch«, sagte Vince Green, nachdem er lange zugehört hatte. Er stand auf, winkte, rang sich ein Lächeln ab, um der Beraterin zu danken, und verließ sofort den Raum.

Niemand ahnte, dass er bereits eine Idee hatte. Wo hatte er nur diese Telefonnummer gelassen?

2

Die Geschichte

Zwei Firmenchefs

In vieler Hinsicht waren sich Rich O'Connor und Vince Green ähnlich. Sie waren nicht nur die Chefs der beiden führenden technischen Beratungsfirmen im Großraum San Francisco, sondern auch sympathische, grundsolide, überaus fleißige Männer voller Wettbewerbsgeist sowie treusorgende Ehemänner und Väter.

Sie hatten außerdem beide zur gleichen Zeit an der Wirtschaftsfakultät von Berkeley ihr Diplom gemacht. Green hatte vor dem Wirtschaftsstudium bei einer führenden Management-Beratungsfirma gearbeitet. Während seiner zwei Jahre in Berkeley verfolgte er mit Argusaugen die Börse, hielt Kontakt zu Kollegen und las so viele Analystenberichte wie möglich. Das Studium schloss er als einer der Jahrgangsbesten ab.

Rich erzielte ebenfalls beeindruckende Noten, hielt sich aber sonst eher bedeckt. Um zusätzlich Geld zu verdienen, arbeitete er als Kellner und gab Studenten unterer Semester Nachhilfe. Wenn er nicht arbeitete oder Vorlesungen besuchte, konnte man ihn im Psychologischen Institut finden, wo seine zukünftige Frau arbeitete. Weil er viel Zeit außerhalb der Wirtschaftsfakultät verbrachte, schloss er weniger

Freundschaften mit Kommilitonen als die meisten anderen Studenten auf dem Campus.

Als Vince sich einige Jahre nach seinem Wirtschaftsdiplom entschloss, seine eigene Beratungsfirma zu gründen, überraschte das niemanden. Als Rich ein paar Monate später das Gleiche tat, nahm niemand davon Notiz.

Der Zeitpunkt, um ins Geschäft für technische Beratung einzusteigen, war ideal, und während der ersten drei Jahre ihrer Geschäftstätigkeit wuchsen die beiden Firmen rasant. Jeder der beiden Firmenchefs schrieb seinen Erfolg sehr harter Arbeit zu, einem bisschen Glück und ausgesprochener Liebe zum Detail.

So wussten beide detailliert über praktisch jeden Beratungsauftrag ihrer Firmen Bescheid. Sie wussten, wofür jeder Dollar ausgegeben wurde, wie viel jeder Kunde ihnen schuldete und welche Konkurrenten sich um welche Projekte bewarben.

Während dieser Zeit entwickelten Rich und Vince ein freundliches, wenn auch etwas distanziertes Verhältnis zueinander. Obwohl die beiden Rivalen einander respektierten, hätten sie sich gegenseitig liebend gern das Unternehmen abgejagt, wenn dem anderen der Biss verloren gegangen wäre. Klar, dass sie deshalb fest entschlossen waren, niemals ihren Biss zu verlieren.

Keines der beiden Unternehmen gewann dem anderen gegenüber einen erkennbaren Vorsprung, und beide standen bei der Fachpresse hoch im Kurs. Vince sagte gerne, dass sich ihre Firmen in einem Kräftegleichgewicht befanden, das ihre Koexistenz möglich und sogar angenehm machte.

Bis sich etwas veränderte.

Aus dem Nichts heraus schien Telegraph einen Vorteil gegenüber seinem Rivalen zu erlangen. Bevor er wusste, was geschah, war Vince bereits zusehends frustriert angesichts der Unfähigkeit seiner Firma, auf vielen Feldern mit Telegraph zu konkurrieren. Trotz aller Ähnlichkeiten waren Rich O'Connor und er plötzlich zu völlig unterschiedlichen Firmenchefs geworden; ein Phänomen, das Vince vor ein Rätsel stellte.

Die Erleuchtung

Es geschah spät in der Nacht. Rich saß gerade alleine in seinem Arbeitszimmer zu Hause und dachte darüber nach, seine geliebte Firma nach drei Jahren zu verkaufen.

Er stand kurz davor, unter dem Druck zusammenzubrechen. Die Ansprüche seines Familienlebens und seines erfolgreichen Unternehmens ließen sich anscheinend nicht mehr unter einen Hut bringen. Es schien, dass er jeden Monat mehr wissen musste – Wettbewerbsanalysen, technologische Fortschritte, Branchentrends, Klientenansprüche –, während ihm gleichzeitig immer weniger Zeit zur Verfügung stand, sich über all das zu informieren. Doch Rich war stolz darauf, seine Firma in- und auswendig zu kennen, und er fand immer einen Weg, um jeden Aspekt von Telegraph im Auge zu behalten.

Als er sein drittes Baseball-Spiel in Folge verpasste, kamen die Dinge in Bewegung. Er und seine Frau hatten langsam genug von seinem stets überfüllten Terminkalender. Die Firma zu verkaufen und einen weniger aufreibenden Job anzunehmen, erschien ihm der einzige Weg, den enormen Druck von sich und seiner Familie zu nehmen.

Aber das Unternehmen war zu einem derart festen Bestandteil seines Lebens geworden, dass er nicht bereit war, an einen Verkauf zu denken. Stattdessen beschloss er, sich in Zukunft auf eine 55-Stundenwoche zu beschränken – weit unter seinem gewöhnlichen Schnitt von 70 Stunden. Dann hätte er mehr als genug Zeit für seine Familie. Wenn sein Unternehmen am Ende des Experiments irgendein Zeichen von Schwäche zeigen sollte, war er gewillt zu verkaufen.

Im ersten Monat hatte er noch mit sich zu kämpfen, brach seinen Vorsatz und nahm sich doch wieder Arbeit mit nach Hause. Verzweifelt versuchte er, das gleiche Maß an Aufgaben in kürzerer Zeit zu bewältigen. Doch dadurch geriet er nur immer weiter in Rückstand. Sowohl seine Familie als auch seine Mitarbeiter waren unglücklich über diesen Wandel, den sie nicht richtig verstanden.

Dann, während einer weiteren langen und sorgenvollen Nacht in seinem häuslichen Arbeitszimmer, traf Rich eine Entscheidung, die seine Karriere, seine Firma und sein Leben für immer ändern sollte.

Er war kurz davor, sich damit abzufinden, die Firma aufzugeben, doch dann entschloss er sich zu einem letzten verzweifelten Versuch. Statt seinen Terminplan jede Woche nach unnötigen Tätigkeiten zu durchforsten, entschloss er sich, das Verfahren umzukehren: Er schrieb eine einfache Frage auf ein Blatt Papier:

Was ist mein wesentlicher Beitrag zur Firma?

Rich starrte fast eine Stunde lang auf die Frage. Ihm fiel nichts ein. Dann musste er plötzlich lachen. Fing er am Ende an, schon ein bisschen verrückt zu werden?

Doch es war nicht sein Verstand, der ihn verließ. Tatsächlich musste er lachen, weil ihm plötzlich etwas gleichermaßen Absurdes, Einfaches und Einleuchtendes aufgefallen war. Und noch während ihm die ganze Tragweite seiner Einsicht nach und nach zu Bewusstsein kam, begann Rich, seine Gedanken aufzuschreiben.

Nach zwei Stunden hatte er sein Ziel aufgegeben, einen Kernbereich in seiner Arbeit zu identifizieren, für den er sich als Firmenchef besonders zuständig fühlte. Stattdessen erkannte er vier grundlegende Aktivitäten – oder besser, Prinzipien –, die er sauber auf ein gelbes Blatt Papier schrieb. Er steckte es in seine Brieftasche und ging aufgeregt und voller Hoffnung zu Bett, ein Gefühl, das er nicht mehr verspürt hatte, seitdem er vor drei Jahren das Unternehmen gegründet hatte.

Die Praxis

Als Rich am nächsten Morgen aufwachte, hatte sich seine Euphorie vom Vorabend etwas gelegt. Aber als er in die Firma kam, holte er das gelbe Blatt Papier aus seiner Brieftasche, starrte einige Minuten darauf, und fast augenblicklich kehrte seine Aufgeregtheit zurück.

Er klebte die gelbe Liste vor seinen Schreibtisch und konnte nicht aufhören, über die vier Prinzipien nachzudenken, die er in der Nacht zuvor entdeckt hatte. An den nächsten Tagen begann er jeden Morgen damit, dass er die Liste überdachte und die notwendigen Veränderungen an seinem Terminkalender vornahm. Und nach nur einer Woche hatte sich Richs Einstellung dramatisch verändert.

Innerhalb weniger Wochen entdeckte er, dass er nur noch wenig über die Konkurrenz zu anderen Firmen nachdachte und das Interesse an vielen seiner früheren Pflichten verloren hatte, wie zum Beispiel die Details der monatlichen Rechnungsstellung und der Ausgaben zu überprüfen. Er verließ das Büro jeden Tag um 18 Uhr 30, ohne die übliche Mappe von Berichten und anderem Lektürematerial mit nach Hause zu nehmen.

Immer häufiger übertrug Rich etliche seiner Aufgaben an

seine Mitarbeiter, die bereits im Stillen darauf spekulierten, dass er sich womöglich aus dem Geschäft zurückziehen wolle.

Doch schon sehr bald wurde allen klar, dass Rich in Wirklichkeit engagierter denn je bei der Sache war. Obwohl er verstärkt Verantwortlichkeiten delegierte, erhielten seine Sitzungen eine ganz neue Dringlichkeit und Klarheit. Im Verlauf weniger Monate erlebten seine Mitarbeiter, wie sein Managementstil einfacher und konzentrierter wurde.

Rich stellte im Verlauf der Sitzungen mehr gezielte Fragen als je zuvor. Außerdem widerstand er der Versuchung, sich in jede Einzelheit zu vertiefen, sofern diese Versuchung überhaupt noch bestand. Doch vielleicht am wichtigsten und zweifellos am auffälligsten war, dass er mehr Zeit damit verbrachte, bei den Sitzungen zuzuhören, und wenn er sich doch in das Gespräch einschaltete, geschah es gewöhnlich, um die Aufmerksamkeit der Teilnehmer wieder auf das jeweilige Thema zu richten.

Im Verlauf eines Jahres blühte Telegraph auf und wurde zum eindeutigen Branchenliebling.

Während dieser Zeit hielt sich Rich eisern an seinen Plan. Abgesehen von gelegentlichen Besuchen bei Kunden und den unvermeidlichen gesellschaftlichen Verpflichtungen eines Firmenchefs hatte alles, was er tat, mit mindestens einem der Prinzipien auf seinem »gelben Zettel« zu tun, wie er unter einigen der Telegraph-Manager bekannt wurde. Sie zogen Rich häufig damit auf, dass er von der Liste förmlich besessen sei. Aber niemand beklagte sich darüber.

Interessanterweise wusste nur eine Hand voll Leute tatsächlich, was es mit dem gelben Zettel auf sich hatte – merkwürdig genug, denn Rich unternahm nichts, um ihn zu verbergen oder vertraulich zu behandeln. Aber nur wenige fragten danach, und so blieb der Inhalt ein kleines Geheimnis. Rich machte es nichts aus, denn außer ihm musste die Liste niemand wirklich verstehen.

Was er allerdings nicht ahnen konnte war, dass einer seiner Mitarbeiter eben diese Liste einmal für den Plan missbrauchen würde, die Firma zu zerstören.

Der Türhüter

Von dem Moment an, in dem er die Prinzipien auf seinem gelben Zettel einzusetzen begann, reduzierte Rich beständig die Bandbreite seiner Aktivitäten auf eine Reihe von Kernaufgaben. Eines der Gebiete, bei dem er am beharrlichsten auf sein Mitwirken bestand, war die Einstellung neuer Mitarbeiter.

Mehr als ein Drittel der 55-Stundenwoche (50 waren einfach nicht realistisch für ihn) verbrachte er damit, Gespräche mit potenziellen neuen Beschäftigten zu führen. Ursprünglich hatte er darauf bestanden, jeden Kandidaten nach der ersten Auswahlrunde selbst in Augenschein zu nehmen. Als die Firma stetig wuchs, beschränkte er sich auf die Manager und Partner. Selbst das erwies sich als Belastung, aber die nahm Rich gern in Kauf.

Außer der Zeit, die er solchen Interviews widmete, verbrachte er jeden zweiten Montag zwei volle Stunden mit neu Eingestellten, hieß sie in der Firma willkommen und gab ihnen einen Einblick in das Betriebsleben von Telegraph. Weitere Stunden verbrachte er mit den anderen Beschäftigten, hörte sich ihre Ideen und Sorgen an.

In regelmäßigen Abständen drängte ihn seine fürsorgliche

Stellvertreterin Karen, bei diesen Aktivitäten kürzer zu treten, um seinen Terminkalender zu entlasten. Aber davon wollte er nichts hören. Neben der Leitung der wöchentlichen Sitzungen betrachtete Rich seine Beteiligung bei der Einstellung und der Einführung neuer Mitarbeiter als eine seiner wichtigsten Aufgaben.

Durch Richs Fleiß und seine Konzentration auf diese Kernfelder kam es in der Firma nur selten zu verfehlten Einstellungen, zumindest in der Führungsebene. Sein Team war überzeugt, dass Telegraph nicht zuletzt deswegen eine hervorragende Firma geworden war.

Aber auch hervorragende Firmen machen Fehler.

Die verwaiste Tür

Anders als Außenstehende – Medien, Konkurrenten und selbst seine eigenen Freunde – glauben mochten, ließ sich Richs Erfolg nicht so einfach fortsetzen, wie es den Anschein hatte. Sein Terminkalender forderte ihm zwar nicht mehr so viel ab, doch konzentrierte er sich ständig auf die Liste und vertiefte sich in eine oder mehrere der vier Disziplinen. Es war ein Reglement, dem er sich gerne unterwarf.

Aber jeder Mensch wird einmal müde, und nach acht Jahren an der Spitze seines Unternehmens war Rich sehr müde geworden.

Daher stimmte er auf Drängen seiner Frau zu, einmal ausgiebig Urlaub zu machen und sechs Wochen mit seiner Familie am Lake Tahoe zu verbringen. Keine E-Mails, keine Konferenzschaltungen, nichts. Die einzige Verbindung zur Arbeit war ein viertelstündiges Telefongespräch mit seinem Vertrauten, dem leitenden Manager Tom Givens, der ihn auf dem Laufenden hielt.

Als Tom bereits nach drei Tagen anrief, wusste Rich, dass es wichtig sein musste.

»Tut mir leid. Ich weiß, ich soll nur dienstags anrufen, aber ich brauche in einer Sache sofort Ihre Zustimmung.«

Rich war insgeheim froh, mit Tom zu sprechen. Er hatte sich noch nicht mit der Idee angefreundet, so lange von der Firma fern zu bleiben. »Bei mir müssen Sie sich nicht entschuldigen, klären Sie das lieber mit Laura ab. Wenn meine Frau herausfindet, dass ich mit Ihnen spreche, können Sie sich einen neuen Job suchen.«

Tom lachte: »Okay, dann werde ich mich kurz fassen. Ich glaube, dass ich endlich einen Ersatz für Maurine gefunden habe, und möchte ihm ein Angebot machen. Es ist der Mann aus Seattle, Sie haben mit ihm telefoniert, bevor Sie abgereist sind.«

»Aber ich kann ihn erst in einigen Wochen treffen. Hatten wir uns nicht darauf geeinigt, damit zu warten, bis ...«

Tom neigte mitunter dazu, andere zu unterbrechen, sobald er wusste, worauf sie hinauswollten. Eine Eigenschaft, die er sich auch nach vielen Jahren ernsthafter Bemühung nicht hatte abgewöhnen können. Doch niemand nahm es ihm übel. »Aber Rich, ich glaube, es ist eine außergewöhnliche Situation. Der Mann hat Erfahrung im Personalmanagement und verfügt über Qualifikationen, die besser sind als Ihre und meine zusammengenommen. Er hat noch zwei weitere Angebote – eins davon kommt von Greenwich –, deshalb müssen wir sofort handeln. Und Joel von Mena Ventures meint ebenfalls, dass er gut ist.«

Aber keines der Argumente überzeugte Rich. »Erstens interessiert es mich nicht, ob Greenwich oder sonst jemand ihm einen Job anbietet. Und zweitens wissen Sie, wie ich darüber denke. Besonders bei jemand auf dieser Ebene. Tut mir leid, Tom, aber die Entscheidung muss noch ein wenig warten.«

Von Zeit zu Zeit musste Rich Tom und seine anderen Mitarbeiter in Fragen wie dieser etwas zügeln, das war er schon gewohnt, und es machte ihm nichts aus. Tatsächlich hatte das sogar etwas Beruhigendes für Rich an sich. Schließlich war es Toms Aufgabe, die Dinge so schnell wie möglich zu erledigen. Und dazu gehörte eben auch, dass Tom genug Mitarbeiter einstellte, während es in seine eigene Verantwortung fiel, die Firmenkultur zu erhalten. Rich musste sicher stellen, dass diese Leute gut zu Telegraph passten. Jeder wusste, wie wichtig Richs ausgleichende Rolle für die Unternehmenskultur war, wenngleich es dadurch auch gelegentlich zu Konflikten kam, die aber stets konstruktiv blieben.

Deshalb wählte Tom seine Worte mit Bedacht, als er einen letzten Versuch unternahm, seinen Boss zu überreden. »Rich, Sie wissen, dass mir klar ist, wie wichtig Ihre Interviews sind. Aber wir sprechen hier nicht über die Position des Finanzvorstandes, nicht mal über einen Betriebsleiter. Und wir werden so schnell niemanden finden, der so qualifiziert ist.«

Vielleicht lag es daran, dass er mit seiner Familie im Urlaub war. Zum ersten Mal schwankte Rich ein wenig. »Was halten denn die anderen von ihm?«

Verblüfft, dass er einen Fuß in der Tür hatte, konnte Tom nicht anders, als ein bisschen zu übertreiben. »Sie sind hellauf begeistert, besonders von seinem Lebenslauf, sehr beeindruckend. Und im Hinblick auf die Übernahmen, die nächstes Jahr auf uns zukommen, glauben sie, dass er sehr erfolgreich sein wird.«

Nachdem er drei Monate lang neben seinen eigentlichen

Aufgaben auch noch die Personalabteilung kommissarisch geleitet hatte, wollte Tom die Position unbedingt wieder besetzen. Er beschloss deshalb, nicht zu erwähnen, dass Rita, die Justitiarin von Telegraph, den Kandidaten noch nicht getroffen hatte. Vor allem aber sah er bei dem Mann keinerlei Probleme.

»Und wie sieht es aus mit unserer Unternehmenskultur? Ich hoffe doch stark, dass er alle drei Kriterien erfüllt.« Rich musste seinen leitenden Manager nicht eigens an die Bedeutung der Firmenwerte erinnern. Alle Beschäftigten, die länger als ein paar Monate bei Telegraph waren, wussten – wie beeindruckend ihr Werdegang oder ihre Fertigkeiten auch sein mochten –, dass sie nur deshalb in die Firma aufgenommen worden waren, weil sie bescheiden, hungrig und klug waren.

Tom zögerte ein klein wenig. »Ich glaube ja. Ja. Das tut er.«

Rich musste fast lachen. »Na kommen Sie, Tom, das klingt nicht gerade überzeugend. Bringt er nun das nötige Rüstzeug mit oder nicht?«

»Also, alle, die ihn kennengelernt habe, halten ihn für ziemlich klug.«

»Aber das ist ja die unwichtigste der drei Eigenschaften«, erinnerte ihn Rich.

»Stimmt. Und was den nötigen Biss angeht, hat er seinen Unterlagen zufolge das Arbeitsethos eines Packesels. In seiner Zeit am Jensen College musste man ihn deshalb praktisch die Hälfte der Zeit nach Hause schicken.«

Das war nicht unbedingt, wonach Rich bei seinen Mitarbeitern suchte, aber es konnte auf keinen Fall schaden. »Und wie sieht es mit seiner Bescheidenheit aus?«

Tom räusperte sich. »Nun ja, wir *glauben*, dass er bescheiden ist. Wir haben seine Referenzen überprüft und nichts Negatives gehört.« Tom suchte nach noch mehr Belegen, um sein Wunschdenken zu untermauern. »Wir haben mit einer Frau gesprochen, die schon mit ihm zusammengearbeitet hat, übrigens will er diese Frau irgendwann gern in die Firma holen. Sie glaubt, der Mann kann auf dem Wasser laufen. Übrigens könnte sie den Posten für interne Kommunikation besetzen, über den Sie gesprochen haben.«

Rich ignorierte Toms Überzeugungsmanöver. »Und wie war er so im Gespräch? Haben Sie ihm zum Pier gebracht?«

Rich testete seine Kandidaten gerne, indem er sie zu Orten mitnahm, die nicht gerade der typischen Atmosphäre von Einstellungsgesprächen entsprachen, um zu sehen, wie sie reagierten. Und Pier 39 war einer seiner Lieblingsorte, um jemanden aus der Fassung zu bringen, dem die letzte Selbstsicherheit fehlte, denn dort gab es jede Menge Touristen und es war chaotisch und schmuddelig.

»Nein«, gab Tom zu, »leider hatten wir für alle Gespräche nur ein paar Stunden. Aber alle scheinen ihn zu mögen.«

Rich war es egal, ob die anderen den Mann mochten. Er wusste, dass die meisten Leute auf diesem Niveau gelernt hatten, sich in Einstellungsgesprächen von ihrer Schokoladenseite zu zeigen. »Und was meint Rita dazu?«

Tom zuckte zusammen. »Rita war heute nicht im Büro, sie war bislang zu beschäftigt für ein telefonisches Einstellungsgespräch.«

Rich schwieg, sodass sich Tom beeilte, nachzulegen. »Hören Sie, wir haben beide gewusst, dass es unmöglich sein würde, Maurine zu ersetzen. Wir würden sie alle lieber heute als gestern aus der Pensionierung zurückholen, aber das geht eben nicht. Und ich glaube nicht, dass wir jemanden wie sie finden werden, egal, wie lange wir warten.«

Vom anderen Ende der Leitung war immer noch nichts zu hören, und Tom fühlte sich ermuntert: »Außerdem haben wir einen Großteil des Verhaltenstests gemacht und jeder, einschließlich Janet und Mark, war der Meinung, dass wir ihn einstellen sollten. Ich lasse sobald wie möglich Rita mit ihm sprechen.«

Immer noch hielt das Schweigen an: »Und ich glaube«, fügte Tom hinzu, »Sie sollten anfangen, uns bei Dingen wie diesen zu vertrauen.«

Das war das entscheidende Argument. Später sagte Rich, dass er einen Moment lang wie ein Ehemann und Vater im Urlaub reagiert hatte, statt wie ein Firmenchef, der die Interessen der Firma schützt. Was es letztlich auch war, Tom konnte es nicht glauben, als sein Boss nach einer langen Pause sagte: »Na gut, Rita soll ihn sich ansehen, und wenn sie ihn auch gut findet, dann greifen Sie zu. Wie heißt er noch gleich?«

»Jamie, Jamie Bender. Sie werden ihn mögen.« Am nächsten Morgen verspürte Rich ein seltsames Gefühl der Erleichterung, dass er ein bisschen von seiner Verantwortung an Tom abgegeben hatte. »Es ist nichts Schlimmes passiert«, dachte er. »Vielleicht habe ich meine Rolle überschätzt.«

Doch bereits drei Monate später war Rich außer sich über Jamie, und er konnte niemand anders die Schuld geben als sich selbst.

Desorientierung

Weil Rich noch fast einen Monat Urlaub vor sich hatte, trat Jamie Bender seine Stelle bei Telegraph an, ohne seinen neuen Chef von Angesicht zu Angesicht gesehen zu haben. Obwohl er zwei angenehme, wenn auch ziemlich förmliche Telefongespräche mit Rich hatte, nachdem er Toms Jobangebot angenommen hatte, waren sie kein Ersatz dafür, den Mann persönlich zu treffen. Außer Richs formalem Interview-Prozess umging Jamie damit auch dessen Orientierungsprogramm, und das sollte sich bitter rächen.

Niemand verließ ein Orientierungsgespräch mit Rich O'Connor, ohne eine klare Vorstellung davon zu haben, ob er oder sie letztlich zu Telegraph passen würde. In den seltenen Fällen, wenn unpassende Kandidaten den strengen Interview-Prozess überstanden, kamen sie innerhalb von ein paar Monaten gewöhnlich zu der Einsicht, dass sie nicht in die Firma gehörten. Während der Verabschiedungsgespräche wiesen die meisten darauf hin, dass sie den ersten Hinweis auf ein mögliches Problem schon während der Orientierung erhalten hatten.

Tom tat sein Bestes, um Rich zu vertreten. Er kümmerte sich um alles Wesentliche so gut, wie Rich es getan hätte, und legte auch großenWert darauf, ausführlich über die Firmenkultur von Telegraph zu sprechen. Aber das war nichts im Vergleich zu Richs leidenschaftlichem Vortrag darüber, warum er die Firma gegründet hatte und was er von den Leuten erwartete, die für ihn arbeiteten.

Als Rich aus seinem Urlaub zurückkehrte und Jamie schließlich kennen lernte, spürte er sofort, dass etwas nicht stimmte. Aber er wollte nicht überkritisch sein, nur weil er die Gespräche mit Jamie nicht persönlich geführt hatte. »Ich hätte wahrscheinlich auch Maurine oder Tom nicht sofort akzeptiert, wenn jemand anderes sie eingestellt hätte«, dachte er bei sich.

Während der ersten paar Monate arbeitete Rich bei einer Reihe von Projekten eng mit Jamie zusammen und war überrascht, wie schwer es diesem fiel, sich in die Firma einzuleben. An Jamies Arbeit selbst gab es nichts auszusetzen, auch wenn sie nicht spektakulär war. Es war vielmehr sein Verhalten, das Rich sehr beunruhigte.

Während Jamie mit Sicherheit klug genug war, um bei Telegraph gute Arbeit zu leisten, schien er nicht den Hunger und die Bescheidenheit seiner Kollegen zu teilen. Obwohl er auf eine beträchtliche Zahl von Wochenarbeitsstunden kam, war er offenbar mehr um sich selbst als um das Wohl der Firma besorgt. Und wenn es darum ging, sich die Anerkennung für eine Leistung zu sichern, an der er beteiligt war, lenkte Jamie häufig genug die Aufmerksamkeit auf sich.

Nach einigen weiteren Monaten, die ähnlich verliefen, sah sich Rich in seiner Intuition bestätigt. Er war überzeugt, dass Jamie nicht optimal in die Firmenkultur passte. In Wirklichkeit war er sogar meilenweit davon entfernt.

In Sitzungen und Einzelgesprächen vertrat Jamie nie eine klare Meinung. Rich konnte sich nicht an einen einzigen Fall erinnern, in dem Jamie die Ansicht eines Kollegen in Zweifel gezogen hätte, ganz zu schweigen von Richs eigener. Irgendwie schien ihm die nötige Aufrichtigkeit zu fehlen.

Aber für Tom und die anderen Manager war Jamie längst zu einer Symbolfigur geworden, stand er doch für Richs Vertrauen in ihr gutes Urteil. Und daher war es nur natürlich, dass sie sich seinen Erfolg wünschten. Wann immer Rich seine Sorgen im Hinblick auf Jamie zum Ausdruck brachte, verteidigten sie normalerweise ihren neuen Personalmanager. Auch Jamie selbst blieb es nicht verborgen, dass er die Kollegen auf seiner Seite hatte, doch es war ihm noch nicht klar, in welcher Weise er ihre Unterstützung als Druckmittel einsetzen konnte.

Eine Zeit lang gelang es dem Management-Team, Jamie vor Rich in Schutz zu nehmen. Schließlich wusste auch Rich, dass sie nur die besten Absichten hatten. Und weil er gewillt war, ihnen in dieser Angelegenheit wirklich zu vertrauen, hielt er sich zurück.

Dann, nach ein paar weiteren unbefriedigenden Wochen, entschied Rich jedoch, dass die Zeit der Schonung ein Ende haben musste. »Ich habe zu hart gearbeitet, um diese Firma aufzubauen ...«, dachte er, ohne den Satz für sich beenden zu müssen.

Zögerlichkeit

Ganz im Gegensatz zu den meisten Firmenchefs, die er kannte, genoss es Rich , die Leistungen seiner Mitarbeiter zu bewerten. Tatsächlich bestand er darauf, solche Leistungsbewertungen in jedem Quartal vorzunehmen, weil er es für unverantwortlich hielt, mehr als drei Monate zwischen den formellen Feedback-Sitzungen verstreichen zu lassen. Und weil die Dienstreisen zunahmen und die Zeit der Mitarbeiter knapper wurde, fanden informelle Feedback-Gespräche immer seltener statt. Deshalb legte Rich verstärkt Gewicht auf die Quartalssitzungen – selbst wenn das, was er zu sagen hatte, nicht erfreulich war.

So wie etwa im Fall Jamie Bender.

Rich wollte mit Jamie keine Haarspalterei betreiben. Über die Jahre hatte er gelernt, dass schnelles Handeln in solchen Situationen immer besser war, als das Unvermeidliche hinauszuzögern. Er beschloss, dass die nächste Leistungsbewertung eine gute Gelegenheit wäre, um das zu tun, was zum Besten der Firma war.

Wie immer in solchen Fällen konsultierte er zuerst seinen Rechtsbeistand Rita. Sie genoss gewöhnlich die Gespräche und Auseinandersetzungen mit ihm, auch wenn ihr Boss heute ganz besonders energisch schien. »Rita, ich möchte mich von Jamie trennen. Was ist dazu nötig?«

Überrascht von der Direktheit der Frage, musste Rita fast lachen. »So plötzlich? Ich dachte, es wird besser mit ihm.«

»Das finde ich nicht. Schauen Sie, wir haben mit dieser Einstellung einen Fehler gemacht. Es war mein Fehler. Ich weiß, Sie haben alle geglaubt, dass er gut zu uns passt, aber es ist meine Aufgabe, in solchen Angelegenheiten streng zu sein.«

Rita wirkte ein bisschen überrascht. »Nun ja, ich war nie der Meinung, dass er gut zu uns passt. Tatsächlich habe ich Tom gesagt, dass Jamie auf mich ein bisschen unsicher wirkt.«

Rich war verblüfft, dann erleichtert, als hätte er gerade ein weiteres klärendes Puzzle-Stück gefunden. »Ich kann Tom nicht die Schuld geben, ein paar Warnhinweise übersehen zu haben. Er wollte jemanden einstellen, und das gehört zu seinem Job. Ich hätte darauf bestehen sollen, meinen Teil der Aufgabe zu erfüllen. Ich gebe ihm heute Nachmittag seine Leistungsbewertung. Es ist an der Zeit, die Dinge gerade zu rücken.«

Rita hatte gerade einen der bei Telegraph sonst seltenen Prozesse wegen einer Entlassung vor dem Arbeitsgericht durchgefochten. Das war immer eine unangenehme Sache. Vielleicht deshalb – und weil sie ein schlechtes Gewissen hatte, dass sie sich von Tom hatte beschwatzen lassen, Jamies Einstellung gutzuheißen – verspürte sie das Bedürfnis, ihren Boss davon abzubringen: »Ich bin nicht sicher, ob das im Moment so eine gute Idee wäre. Wenn Sie mich fragen, fühlt sich Jamie schon ein bisschen wohler bei uns. Und wir haben bislang nicht einmal im Entferntesten so etwas wie eine Abmahnung ausgesprochen, weder mündlich noch sonst wie.«

»Genau das ist das Problem«, dachte Rich. Er machte seinem Unmut Luft. »Ich bitte Sie, Rita, lassen Sie mich mit diesem juristischen Zeug in Ruhe. Er ist ein Manager, er hat einen Vertrag unterschrieben, in dem steht, dass er jederzeit entlassen werden kann. Was in diesem Land zur Zeit Usus ist, interessiert mich nicht.«

Rita musste lachen. »Ich weiß. Juristisch gesehen haben Sie ja Recht. Aber ich glaube, dass man bei Jamie zu diesem Zeitpunkt noch ein bisschen Nachsicht walten lassen sollte.«

Rich wurde energisch. »Nein, falsch, weniger Nachsicht! Managern sollte man weniger Nachsicht einräumen, sonst ziehen sie andere mit hinunter.«

Rita merkte, dass es keinen Sinn machte, ihren Boss von seiner Absicht abbringen zu wollen, also schlug sie ihm einen Kompromiss vor. »Ich sag Ihnen was. Wie wär's, wenn Sie ihn unmissverständlich abmahnen? Sagen Sie ihm, dass er auf dem Weg nach draußen ist, wenn er nicht schnell eine bessere Leistung zeigt.«

Rich überlegte und nickte dann, als hätte er keine andere Wahl. Er hatte Vertrauen in Ritas Urteil. »Gut, aber es wird nicht sehr erfreulich für ihn werden.«

Die Konfrontation

Als Rich in sein Büro zurückkam, wartete Jamie bereits auf ihn. Wie die meisten Leute, die Rich nicht verstanden, wunderte er sich immer über die schlichte, wenig eindrucksvolle Einrichtung seines Chefbüros. Denn in Jamies Augen minderte das die Größe seines Bosses.

Rich setzte sich an den Konferenztisch, an dem Jamie bereits Platz genommen hatte. »Jamie, dies wird keine leichte Unterhaltung.« Richs Gesichtsausdruck verhärtete sich. Er blickte seinem Personalmanager direkt in die Augen. Jamie schien erstaunt, gewann aber schnell die Fassung zurück.

»Nein? Warum?«

»Weil ich nicht ...« Rich zögerte und fragte sich plötzlich, ob er nicht anfing, weich zu werden. »Ich bin mit Ihrer Leistung, mit Ihrer Rolle nicht zufrieden.« Er entschloss sich, ganz offen zu sein, selbst wenn Rita es nicht gebilligt hätte. »Ich bin mir einfach nicht sicher, ob Sie zu uns passen.«

Jamie war erstaunlich geschickt, wenn es darum ging, den äußeren Schein zu wahren. Er lächelte zuversichtlich, kreuzte die Beine und antwortete in einer Art, die einen Hauch von Herablassung spüren ließ. »Sieht ganz so aus, als müssten wir darüber reden.«

Rich war sich nicht sicher, ob er Jamies Selbstvertrauen als beeindruckend oder bedrohlich empfinden sollte. »Ich wünschte«, fuhr er unbeirrt fort, »ich könnte etwas konkreter sein, aber ich fürchte, es hat mehr als alles andere mit Ihrem Verhalten zu tun. Ich bezweifle ernsthaft, dass Sie ein echtes, ehrliches Verhältnis zum Rest des Teams aufgebaut haben – und offen gesagt finde auch ich es schwierig, ein Verhältnis zu Ihnen aufzubauen. Verstehen Sie, was ich meine?«

Wieder schien Jamie von der Direktheit der Bemerkung unbeeindruckt. Aber in seinem Inneren kochte er. »Na ja, ich bin noch nicht einmal sechs Monate hier. Ich finde es nicht allzu überraschend, dass ich noch nicht ganz in Maurines Schuhe gewachsen bin. Das ist für mich eine große Herausforderung. Aber ich muss zugeben, dass ich mein Verhältnis zu Ihnen nicht als schlecht bezeichnen würde. Wenn ich an all die Vorgesetzten denke, für die ich über die Jahre tätig war, würde ich sagen, dass es eine Freude ist, für jemanden wie Sie zu arbeiten.«

Selbst Rich war nicht gänzlich immun gegen diese Art von Schmeichelei. Er wurde ein klein wenig lockerer. »Das freut mich, aber Sie müssen in Zukunft offener mit dem Team sein. Ich möchte, dass die anderen Ihnen mehr vertrauen. Und das bedeutet für Sie, dass Sie in der Lage sind, Fehler zuzugeben und auch sagen, wenn andere einen Fehler machen. Ich kann einfach nicht erkennen, dass Sie das tun.«

»Ich verstehe genau, was Sie meinen«, log Jamie, »und ich muss sagen, dass Ihre Kritik berechtigt ist.« Nachdem er einen Moment lang in sich zusammen gesunken tiefe Nachdenklichkeit simuliert hatte, richtete er sich auf. »Lassen Sie es uns so machen. Geben Sie mir noch drei weitere Monate.

Ich habe gerade meine eigene Kommunikationsspezialistin eingestellt und fange an, mich in meinem Team und unter den Kollegen wohler zu fühlen.« Er machte eine Pause, aber nicht lange genug, um Rich zu Wort kommen zu lassen. »Und die jährliche Planungskonferenz findet in drei Wochen statt. Das ist doch ein idealer Zeitpunkt, um Ihnen zu zeigen, wie gut mein Verhältnis zu allen tatsächlich ist und was wirklich in mir steckt. Wir werden in einem Jahr auf all dies zurückblicken und lachen.«

Rich hatte mehr Widerstand erwartet. Er ließ sich von Jamies souveräner Reaktion beeindrucken und stimmte dem Plan zu. »Aber ich möchte alle paar Wochen Ihre Fortschritte überprüfen. Ich will Ihnen nichts vormachen. Ich bin ein ungeduldiger Mann. Es könnte sein, dass ich keine weiteren drei Monate warten kann, wenn ich sehe, dass nichts passiert.«

Jamie lächelte und maskierte seine Erleichterung und seine Wut so gut wie möglich. »Ich freue mich darauf.« Er stand auf, hielt dann aber inne. »Ach, äh, ich nehme an, dass die Liste über Ihrem Schreibtisch nicht für die Öffentlichkeit gedacht ist.«

»Also ich stelle sie nicht gerade ins Internet, aber sie ist kein Geheimnis, wenn Sie das meinen.« Rich war erstaunt, dass sich ausgerechnet Jamie für seinen gelben Zettel interessierte.

»Ich dachte nur, dass es für mich hilfreich sein könnte, wenn ich in den nächsten paar Monaten sozusagen auf derselben Seite arbeite wie Sie.«

»Gut.« Ohne nachzudenken, entfernte Rich das Klebeband. »Ich glaube nicht, dass ich sie in den letzten fünf Jahren ein einziges Mal abgenommen habe«, dachte er laut. Beim Abziehen des letzten Klebestreifens riss das Papier ein. Rich hielt einen Moment inne, als überlegte er, ob er sich darüber Sorgen machen sollte, dass er seine berühmte gelbe Checkliste beschädigt hatte. Aber er zuckte nur die Schultern und gab sie Jamie. »Hier. Lassen Sie sich von Karen eine Kopie machen.«

»Danke.« Jamie nahm das Blatt und ging hinaus.

Rich konnte seine eigenen Gefühle nicht auf den Punkt bringen. Er fühlte eine bizarre Mischung aus Bedauern und Schuld. Bedauern, dass er sich jemandem geöffnet hatte, bei dem er sich nicht wohl fühlte, und Schuld, überhaupt erst misstrauisch gewesen zu sein. Aber das Gefühl verschwand, als Jamie mit dem Blatt zurückkam und Richs Büro verließ.

Drei Wochen später sollte das ungute Gefühl zurückkehren, nur stärker.

Der Virus

Die meisten Menschen, die ihn kennen lernten, fanden Jamie Bender in Ordnung. Aber er hatte ein paar große Fehler. Am auffälligsten war dabei seine Konfliktscheu. Seine tiefe Angst, zu scheitern und abgelehnt zu werden, hatte ihn während seiner gesamten Karriere verfolgt. Als er älter wurde, verstärkte sich dieser Zug noch.

Doch Jamie war in verschiedener Hinsicht auch brillant. Er schnitt in den Aufnahmetests für die Universität außergewöhnlich gut ab. Vor allem aber hatte er gelernt, seine Gefühle zu kontrollieren und seine Unsicherheit mit Charme zu maskieren. Diese Fähigkeiten konnte er in ganz unterschiedlichen Situationen zu seinem Vorteil nutzen. So reichte es ihm in anderen Firmen, in denen er gearbeitet hatte, aus, um zurecht zu kommen, sogar um erfolgreich zu sein. Schließlich war Jamie in der richtigen Umgebung extrem liebenswert. Aber bei Rich merkte er, dass es eng für ihn wurde. Rich hatte ihn durchschaut.

Wäre ihm das in der Vergangenheit passiert, hätte Jamie seine Bewerbungsunterlagen genommen, eine »bessere Chance« gefunden und die Firma verlassen. Doch in diesem Fall war das keine attraktive Option. Er begann nämlich langsam zu verstehen und zu schätzen, was bei Telegraph geschah. Außerdem gab es einen praktischen Grund gegen diese Flucht: Er war gerade mit seiner Familie in die Nähe gezogen. Und selbst ohne diese Hindernisse hätte das Verlassen der Firma aus leitender Funktion in seinem Lebenslauf nicht gut ausgesehen. Er musste einen Weg finden, um bei Telegraph zu überleben – sei es nur für weitere sechs Monate, um dann vielleicht einen anderen Job in der Region zu finden.

Zum ersten Mal in seiner Karriere fühlte sich Jamie ernsthaft bedrängt wie ein Tier in der Falle. Menschen in einer solchen Situation neigen zu verrückten Taten.

Die Hintertür

Es war bereits sechs Monate her, seit Jamie das Angebot ausgeschlagen hatte, Personalleiter von Greenwich zu werden. Er erinnerte sich noch gut daran, dass Vince Green sich besonders über Jamies Entscheidung aufgeregt hatte, zu Telegraph zu gehen. Schon damals hatte Jamie irgendwie gespürt, dass es klug wäre, Greens Telefonnummer nicht wegzuwerfen. Die Erinnerung an sein Gespräch mit Green gab Jamie nun Hoffnung.

Zweifellos würde Green daran interessiert sein, mit ihm zu sprechen. Zum einen waren die beiden Männer gleichermaßen über Telegraph frustriert. Vor allem aber verfügte Jamie über Informationen, die Green mit Sicherheit interessant finden würde.

Zum Zeitunkt als Jamie anrief, hatte Green seine fast krankhafte Neugier für Telegraph beinahe aufgegeben und sich damit abgefunden, seinen Rivalen niemals zu verstehen. Doch nun gab Jamie seinem Interesse unerwartet neue Nahrung.

Wie immer kalkuliert diplomatisch, wählte Jamie seine Worte sorgsam. »Mir ist klar, dass diese Situation unangenehm ist, und ich könnte es gut verstehen, wenn Sie nicht mit mir sprechen wollten.« Tatsächlich wusste er es besser. »Aber ich habe das Gefühl, dass meine Entscheidung, zu Telegraph anstatt zu Greenwich zu gehen, falsch gewesen sein könnte.« Jamie war sich ganz sicher, dass diese Worte in Vince Greens Ohren wie Musik klangen.

»Seien Sie nicht albern, Jamie. Es ist gut, von Ihnen zu hören. Was läuft schief bei Telegraph?« Green war immer froh, von den Unvollkommenheiten seiner Konkurrenten zu hören.

»Ich möchte, dass es unter uns bleibt ...« Jamie gab sich betont diskret.

»Natürlich, machen Sie sich keine Sorgen«, versicherte Green ein bisschen zu eilfertig.

»Nun ja, ich schätze, es läuft gut bei Telegraph. Nicht perfekt, aber ich bin sicher, dass ich zurecht kommen werde.« Jamie beschloss, auf den Punkt zu kommen. »Ich bin mir mittlerweile nur ganz sicher, dass ich mit Ihnen in Kontakt bleiben möchte – nur für den Fall, dass sich etwas verändert. Ich hoffe natürlich, dass Sie dann noch mit mir sprechen wollen, falls ...«

Green unterbrach seinen einstigen Bewerber. »Keine Sorge, ich wäre froh, wieder mit Ihnen zu sprechen. Wissen Sie, so etwas passiert ständig. Wir verlieren Leute an Telegraph; sie verlieren Leute an uns. Manchmal ändert man eben seine Meinung.«

Obwohl er erst sechs Monate in der Firma war, wusste Jamie, dass Green die Häufigkeit der Wechsel von Telegraph zu Greenwich übertrieb. Trotzdem war er erleichtert.

Green fuhr fort: »Warum halten wir nicht alle paar Monate Rücksprache, um zu sehen, wie Sie zurecht kommen?«

Jamie stimmte zu, dankte Green für sein Verständnis und legte auf. »Und wie komme ich unbeschädigt durch die Jahresplanungskonferenz?«, war sein nächster Gedanke.

Konferenzen

Anders als seine Rivalen glaubten, konnte Rich O'Connor rührselige Intimität bei den auswärtigen Planungskonferenzen der Firma nicht leiden. Tatsächlich nannten die Manager seine Konferenzausflüge mittlerweile »kuschelfreie Veranstaltungen«, ein Ausdruck, der auf das erste dieser Treffen vor fünf Jahren zurückging. Damals hatte Maurine, Jamies Vorgängerin, darauf bestanden, eine teambildende Übung ins Programm zu integrieren. Dazu hatte sie einen Trainer eingeladen, der einen halben Tag mit den Managern von Telegraph verbringen sollte.

Der Trainer hatte das Treffen mit einer harmlosen vertrauensbildenden Übung begonnen, bei der die Manager mit verbundenen Augen einfache Probleme lösen sollten, indem sie nur ihre Stimme und ihren Tastsinn benutzten. Der Trainer konnte natürlich nicht sehen, wie Rich hinter seiner Binde die Augen verdrehte; andernfalls hätte er mit Sicherheit die nächste Übung ausgelassen.

Nachdem das Team die Binden abgelegt und sich an den Konferenztisch gesetzt hatte, bat der Trainer jeden einzelnen, sein Geburtsdatum auf ein Namensschild zu schreiben und sich an das Hemd zu heften. Maurine und alle anderen im Raum mit Ausnahme des Trainers bemerkten, dass sich Richs Ohren plötzlich rot färbten, ein deutliches Zeichen, dass er langsam wütend wurde.

Als der Trainer dann anfing, die jeweiligen Sternzeichen der Teilnehmer zu notieren, nahm auch Richs Gesicht eine rote Färbung an. Er stand auf, um zu protestieren – aber noch ehe er etwas sagen konnte, wendete Maurine die drohende Katastrophe ab: »Lassen Sie uns eine fünfminütige Pause machen, um die Voice Mail abzuhören.« Die Manager liefen auseinander wie Fünftklässler zur Pause.

Als sie zurückkehrten, war der Trainer spurlos verschwunden. Maurine stand linkisch vor ihnen und ergriff entschuldigend das Wort: »Es ist mir sehr unangenehm. Aber lassen Sie mich nur sagen, dass ich absolut keine Ahnung hatte! Ein Freund hat ihn mir empfohlen, und ich habe wohl angenommen, dass er weiß, was er sagt.«

Ihre Kollegen sahen nur zu deutlich, wie peinlich es ihr war. Tom brach das Schweigen mit gespielt ernsthafter Mine und Stimme: »Einen Moment lang habe ich mir echte Sorgen gemacht. Ich dachte, Rich, der ja schließlich Löwe ist, würde den Kerl umbringen.« Alle brachen erleichtert in lautes Gelächter aus.

Die Gruppenspielchen des Trainers, dessen Namen alle längst vergessen hatten, wurden bei Telegraph sprichwörtlich. Jedes Mal, wenn Maurine eine externe Konferenz plante, streute sie mindestens einen Hinweis auf eine fiktive Übung ein, der bei ihren Kollegen und ihrem »kuschelunwilligen« Chef unfehlbar Grausen und Gelächter auslöste.

Jamie war es gewöhnt, mit Managern umzugehen, die scheinbar eine Abneigung gegen alles Weiche und Schwammige hatten. Die meisten von ihnen konnten jedoch Trainern und ihren Übungen mehr abgewinnen, als sie zugeben wollten – da war Jamie sich ganz sicher. Also nahm er sich vor, Rich und sein Team bei der Jahresplanungskonferenz aus der Komfortzone zu drängen, und sei es nur für ein paar Stunden.

Als diese sahen, dass der erste Punkt der Tagesordnung »kontrollierte Konfrontation« lautete, nahmen natürlich alle an, dass Jamie den Spaß weiterführen würde, den Maurine eingeführt hatte. Tatsächlich hielten sie den Titel der Veranstaltung für ziemlich klug – immerhin traf diese Art Thema bei Managern meist den richtigen Nerv.

Niemand wusste, dass Jamie von dem Witz keine Ahnung hatte.

Meadowood

Externe Konferenzen fanden bei Telegraph üblicherweise in einem nahe gelegenen Hotel statt, das Rich und sein Team aus mehreren Gründen bevorzugten: Es war nicht weit entfernt von San Francisco, hatte hübsche Konferenzräume, und, vielleicht am wichtigsten, die Hotelkette war ein Klient von Telegraph und gab der Firma Rabatt. Zwar scheuten Rich und sein Team nicht davor zurück, Geld auszugeben, wenn es erforderlich war, aber sie waren stolz auf ihre Angewohnheit, überflüssige Ausgaben zu vermeiden.

Das jährliche Planungstreffen war allerdings eine andere Sache: Immerhin handelte es sich um eine zweitägige, besonders wichtige Veranstaltung. Deshalb wurde in diesem Fall in einem unprätentiösen, aber eleganten Tagungsort namens Meadowood getagt – im Napa Valley, eine Autostunde nördlich von San Francisco.

In den drei vorangehenden Wochen seit der Leistungsbewertung hatte Jamie Rich und seine Kollegen genauer denn je beobachtet. Zwei Dinge waren ihm dabei klar geworden: Erstens verfügte Telegraph über etwas Besonderes, Einzigartiges – und zweitens war Jamie weiter denn je davon entfernt, dazuzugehören. Etwas Entscheidendes musste geschehen, und zwar bald.

Als Jamie im Shuttle-Bus auf dem Weg nach Meadowood durch die Weinberge fuhr, fühlte er sich sehr unwohl. Nie zuvor in seiner Karriere hatte er vor einer Tagung einen solchen Druck verspürt.

Um elf Uhr hatten sich alle im Konferenzraum eingefunden und am U-förmigen Tisch Platz genommen. Rich stand auf und hielt die für ihn übliche Eröffnungsrede. »Ich fasse mich kurz, weil wir in den nächsten zwei Tagen eine Menge Arbeit zu bewältigen haben. Diese Konferenz markiert das achte Jahr, in dem wir Umsatz- und Gewinnwachstum und eine allgemein erfolgreiche Geschäftsentwicklung verzeichnen können. Wie immer danke ich Ihnen für Ihre Anstrengung, Ihre Leidenschaft und Ihr Engagement. Ich glaube, Sie wissen, dass dies keine leeren Worte sind.« Tom konnte sich angesichts der Bescheidenheit seines Chefs ein Lächeln nicht verkneifen.

»Aber lassen Sie mich an dieser Stelle feststellen«, fuhr Rich fort, »dass es entscheidend ist, unseren Erfolg nicht für selbstverständlich zu halten. Einige der besten Firmen der Welt mit einem größeren Marktanteil und einem höheren Markenwert als wir sind selbstzufrieden geworden. Sie haben angenommen, dass ihr weiterer Erfolg unausweichlich sei, nur um dann miterleben zu müssen, wie alles den Bach hinunterging.«

Alle Anwesenden hatten diese Botschaft schon oft gehört, aber Richs Eindringlichkeit sorgte wie immer dafür, dass seine Worte bei ihnen auf offene Ohren stießen.

»Was wir in den letzten Jahren erreicht haben, führt in

direkter Linie zu dieser Jahreskonferenz. Also lassen Sie uns hart arbeiten, uns gegenseitig fordern und so viel Produktivität wie möglich aus den nächsten beiden Tagen herausholen. Und wenn's geht, lassen Sie uns auch ein bisschen Spaß haben.« Rich lächelte und setzte sich.

Jamie war wie benommen. Zum ersten Mal in seiner kurzen Zeit bei Telegraph bekam er eine Ahnung, warum Rich von allen so bewundert wurde. Doch er wollte diesem Gefühl nicht nachgeben; damit würde er nur den Schmerz vergrößern, wenn er scheitern sollte. Und das erschien ihm plötzlich immer wahrscheinlicher.

Rich blickte zu Jamie, der den ersten Teil des Programms einleiten sollte. »Sie sind als Erster dran, Jamie.«

Jamie war stets in der Lage, angesichts von Stress nach außen hin Ruhe und Fassung zu demonstrieren: »Ich möchte gern die Tagesordnung ändern. Ich halte es für sinnvoller, unsere teambildende Übung am Ende der Konferenz abzuhalten. Bitte entschuldigen Sie, aber ich glaube, dass es so am besten funktioniert. Das bedeutet, dass wir mit Toms Überblick über den Strategieplan anfangen.«

Niemand hatte die geringste Ahnung, dass Jamie sich am Rande der Panik befand. Nach außen hin sah es wie eine ganz normale Änderung der Tagesordnung aus. Alle öffneten ihre Hefter und versenkten sich in die Arbeit.

Tom leitete die erste Diskussion, die sich vor allem auf zwei potenzielle Übernahmekandidaten konzentrierte: eine auf den Einzelhandel spezialisierte Beratungsfirma in Sausalito und eine kleine E-Commerce-Firma in Walnut Creek. Beide Geschäfte waren im Team sehr umstritten. Neunzig Minuten lang debattierten sieben Manager die Vorzüge und

Nachteile jeder Transaktion. Manche wollten beide Übernahmen abschließen, andere keine und es gab auch Manager, die für die eine und gegen die andere Übernahme eintraten. Jamie brauchte eine Strichliste, um zu verstehen, wer genau auf welcher Seite stand.

An einem bestimmten Punkt waren Tom und Rita völlig unterschiedlicher Meinung über die finanzielle Machbarkeit der Sausalito-Übernahme. Jamie war von der Art ihrer Unterhaltung geschockt.

Tom begann den Wortwechsel: »Rita, bei allem Respekt, die rechtlichen Probleme, auf die Sie hinweisen, reichen nicht aus, um auf den Deal zu verzichten. Wenn wir jedes potenzielle rechtliche Problem vermeiden wollten, würden wir wahrscheinlich morgens gar nicht erst aufstehen.«

Rita wählte ihre Worte behutsam. »Kommen Sie, Tom, Sie wissen, dass ich genauso wie Sie am finanziellen Wohlergehen der Firma interessiert bin und meine Verantwortung für die rechtliche Seite mit unseren geschäftlichen Interessen auszubalancieren versuche …«

Wie gewöhnlich unterbrach Tom sie. »Ich weiß, Rita. Sie sind nicht die typische Rechtsanwältin mit Hasenfüßen.« Einen kurzen Moment lang war der Raum gespannt, bis Rita lachte.

»Danke, Tom, ich weiß das zu schätzen«, erwiderte sie sarkastisch.

Tom war angesichts dieser Reaktion erleichtert, aber auch etwas verlegen. »Sie wissen, was ich meine. Die Sache ist nur, wenn wir bei dieser Art von Transaktionen nicht aktiv werden, wird es für uns in Zukunft schwierig sein, unsere übergroße Abhängigkeit von High-Tech-Kunden zu beseitigen. Die Dringlichkeit des Problems sollte klar sein.«

Mark, der Consulting-Manager, schaltete sich ein. »Die Sache ist aber die, Tom: Ich bin mir nicht sicher, ob ich ein weiteres Beratungsteam übernehmen kann. Und ich weiß auch nicht genau, ob dieses neue Team dann überhaupt das erforderliche Management-Talent besitzt, um mit uns mitzuhalten.« Er machte eine Pause. »Verdammt, Tom, es könnte auch für Sie zu viel werden – besonders angesichts des Wachstums, das wir in den ersten beiden Quartalen erwarten. Ich glaube, es würde Sie erschlagen.«

Tom wartete diesmal, bis Mark seinen Satz beendet hatte. »Kommen Sie, Mark. Sie sollten mehr an mich glauben.« Zu Jamies Überraschung schien Tom nicht im Geringsten böse zu sein.

Nun ergriff Janet, die Marketingleiterin, das Wort. »Ich stimme Mark zu, Tom, Sie sind gegenwärtig zu sehr beansprucht, und manchmal habe ich Angst, dass Sie unter der Arbeitslast zusammenbrechen.« Sie ließ ihren Kommentar wirken und schlug dann in eine ganz andere Kerbe. »Allerdings haben wir vor zwei Jahren beschlossen, dass zu unserer neuen Strategie Einzelhandel und E-Commerce gehören sollten. Und wir liegen in beiden Feldern etwas hinter Greenwich zurück. Ich glaube daher, dass wir einen Weg finden müssen, das Geschäft abzuschließen, selbst wenn das gleichzeitig für Tom bedeuten könnte, ein paar seiner Aufgaben an einen anderen Mitarbeiter zu übertragen.«

Diesmal war Jamie sicher, dass Tom reagieren würde. Und das tat er.

»Bitte, bitte, bitte, kann mir jemand ein bisschen von meiner Arbeit abnehmen?«, witzelte Tom zur allgemeinen Erheiterung. »Ich meine es ganz ernst, ich bin offen für Vorschläge.«

Barry, der Finanzvorstand von Telegraph, mischte sich nun in das Gespräch ein. »Das wird härter für Sie, als Sie glauben, Tom. Erinnern Sie sich noch daran, was mir letztes Jahr passiert ist?« Allgemeines Kopfnicken.

Rich hörte lediglich zu, wie so oft. Er folgte dem Gespräch aufmerksam, wollte im Moment aber offenbar nicht einschreiten.

Die Diskussion ging noch zehn Minuten weiter. Die Leidenschaft und die Intensität im Raum wuchsen, während jeder der einen oder anderen Seite zuneigte – mit Ausnahme von Jamie, der sich wie ein Zuschauer bei einem Tennisspiel vorkam und sich nicht entschließen konnte, welcher Seite er die Daumen halten sollte.

Schließlich stand Rita auf und unterbrach das Gespräch abrupt. »Offen gesagt sind das alles nur Spekulationen, und niemand weiß die richtige Antwort. Aber es gibt eines, dessen ich mir absolut sicher bin, und niemand kann mich vom Gegenteil überzeugen.« Das war eine entschiedenere Stellungnahme, als jeder von der umsichtigen Rechtsberaterin erwartet hatte. Im Raum war es still geworden. »Ich muss auf die Toilette. Können wir eine Pause machen?«

Die Spannung löste sich in allgemeiner Erheiterung. »Machen wir zehn Minuten Pause und treffen uns um zwölf Uhr dreißig«, schlug Tom vergnügt vor. »Ich glaube, das Mittagessen kommt gleich.« Die Manager holten ihre Handys heraus oder gingen auf die Toilette.

Jeden im Raum schien die Diskussion in ihren Bann gezogen und belebt zu haben, mit Ausnahme von Jamie. Obwohl er nach außen weiterhin Zuversicht demonstrierte, fühlte er sich innerlich verloren unter diesen Leuten. In seiner gesamten Karriere hatte er sich bei Diskussionen, wie er sie gerade miterlebt hatte, nie wohl gefühlt. Unbewusst verspürte er das Bedürfnis, einen wunden Punkt in ihrem Panzer zu finden – irgendetwas, das ihm Entlastung verschaffen konnte.

Rita kehrte vor den anderen in den Tagungsraum zurück. Sie wollte sich gerade ihrem Handy zuwenden, als Jamie an sie herantrat. »Ich hoffe, Toms Kommentare haben Sie nicht verletzt.«

Rita schien ein bisschen überrascht. »Überhaupt nicht. Ich kenne Tom nicht anders.« Sie machte eine Pause. »Fanden Sie ihn wirklich zu grob?«

Jamie nahm irrtümlicherweise an, dass Rita ins Nachdenken gekommen war. Tatsächlich war sie dabei, Jamies Urteilsfähigkeit auf die Probe zu stellen. »Ja, das glaube ich. Ich bin sicher, er meinte es gut, aber diese Art von Kommentaren können Probleme verursachen, wenn wir nicht vorsichtig sind.«

Rita dachte darüber nach. »Ich weiß Ihre Besorgnis zu schätzen, aber ich glaube nicht, dass es ein Problem ist. Wenn ich davon überzeugt wäre, würde ich es ihm sofort sagen.«

Jamie trat den Rückzug an. »Gut, denn das ist wichtig. Solange Sie ihm die Stirn bieten, wenn er über das Ziel hinausschießt, das, also das ist wichtig.« Selbst Jamie fand, dass sich seine Antwort schwachsinnig anhörte.

Jetzt kamen die anderen in den Tagungsraum zurück. Rich eröffnete die Sitzung, indem er seit mehr als einer Stunde wieder einmal das Wort ergriff. »Also gut, wir sind mit dem Thema praktisch durch. In den letzten beiden Wochen habe ich unsere Finanzen analysiert, die Prognosen und alle potenziellen Hindernisse für die Übernahmen. Ich glaube nicht, dass uns diesbezüglich noch wichtige Informationen fehlen. Es läuft darauf hinaus, eine Entscheidung zu treffen und dazu zu stehen. Und – nebenbei gesagt – hängt die Frage, wie erfolgreich wir tatsächlich dabei sind, vor allem von der Art ab, wie wir das Geschäft durchführen.«

Alle nickten ruhig, nur Jamies Kopf bewegte sich etwas zu heftig hoch und runter. Er suchte verzweifelt nach einem Weg, um Kontakt zu diesen Leuten zu finden.

Rich kam zur Abstimmung. »Also stimmen wir zuerst über den Sausalito-Deal ab. Wie sieht's aus?« Er blickte auf Rita.

Sie atmete tief durch. »Ich glaube immer noch, das Risiko ist zu groß.«

Mark blickte zu Rita und nickte. »Ich stimme Ihnen zu.«

»Ich sage, wir sollten einen Weg finden«, fand Janet.

Tom lächelte. »Ich bin dafür, aber ich stimme zu, dass ich Hilfe brauche.«

Barry verzog das Gesicht. »Es wird hart, aber ich glaube, ich würde mich schlechter fühlen, wenn wir es uns entgehen lassen – anstatt es zu versuchen und dann vielleicht zu scheitern.«

Schließlich, nachdem sich jeder geäußert hatte, sprach Jamie. »Ich bin absolut dafür.« Es klang ein bisschen hohl und aufgesetzt.

Nach der Stimmabgabe teilte Rich wie gewöhnlich seine Meinung mit und traf die letzte Entscheidung. »Also gut, es wird sicher kein Spaziergang. Es gibt ernst zu nehmende

Bedenken hinsichtlich der Arbeitsbelastung und Integration, und Sie haben gut daran getan, darauf hinzuweisen. Ich selbst habe deswegen heute Morgen schon drei Mal meine Meinung geändert.« Die Mitarbeiter lächelten über das subtile Kompliment. »Der strategische Imperativ ist hier allerdings überwältigend. Das Einzelhandelsgeschäft aus den bei uns vorhandenen Ansätzen selbst aufzubauen, würde zu langen dauern. Eine Übernahme wird zwangsläufig notwendig werden und ich glaube nicht, dass es im nächsten Quartal oder später leichter für uns wird. Also würde ich sagen, wir machen es.«

Jamie blickte auf Mark und Rita, um zu sehen, wie sie reagierten. Keine Reaktion.

Dann meldete sich Rita zu Wort. »Schön, wir haben jetzt lange darüber geredet und wollen nicht die ganze Konferenz damit verbringen. Treffen wir uns also nächsten Dienstag in meinem Büro, um über die nötigen Vorbereitungen, die Integration und alles andere zu sprechen, das für den Erfolg wichtig ist. Ich maile heute Abend jedem eine Agenda.«

Mark reagierte zuerst. »Ich habe Dienstagmorgen einen Termin. Können wir es auf den Nachmittag legen? Ich möchte bei der Sitzung sehr gerne dabei sein.«

Rita nickte und machte sich eine Notiz in ihrem Kalender.

Jamie war sprachlos. Es war, als hätten Rita und Mark vergessen, wie sie abgestimmt hatten. Er kam zu der Überzeugung, dass sie ihre wirklichen Gefühle verbargen. Es musste doch in diesem Team unterschwellige Ressentiments geben. Jamie beschloss, sie ans Tageslicht zu bringen. Denn das war für ihn die einzige Möglichkeit, sich selbst vom Druck zu befreien.

Der Tag der Abrechnung

Bei gesellschaftlichen Anlässen fühlte sich Jamie am wohlsten. Das gemeinsame Essen an jenem Abend gab ihm etwas von seinem Selbstvertrauen zurück. Er stellte sicher, dass er etwas Zeit mit Rita verbrachte, um die Scharte auszuwetzen, die er in der ersten Sitzungspause möglicherweise geschlagen hatte. Und er erzählte während des Abendessens einen selbstironischen Witz über Personalchefs, um allen zu demonstrieren, dass er über sich selbst lachen konnte. Jamie fing an zu glauben, dass er es schaffen konnte.

Aber am nächsten Morgen kehrte die Angst zurück. Er wusste, dass er am Abend mehr bieten und eine sinnvolle Konfrontationsübung zum Thema Führungsqualitäten durchführen musste. Er hatte schon eine Idee, aber er war sich nicht sicher, ob sie gelingen würde.

Die Sitzung an diesem Tag begann mit Richs Quartalsbericht zur Gesamtstrategie des Unternehmens, die sich, soweit es Jamie beurteilen konnte, seit dem vorangehenden Quartal kaum geändert hatte. Trotzdem ging Rich jede Einzelheit Schritt für Schritt bis ins Detail durch: der Zweck des Unternehmens, die Werte seiner Firmenkultur, das Operationsfeld, die wichtigsten organisatorischen Ziele. Alle hörten gespannt zu, als ob sie es zum ersten Mal hörten.

Der Rest des Tages verlief ganz ähnlich wie der vorangehende. Das Team analysierte im Einzelnen viele der organisatorischen und strategischen Probleme, die auf die Firma zukamen – alles von Marketing über Partnerschaften bis hin zu neuen Büroräumen. Während des ganzen Tages brachen immer wieder kleine Scharmützel zwischen den Teammitgliedern aus, die Jamie davon überzeugten, dass sein Vorhaben mit ziemlicher Sicherheit scheitern musste.

Eine Auseinandersetzung machte besonderen Eindruck auf ihn – nicht wegen ihrer Härte, sondern ironischerweise wegen der Leichtigkeit, mit der eine potenziell knifflige Entscheidung getroffen wurde. Rita gab bekannt, dass die Firma kein Glück dabei gehabt hatte, in ihrem gegenwärtigen Gebäude mehr Büroflächen anzumieten. Sie sprach aus, was alle anderen dachten. »Entweder müssen wir zwei unserer Abteilungen auslagern oder einen neuen Sitz für die gesamte Firma finden. Ich sehe zwei Optionen für jedes der beiden Szenarios.«

Tom konnte nicht glauben, dass sie jetzt schon keinen Platz mehr hatten. Er hatte gehofft, das Thema so lange wie möglich vermeiden zu können. »Eigentlich ist das nicht so tragisch, aber mir graut trotzdem davor. Wie weit wäre das ausgelagerte Büro entfernt?«

Rita blickte auf ihre Notizen. »Drei Häuserblocks. Und es hat Platz für 45 Beschäftigte.«

Mark wollte mit seiner Abteilung nicht umziehen. »Ich habe jetzt schon fast so viele Mitarbeiter, deshalb wäre es für mich nicht das Richtige. Wie steht es mit dir, Janet?«

»Ich habe Ende des Jahres zwanzig Leute. Es könnte also ein oder zwei Jahre gut gehen.«

Rich entschied sich, die Diskussionsführung zu übernehmen. »Das hört sich an, als wäre jeder für die Auslagerung, statt mit der ganzen Firma umzuziehen.« Sie wussten, worauf er hinauswollte. Rita ging darauf ein. »Ein Umzug mit der ganzen Firma finde ich ziemlich schrecklich. Der letzte hat uns mit dem ganzen Stress fast drei Wochen gekostet.« Sie dachte immer zuerst an die praktische Seite.

Rich nicht. »Wir können das kurzfristige Für und Wider der verschiedenen Möglichkeiten eingehend erörtern, aber ich glaube, es wäre am besten, wenn wir alle einen Schritt zurücktreten und uns dann ernsthaft fragen würden, was langfristig unseren Interessen nahekommt und wer wir sind.

Mark schien nicht zu begreifen. »Ich denke an unsere Strategie und unsere Geschichte«, präzisierte Rich.

Tom wusste sofort, was er damit meinte. »Ja, wir reden immer davon, wie wichtig funktionsübergreifende Teams sind und dass wir abgeschottete Arbeitssilos vermeiden wollen. Zwei unterschiedliche Standorte würden diesen Ideen vollständig widersprechen!«

»Und wenn wir das neue Einzelhandels-Team aufnehmen wollen«, ergänzte Rich, »möchten wir, dass sie mit allen in Kontakt stehen, nicht nur mit Janets Leuten. Sonst fügen sie sich nie richtig ein.«

Auch Mark kam jetzt darauf. »Das stimmt. Wenn wir ihnen nicht sofort jede mögliche Unterstützung geben, schaffe ich die drei Millionen Umsatz im Einzelhandelsgeschäft nie.«

So überzeugend diese Argumente waren, Rita fand die

Konsequenzen immer noch beängstigend. »Aber im nächsten Quartal eröffnen wir ein Büro in Seattle. Müssen wir uns nicht so oder so irgendwann an mehrere Standorte gewöhnen?«

»Ja, aber wann immer wir sie vermeiden können ...« Rich unterbrach seinen Gedankengang. »Sehen Sie, ich glaube, der gemeinsame Standort ist entscheidend für die Kommunikation und die Zusammenarbeit. Ob zwei Häuserblöcke oder zweihundert Kilometer Entfernung, das macht keinen großen Unterschied.«

Tom ergriff das Wort. »Erinnern Sie sich, wie es letztes Jahr bei der Zusammenarbeit mit Trinity Systems war? Drei Gebäude im selben Industriegelände, und es war verdammt schwer, eine funktionierende Kommunikation zwischen strategischer Planung und Marketing zu erreichen. Da ist ganz schön viel Energie verloren gegangen.«

»Ich weiß, Sie haben Recht«, gab Rita zu. »Aber mein Leben wird sich in ein einziges Chaos verwandeln.« Sie seufzte.

»Was sind die beiden Optionen für neue Büros?«, hakte Tom nach.

»Da gibt es ein schönes Gebäude mit viel Platz in der Nähe des neuen Parks«, antwortete Rita. »Und dann ist da noch ein fantastischer Komplex, der gerade nördlich des Embarcadero eröffnet wurde. Er sieht aus wie ein Palast, aber der Preis ist ganz ähnlich wie bei der ersten Option.«

Mark hatte eine Schwäche für Luxus. »Ich bin für den Palast.«

Jetzt übernahm Tom Richs Rolle in der Diskussion. »Was ist im Hinblick auf das, was wir sind, am besten?«

Rita hatte die Antwort parat. »Das Gebäude am Park. Es ist hübsch, aber nicht übertrieben auffällig. Man kommt schneller zum Flughafen und zur Autobahn. Das heißt, die Kunden brauchen weniger Zeit, um zu uns zu kommen, und wir müssen nicht so weit zu ihnen fahren.«

Rich erinnerte sie an die Wurzeln der Firma. »Und ich möchte nicht, dass sich unsere Kunden fragen, warum wir uns einen Palast leisten können. Das passt nicht zu unserer Verpflichtung, bescheiden und nah am Kunden zu sein.«

Rita machte sich Notizen. »Also ist es das Parkgebäude. Ich treffe mich mit dem Makler und frage, wie schnell wir umziehen können.« Sie wandte sich zu Barry. »Kann eine Umzugsfirma die Logistik übernehmen, damit ich nicht in Arbeit ertrinke? In diesem Quartal habe ich sehr viel zu tun.«

Barry nickte. »Ich überprüfe das Budget. Das müsste klappen.«

Plötzlich war das Gespräch zu Ende. Was gerade geschehen war, war so subtil, dass Jamie fast seine Bedeutung entging. Er erinnerte sich an ähnliche Gespräche im Laufe seiner Karriere. Der Unterschied lag im Zeitaufwand. Telegraph hatte gerade einmal 25 Minuten gebraucht, um eine Entscheidung zu treffen, die in anderen Firmen Wochen, manchmal Monate diskutiert worden wäre. Ein Firmenumzug berührte gewöhnlich eine Fülle sensibler Themen und führte bei den Managern zu Revierkämpfen. Sie wollten alle die Grundrisse sehen, mehr Raum für sich haben und eine Ortsbesichtigung machen. Nicht so bei Telegraph. »Was ist hier los?«, fragte sich Jamie.

Rich brachte die Sitzung wieder in Gang. »Gut, bevor wir

Jamie mit der teambildenden Übung das Feld überlassen, kommen wir zur Kommunikationskette.« Rich ging an die Tafel: »Welche Schlüsselbotschaften teilen wir den Leuten mit, wenn wir nächste Woche zurück ins Büro kommen?«

Jamie sah zu, wie die Gruppe die zentralen Themen und die Entscheidungen der Konferenz auf den Punkt brachte: die Übernahme von Sausalito, die Ziele für das nächste Quartal, zwei Beförderungen, eine wesentliche Änderung in der Ausgabenpolitik, ein neues Weiterbildungsprogramm und der Umzug. Nach einer Viertelstunde Diskussion waren sich alle einig, den Beschäftigten alles auf der Liste mitzuteilen, mit Ausnahme der Sausalito-Übernahme, weil die Sache noch in der Schwebe war. Dann wurde noch ein paar Minuten darüber gesprochen, wie man ein paar der sensibleren Themen vermitteln sollte, damit die Beschäftigten ein möglichst vollständiges Bild bekamen.

Wie immer, wenn es um die innerbetriebliche Kommunikationskette ging, erinnerte sie Rich an ihre Verantwortung. »Jedes Team von Beschäftigten sollte daher bis Montagabend über alle Entscheidungen informiert werden. Und denken Sie daran, wenn wir es nicht sofort tun, werden wir einen Teil des Wesentlichen vergessen haben und Ihre Leute werden es von jemand anderem hören. Das sollten wir vermeiden.«

Die Managerrunde nickte und schrieb die Liste von der Tafel ab.

Dann sprach Rich die Worte, die Jamie gefürchtet hatte. »Gut, Jamie, Sie sind an der Reihe.«

Feedback

Nachdem er an den zwei Konferenztagen so wenig beigetragen hatte, beschloss Jamie nun, seinen riskantesten Plan durchzuführen. Der einzige Weg, um sich zu retten, wäre ein groß angelegtes Ablenkungsmanöver, vielleicht sogar eine Krise, die dann durch seine Mithilfe abgewendet werden würde. Und Rich musste darin verstrickt werden.

Als er aufstand, um die Übung anzukündigen, wusste Jamie, dass es kein Zurück mehr gab. Also gab es auch keinen Grund, nervös zu sein. Mit dem ganzen Selbstvertrauen eines altgedienten Mitarbeiters von Telegraph fing er an: »Danke, Rich. Ich möchte heute die Ergebnisse eines Beurteilungsfragebogen erörtern, den wir alle vor ein paar Wochen ausgefüllt haben. Aber statt uns das Feedback anzusehen, das wir von den Beschäftigten bekommen haben, wollen wir unsere wechselseitigen Beurteilungen diskutieren.«

Niemand schien Einwände zu haben, aber selbst das hätte Jamie an diesem Punkt nicht mehr von seinem Vorhaben abbringen können. Trotzdem war er erleichtert, dass alle an Bord zu sein schienen.

»Wir machen Folgendes: Jeder liest das Feedback für einen anderen Mitarbeiter vor. Auf diese Weise erhalten wir die Möglichkeit, unsere eigenen Probleme objektiv zu sehen.« Er gab jedem einen Bericht. »Nachdem jeder Bericht vorgelesen wurde, kann die Person, die bewertet wurde, Fragen stellen, und wir können dann die Ergebnisse diskutieren.« Alle nickten zustimmend. Jamie wusste, dass das Team die Übung leichter akzeptieren würde, wenn es sich nicht um ein fiktives Programm handelte, sondern konkret mit der täglichen Arbeit zu tun hatte.

»Wir beginnen mit Tom. Wer hat Toms Bericht?«

Rich hob die Hand.

Jamie gab seine letzte Instruktion. »Wir haben nicht viel Zeit, also lassen Sie uns sofort anfangen.«

Ohne Zögern öffnete Rich den Bericht, räusperte sich und begann zu lesen. Tom wartete fast begierig darauf, etwas Negatives zu hören, das ihm Gelegenheit für seinen selbstironischen Humor böte. Aber der gesamte Bericht war fast durchgehend positiv. Als Rich fertig war, war Tom fast ein bisschen enttäuscht.

Seine Kollegen waren erstaunt – hatten sie doch durchaus den einen oder anderen Kritikpunkt an Tom geäußert. Nichts davon kam in diesem Bericht vor. Das Einzige, was entfernt nach konstruktiver Kritik aussah, war die Erwähnung von Toms Neigung, andere zu unterbrechen – was er gerne zur Erheiterung bei der ersten sich bietenden Gelegenheit demonstrierte.

Nun las einer nach dem anderen den Bericht zu einem Kollegen vor. Die jeweils anschließende Diskussion war lebhaft, aber schmerzlos, denn der Großteil des Feedbacks war positiv. Jeder anfängliche Verdacht über die Genauigkeit der

Angaben wurde von den ermutigenden, schmeichelhaften Kommentaren ausgelöscht, die alle erhielten. Die Konferenz hatte sich regelrecht in ein Fest der Liebe verwandelt.

Auch Rich hatte sich über das fast vollständige Fehlen eines konstruktiv-kritischen Feedbacks gewundert. Doch er hielt es angesichts Jamies schwieriger Position und den vielversprechenden Ergebnissen der beiden vergangenen Tage für unnötig, das Thema anzusprechen. Eine andere Gelegenheit würde sich besser dafür eignen. Daher lehnte er sich entspannt zurück und genoss es, wohlverdientes Lob über seine Kollegen auszuschütten.

Nur zwei Berichte waren zu diesem Zeitpunkt noch nicht vorgelesen worden: die von Jamie und Rich, der zuletzt an der Reihe war.

Tom sollte Jamies Bericht lesen. Ehe er anfing, schien sich im Raum eine gewisse Spannung aufzubauen. Auch Jamie wirkte nervös, aber auf sympathische Art. Das war gespielt, er wollte von seinem Publikum so viel Vorschusssympathie wie möglich erheischen.

Mark versuchte, die Spannung mit einer Frage zu lösen, die ihn wirklich interessierte. »Entschuldigen Sie, Tom. Bevor Sie anfangen, würde ich gerne von Jamie wissen, wie diese Daten analysiert wurden. Ich bin nur neugierig.« Mark wählte seine Worte sorgfältig, damit es sich nicht wie ein Angriff anhörte. Jamie stotterte nur einen kurzen Moment. »Ja, äh, die Daten wurden natürlich tabellarisch im Computer erfasst. Dann ist Sophia, meine neue Kommunikationsspezialistin, sie durchgegangen, um Trends und übereinstimmende Themen zu identifizieren. Sie hat das schon sehr oft gemacht.«

Rita machte sich eine Notiz.

Mark lächelte. »Danke, Jamie. Machen Sie weiter, Tom.«

Tom fing an. »Es gibt drei wesentliche Bewertungen in Jamies Daten. Erstens besagen sie, dass jeder das hohe Niveau an Erfahrung und Fachkenntnissen anerkennt, das Sie in das Team einbringen. Zweitens investieren Sie sehr viel Zeit und Mühe in Ihre Arbeit.« Jamie versuchte, angenehm überrascht zu wirken. »Und drittens hat mehr als einer von uns bemerkt, dass Sie Ihre Meinung vermutlich etwas häufiger äußern könnten.«

Auf Toms letzten Satz folgte eine peinliche Pause. Jamie wusste, wann er eingreifen musste. »Ich möchte mit Ihnen den letzten Punkt diskutieren, wenn das möglich ist.«

Alle stimmten bereitwillig zu.

Jamie ergriff das Wort und verbrachte die nächsten 15 Minuten damit, darüber zu sprechen, wie beeindruckt er von der Qualität seiner Kollegen einschließlich Rich war. Mit einer geschickten Gratwanderung zwischen Lob und Schmeichelei sprach er von seiner Ehrfurcht gegenüber der langjährigen Erfahrung, die seine Kollegen in der Branche besaßen, und er drückte sein Bedauern aus, erst relativ kurz bei der Firma zu sein.

Schließlich versicherte Jamie ihnen, dass er hart daran arbeite, die Firmenkultur voll zu würdigen. Er wolle bald damit beginnen, größere Risikobereitschaft bei seinen Meinungen zu zeigen und seine Mitarbeiter aus ihren »Wohlfühl-Ecken« zu drängen. Er hatte zweifellos gelernt, das Vokabular von Telegraph zu übernehmen.

Als er fertig war, hatte er seine Kollegen mit seinen verbindlichen Worten derart eingelullt, dass sie ihn lediglich ermutigten, so weiter zu machen, anstatt konstruktive Kritik an seinem Verhalten zu üben. Phrasen wie »Geben Sie sich etwas Zeit« und »Wir anderen kennen uns ja schon so lange«, eroberten den Raum und veränderten das sonst so offene und vertrauensvolle Klima zwischen den Kollegen unmerklich.

Rich hatte den Eindruck, dass sein Team ein bisschen gefühlsduselig geworden war, aber wieder wollte er zum Abschluss einer Konferenz, die insgesamt so positiv verlaufen war, keine Missstimmung aufkommen lassen.

Als die Gespräche schließlich verstummten und Jamie genug Rückenwind verspürte, wandte er sich zu Rich. Er blickte auf die Uhr. »Also, wir haben noch 15 Minuten. Ich selbst werde Richs Beurteilung vorlesen.«

Jamie holte seine Lesebrille hervor und blickte auf das Blatt. »Hier steht, dass es vier große Themen in Richs Feedback gibt.« Er machte eine kurze Pause, als ob er den Inhalt der Seite überfliegen würde, bevor er anfing.

»Schön, nach der Beurteilung engagiert sich Rich energisch für die Firma und für das, was er für richtig hält.« Jamie unterbrach sich, damit sein Boss das Lob genießen konnte. »Hier steht auch, dass er die Branche hervorragend kennt.« Tom nickte, sowohl in Bestätigung der Feststellung als auch, um Jamie zu unterstützen.

Plötzlich runzelte Jamie die Stirn, als wäre er mit dem, was er gerade gelesen hatte, nicht einverstanden. »Aber der Auswertung zufolge sollte er dem Urteil seiner Mitarbeiter mehr vertrauen – und weniger dogmatisch sein.«

Schweigen im Raum.

Der deutliche Kontrast zwischen Richs kritischer Beurteilung und der seiner Kollegen fiel jedem im Raum auf. Obwohl konstruktiv-kritische Kommentare in Richs Beurteilung an sich nicht überraschend waren, erschien ihr Gewicht hier im Vergleich zu den Bewertungen der anderen riesengroß.

Rich wusste nicht, ob er verletzt sein oder sich ärgern sollte. Und wenn er seinem Ärger Luft machte, gegen wen sollte er sich richten? Er entschied sich für keines von beidem. Schließlich hatte er keine Angst vor harter und berechtigter Kritik, sie war ihm vielmehr aufrichtig willkommen. Über die Jahre waren sie gerade deshalb zu einem starken Team zusammengewachsen, denn sie hatten so eine Atmosphäre geschaffen, in der offenes, unverblümtes Feedback möglich war. Warum sollte er sich also durch diese relativ unschuldige Rückmeldung ins Unrecht gesetzt fühlen? Trotzdem konnte er nicht leugnen, dass er es genauso empfand.

Jamie, der aufrichtig besorgt über die peinliche Situation seines Bosses schien, brach das Schweigen und demonstrierte ein Selbstvertrauen, das alle überraschte. »Gut. Es sieht so aus, als gäbe es hier ein paar Dinge, über die man sprechen sollte. Wer möchte beginnen?«

Nach einer weiteren Verlegenheitspause hatte Tom das Bedürfnis, die Situation für Rich und Jamie gleichermaßen zu retten. »Wie üblich mache ich den Anfang.« Ein nervöses Lachen brach im Raum aus, was für das Team sehr ungewöhnlich war. »Ich bin nicht sicher, was die anderen denken, aber ich schätze, Rich, Sie könnten uns wirklich häufiger vertrauen. Obwohl ich sagen muss, dass ich das nicht als ein wirkliches Problem ansehe. Und überhaupt: Ich mag Sie wirklich sehr.«

Rita meldete sich zu Wort. »Ich möchte nicht für alle anderen sprechen, aber auch ich hätte etwas in meinem Feedback über Ihre energischen Ansichten schreiben können.«

Jamie spürte nun die Möglichkeit, sich Entlastung zu verschaffen und konnte nicht anders, als den Keil noch tiefer zu treiben. »Also, ich bitte Sie: Diese Information kommt von Ihnen allen, also tun wir nicht so, als ob wir etwas anderes gesagt hätten.«

Janet hatte sich noch nicht geäußert und wollte nicht den Eindruck erwecken, als würde sie mit etwas zurückhalten. »Ich bin mir nicht sicher, ob ich das in den Fragebogen geschrieben habe, aber ich bin der Meinung, Rich, Sie hätten es Mark und mir überlassen können, die Probleme bei der Rechnungsstellung im letzten Quartal zu lösen, statt Tom eingreifen zu lassen. Ab und zu frage ich mich, ob Sie uns zutrauen, die Kunden im Griff zu behalten.«

Mark nickte, aber ohne große Begeisterung.

Rich nahm die Kommentare mit der üblichen Nachdenklichkeit hin, aber er fühlte, dass gerade etwas sehr Negatives geschehen war und wusste nicht, wie er damit umgehen sollte. Jeder Eindruck einer Verteidigungshaltung hätte nur zur Bestätigung der Beurteilungen geführt. So schmerzlich es auch war, er schwieg.

Jetzt griff Jamie ein. »Ich fürchte, die Zeit ist abgelaufen und der Bus zum Büro fährt in zehn Minuten. Aber wir sollten sicher stellen, diesen Punkt irgendwann Anfang nächster Woche wieder aufzugreifen. Wir sollten hier zu einer Lösung kommen.«

Wieder schien er aufrichtig besorgt über das unglückliche

Timing zu sein. Niemand konnte ahnen, dass er tief in seinem Inneren nie glücklicher gewesen war, seit er in die Firma eingetreten war.

Das Gift wirkt

Trotz aller Bemühungen gelang es nicht, eine Anschlusssitzung zu arrangieren, um die Diskussion von Richs Beurteilung fortzusetzen. Jedes Mal, wenn jemand einen Zeitpunkt vorschlug, hatte irgendein Kollege einen wichtigen Termin. Üblicherweise war es Jamie.

Während Tag um Tag verging, ließ der Druck, die Sitzung abzuhalten, nach. Unglücklicherweise galt das nicht für die Dynamik, die sich während der letzten 15 Minuten in Napa Valley entwickelt hatte. Tatsächlich entfaltete sie im folgenden Monat ein Eigenleben.

Zum ersten Mal in seiner Karriere fühlte sich Rich ein klein wenig unbehaglich, wenn er seinen Mitarbeitern auf den Fluren begegnete. Es war auch ihnen nicht entgangen, dass er etwas von seinem Selbstvertrauen verloren hatte, auch wenn es kaum spürbar war. Er zeigte zwar nie schlechte Laune, aber seine Worte und Taten hatten anders als in den Jahren zuvor etwas Gezwungenes an sich. Die Auswirkungen dieser subtilen Veränderung zeigten sich in beunruhigender Weise.

Zum einen brauchten Entscheidungen in den wöchentlichen Sitzungen plötzlich länger. Auch die Kommunikation zwischen Rich und seinen Angestellten schien abzunehmen und verlor viel von ihrer Lebendigkeit. Jamies neue Kommunikationsspezialistin hingegen bestimmte immer stärker, welche Informationen wann weitergegeben wurden.

Und es gab andere kaum merkliche, aber besorgniserregende Zeichen einer Veränderung. Der strenge Einstellungsprozess von Telegraph wurde lockerer, weil Jamie – wie er es nannte – »Anpassungen« vornahm, die immer auf irgendwelchen rechtlichen Erwägungen beruhten. Rita, die durch ihre Arbeit selbst stark in Anspruch genommen war, neigte dazu, Jamie in diesen Belangen den Rücken zu stärken, und gab ihm damit genau den Schwung, den er brauchte.

Mit dem Selbstvertrauen, das ihm die neue Sicherheit seines Arbeitsplatzes verlieh, gelang es Jamie sogar, das System des Leistungsmanagements aufzuweichen, indem er den Managern einen Teil ihrer Autonomie bei der Belohnung von Angestellten nahm und die Häufigkeit der vorgeschriebenen Beurteilungen verminderte. Er trat für diese Veränderungen im Namen »größerer Flexibilität im Management« ein.

Natürlich wäre unter normalen Umständen nichts davon möglich gewesen. Die Veränderungen vollzogen sich jedoch nur schleichend. Und da Richs Selbstvertrauen angeschlagen war, bemerkte die Gruppe nicht in der gewohnten Geschlossenheit, was um sie herum geschah, und konnte deshalb nicht angemessen reagieren.

Erst mehr als zwei Monate nach der jährlichen Planungstagung, als Rita und Mark sich mit Rich trafen, um die letzten Details der Walnut Creek-Übernahme zu besprechen, wurde dem Management-Team von Telegraph der Ernst der Situation voll bewusst.

Während des Treffens tat Rich etwas, was sie nie gesehen hatten: Er zog sich von einer wichtigen strategischen Entscheidung zurück. »Mark, warum analysieren Sie die Sache nicht noch etwas, bevor wir diesen Leuten gegenüber eine Verpflichtung eingehen.« Er stand auf, um die Sitzung zu verlassen. »Sie können die Entscheidung ohne mich treffen. Lassen Sie mich nur wissen, wie sie ausfällt.«

Nach der Sitzung waren Rita und Mark einer Meinung, dass es gespenstisch war, ihren Boss unsicher, ja schwach zu erleben. Sie beschlossen, etwas zu unternehmen, aber sie wussten noch nicht was.

In der nächsten Woche gab es dann zwei Ereignisse, die sich als genau die Weckrufe erweisen sollten, die das Unternehmen brauchte.

Kalte Dusche

Die Teamsitzungen seit der Jahreskonferenz hatten zunehmend ihre Lebendigkeit verloren. Obwohl Rich nach außen hin langsam wieder eine positivere Ausstrahlung gewann, wusste die Gruppe genau, dass seine Leidenschaft und die Begeisterung für die Arbeit nicht das gewohnte Niveau besaßen. Dennoch: Entscheidungen wurden weiter gefällt und die anfallende Arbeit erledigt.

Am Ende einer solchen Sitzung stand Janet auf und ergriff überraschend das Wort: »Bevor wir fertig sind, muss ich noch zwei Neuigkeiten bekannt geben, die beide nicht gut sind.« Alle Augen richteten sich auf sie. »Erstens haben Mark und ich gerade erfahren, dass wir vielleicht Trinity als Kunden verlieren.«

Toms Gesicht wurde weiß. »Was? Ich dachte, Amy und ihr Team hätten das unter Kontrolle.«

»Ich auch«, schaltete sich Mark ein. »Und Amy war der gleichen Meinung. Sie hat aber sofort mit Andrew O'Brien gesprochen. Er sagt, Trinity sei sich nicht mehr so sicher, von uns die gleiche hohe Qualität zu bekommen wie früher. Ich glaube, einer von ihnen hat Amy gesteckt, dass sie bei Trinity ein bisschen enttäuscht sind, weil sie in letzter Zeit keinen von unseren Managern mehr gesehen haben.«

Rich schüttelte den Kopf. »Janet, lassen Sie uns morgen eine Sitzung abhalten, um einen Plan zu machen, wie wir die Sache bereinigen können. Sie, Tom und ich sollten dabei sein. Wir werden Andrew anrufen und die Sache klären.«

Janet schlug die Augen nieder. »Also, das bringt mich zum zweiten Punkt.« Sie blickte auf und sah die anderen an. Sie hatte Tränen in den Augen. »Ich werde die Firma verlassen.«

Niemand sagte etwas.

Janet erklärte es ihnen. »Sie wissen, dass Ron und ich an die Half Moon Bay ziehen. Ich habe beschlossen, einen neuen Karriereweg einzuschlagen. Ich will von zu Hause aus arbeiten, eine eigene Unternehmensberatung aufmachen und sehen, ob ich es schaffe.« Sie machte eine Pause, um ihre Fassung wieder zu gewinnen. »Es waren vier wunderbare Jahre hier, aber ich glaube, es ist ein guter Zeitpunkt, etwas anderes zu machen.« Sie setzte sich.

Jamie, den die Ankündigung nicht zu berühren schien, entschuldigte sich. »Es tut mir leid, aber ich muss zu einer Sitzung. Wir sprechen später noch darüber, Janet, okay?«

Sie nickte ihm zu, als er den Raum verließ.

Rita sah aus, als würde sie gleich explodieren. Sie räumte schnell ihre Sachen zusammen und ging hinaus, ohne jemanden anzublicken.

Tom und Rich blickten sich wortlos an.

Die Stunde der Wahrheit

Noch am gleichen Tag erhielt jeder Manager von Telegraph eine E-Mail von Rita. Sie lud zu einem Arbeitsessen am folgenden Freitagabend in einem Restaurant in North Beach ein. Thema des Treffens sollte die abschließende Besprechung von Richs Beurteilung sein. Rita hatte bereits mit allen Assistenten geklärt, dass die Kollegen nicht anderweitig verplant waren. »Ich freue mich darauf, Sie zu sehen«, schloss die Nachricht.

Nach Ritas Gesichtsausdruck beim Verlassen der letzten Sitzung wagte im Übrigen niemand, Einspruch zu erheben.

Drei Monate zuvor wäre allen Mitarbeitern die Vorstellung lächerlich erschienen, das Telegraph-Team könne eine Sitzung fürchten, bei der ein schwieriges Thema auf der Tagesordnung stand. Aber genau das war nun der Fall, und niemand fühlte sich unwohler als Rich.

Doch Rich war niemand, der unangenehmen Dingen aus dem Weg ging. Er kam 15 Minuten früher, fand den kleinen privaten Festsaal im Restaurant La Felce und setzte sich allein an den langen Tisch. In seiner Hand hielt er die ausgeblichene gelbe Liste, die er fünf Jahre zuvor vor seinen Schreibtisch gehängt hatte. Er hatte sie abgenommen und mitgebracht, in der Hoffnung, dass sie ihm Orientierung geben würde. Obwohl er sich fest vorgenommen hatte, seine Gefühle vor den Mitarbeitern zu verbergen, fühlte sich Rich geschlagen.

Die nächsten zehn Minuten wollten nicht enden. Schließlich kamen Tom, Rita und Mark herein, dicht gefolgt von Barry und Janet, die noch drei Wochen bis zu ihrem Ausscheiden aus der Firma hatte.

Tom sprach als Erster. »Schön, fangen wir an.«

»Wo ist Jamie?« Obwohl er die Frage selbst gestellt hatte, schien Rich in Gedanken zu sein und sich nicht übermäßig für die Antwort zu interessieren.

Vielleicht war das der Grund, warum er nicht richtig hinhörte, als Rita sagte: »Er räumt im Büro seine Sachen zusammen.«

Rich runzelte die Stirn, als verstünde er Rita nicht. »Wie bitte?«

Rita stellte nüchtern die Sachlage fest. »Er verlässt die Firma.«

Plötzlich begriff Rich, was sie sagte. »Was?«

»Ja, genau das. Er hat beschlossen, dass es für ihn an der Zeit ist, zu gehen.«

Rich unterbrach sie. »Sie haben ihn *gefeuert*?«

»Nun ja, genau genommen nicht«, erklärte sie. »Wir sind heute Nachmittag zu ihm gegangen, um ihn zur Rede zu stellen, aber bevor wir irgendetwas von Entlassung gesagt haben, hat er gekündigt.«

Rich bemerkte ihre Erleichterung, aber er war verwirrt. »Einfach so?« Er dachte einen Moment lang darüber nach und stellte dann die offensichtliche Frage. »Finden Sie nicht, dass Sie mir so etwas mitteilen sollten?«

»Das *tun* wir doch gerade.«

Rich war ein bisschen verärgert. »Ich meine vorher.«

»Kommen Sie, Rich«, meldete sich Tom zu Wort. »Seit der Jahrestagung in Napa Valley ist alles so seltsam geworden. Sie waren die letzten zwei Monate nicht Sie selbst. Also haben Rita und ich letzte Woche beschlossen, dass wir die Dinge selbst in die Hand nehmen müssen.« Er machte eine Pause. »Und wir haben etwas getan, worauf wir nicht so besonders stolz sind.«

Rich sah immer noch verwirrt und nun auch beunruhigt aus. Was meinten sie damit?

»Wir sind zu Sophia, Jamies Kommunikationsspezialistin gegangen«, erklärte Rita, »und haben uns die Rohdaten des Feedback zeigen lassen.«

Rich schreckte angesichts dieser Verletzung des Datenschutzes zusammen.

»Glauben Sie uns«, verteidigte sich Tom, »in diesem Fall war es das Richtige.«

»Stellen Sie sich vor«, fuhr Rita fort, »die Wörter ›Vertrauen‹ und ›dogmatisch‹ wurden in Ihrer gesamten Beurteilung nur einmal erwähnt. Nur *einmal*«, wiederholte sie mit erhobenem Zeigefinger.

Rich waren die Besonderheiten des Feedback-Systems momentan nicht präsent. Er war ratlos, während die anderen lächelten. Sie hatten offenbar über all dies schon vorher gesprochen.

»Was ist daran so erheiternd? Ich kann das nicht komisch finden.« Rich war ein wenig ungehalten.

»*Sie* haben diese Wörter benutzt!«, platzte Rita heraus. Sie merkte ihm an, dass er noch nicht ganz verstand. »Hier steht, was Sie über sich selbst geschrieben haben.« Sie blickte auf die Aufzeichnungen und las sie laut vor. »›Manchmal frage ich mich, ob ich ihnen genug vertraue. Bin ich zu dogmatisch?‹« Rita lachte. »Niemand von uns hat irgendetwas in der Art geschrieben.«

Monatelange Anspannung löste sich in Heiterkeit auf, als dem Team die Lächerlichkeit der Umstände klar wurde. Aber als sich die Stimmung wieder gelegt hatte, wurde ihnen auch bewusst, was das eigentlich bedeutete.

»Also was genau hat er dazu gesagt?«, wollte Rich wissen.

»Wer? Jamie?«, fragte Rita.

Rich nickte und Tom ergriff das Wort, bevor Rita antworten konnte. »So etwas habe ich noch nie gesehen. Er hat uns praktisch gesagt, dass er nicht in unsere Firmenkultur hineinpasst. Und weißt du was? Ich glaube, er meinte es sogar.«

Rita stimmte zu. »Dann hat er mir und Tom die Hand geschüttelt und uns gebeten, dass wir uns bei Ihnen für ihn entschuldigen.« Sie machte eine Pause. »Das ist so ungefähr alles.«

Rich brauchte einen Moment, um das alles zu verstehen. Er musste die gesamte Situation erst verarbeiten. Dann fiel ihm etwas ein. »Und wieso hat bei dem unangenehmen Gespräch in Napa Valley keiner von Ihnen etwas gesagt? Warum haben Sie mir das nicht erspart?«

»Betrachten Sie es mal aus unserer Perspektive, Rich«, erklärte Janet. »Wir waren so geschockt wie Sie, aber ich dachte eben, dass ich vielleicht die einzige bin, die nicht stinksauer auf Sie ist.« Sie lachten.

»So war es auch jetzt wieder«, bemerkte Mark. »Wie konnten wir uns sicher sein? Und es war ja nicht so, dass

Jamie die Daten einfach erfunden hat. Er hat nur das benutzt, was Sie über sich selbst geschrieben haben. Dadurch wurde es viel glaubwürdiger.«

»Und ich muss leider zugeben, dass ich Jamie auf keinen Fall angreifen wollte«, sagte Tom, »besonders nicht vor Ihnen. Wir wollten alle einen Weg finden, um dem armen Hund zum Erfolg zu verhelfen. Es ist mir bestimmt nicht leicht gefallen, ihm vorzuwerfen, die Daten manipuliert zu haben.«

»Kommen Sie«, sagte Rita neckisch. »Sie hatten doch bloß keine Lust, noch weiter den Personalchef zu spielen.«

Tom lachte. »Trotzdem: In jedem Fall ist es für mich vor allem Ihr Fehler, Rich.« Er blickte ihn direkt an. »Sie hätten darauf bestehen sollen, mit dem Kerl zu sprechen.« Tom lächelte und fügte hinzu: »Und ich meine das nicht nur im Spaß.«

Rich nickte.

Es war Mark, der die Frage stellte, die jedem auf der Zunge lag. »Fragt sich, was so ein Typ wie Jamie jetzt macht?«

Rita verdrehte die Augen. »Oh, ich bin sicher, einer wie der hat einen Plan für den Notfall.«

Und das hatte Jamie auch.

3

Greens Chance

Alte Bekanntschaft

Jamie besaß eine erstaunliche Fähigkeit, seine Gedanken zu ordnen. Binnen weniger Stunden, nachdem er Telegraph verlassen hatte, konzentrierte er sich bereits darauf, seine Karriere wieder auf den richtigen Weg zu bringen. Er hatte fast ein Jahr bei Rich O'Connor überlebt und war entschlossen, in irgendeiner Weise daraus Nutzen zu ziehen. Sein erster Anruf galt deshalb Vince Green.

Jamie glaubte, dass Vince für sein Angebot empfänglich sein würde und formulierte die Voice Mail, die er ihm hinterließ, entsprechend: »Ich habe Telegraph verlassen und würde gerne mit Ihnen über die Möglichkeit reden, für Greenwich zu arbeiten. Ich freue mich darauf, mit Ihnen zu sprechen.«

Als er Jamies Botschaft hörte, wollte Vince zunächst nicht reagieren. Aber drei Tage später, als die Unternehmensberaterin ihre Analyse der Firmenkultur von Telegraph präsentiert hatte, lebte sein Interesse für Jamie Bender plötzlich wieder auf. Wo hatte er nur seine Telefonnummer gelassen?

Nachdem er ihn angerufen und sich mit ihm für den folgenden Morgen verabredet hatte, beschloss Vince, seine Erwartungen an das Gespräch nicht zu hoch zu schrauben.

Er hatte ein ungutes Gefühl dabei, mit Jamie zu sprechen. Er schwor sich daher, ihn aus dem Büro zu werfen, falls er irgendetwas erwähnen würde, was auch nur entfernt an ein Geschäftsgeheimnis von Telegraph oder einen Verrat geistigen Eigentums erinnerte. Allerdings hoffte er, dass ihm seine eigene verzweifelte Neugier keinen Strich durch die Rechnung machen würde.

Am nächsten Morgen kam Vince mit einer positiven Einstellung ins Büro. Doch er musste noch dreißig Minuten warten, bevor Jamie eintraf. Vince verlor die Geduld und seine Selbstachtung sank.

Er grübelte über die letzten fünf Jahre und seine wachsende Frustration als Firmenchef nach. Wie schon so oft versuchte er angestrengt zu ergründen, warum seine Firma hinter Telegraph zurückblieb und was ihn daran hinderte, seinen Rivalen zu überflügeln.

»Mit Sicherheit liegt es nicht an der Intelligenz«, dachte er. Nur wenige Leute konnten es mit Greens Intellekt und seinen analytischen Fähigkeiten aufnehmen, wenn es um das Geschäft und besonders um das Beratungsgeschäft ging. »Und es kann auch nicht an der Einstellung liegen.« Vince bürdete sich eine brutal harte Wochenarbeitszeit auf. Ein paar Jahre zuvor hatte er von Rich O'Connors neuem »handhabbaren Zeitplan« gehört und sich damals schon ausgerechnet, dass Telegraph irgendwann den Preis für die Schwäche der Führung bezahlen musste.

Doch als das nicht geschah, zwang sich Vince einen noch härteren Arbeitsplan auf, was seine Frustration und Verachtung für Rich O'Connor zusätzlich steigerte.

Als der Zeitpunkt des Treffens mit Jamie heranrückte,

suchte Vince noch verzweifelter nach der Antwort auf die Frage, warum Rich erfolgreicher war. Ihm kam kurzfristig die absurde Idee, dass er die Begegnung absagen und ein Minimum an Würde wahren könnte, wenn er vor Jamies Eintreffen das Rätsel selbst löste.

Doch in diesem Moment ertönte die Gegensprechanlage. »Vince, Ihre Verabredung für neun Uhr ist hier.«

Die Unterredung

Jamie hatte sich immer vorgestellt, Green in einem kleinen Hotel oder einem obskuren Restaurant zu treffen, aber nun, da er Telegraph verlassen hatte, war es kein Problem, direkt in die Büros von Greenwich zu gehen. Tatsächlich empfand er es als Erleichterung, sich offen zeigen zu können.

Als Jamie eintraf, erwartete er schon fast, dass Green ihn an der Eingangstür des Gebäudes begrüßen würde. Er ging die Treppen hinauf, teilte der Rezeption seine Ankunft mit, setzte sich, schlug das *Wall Street Journal* auf und harrte geduldig der Dinge, die da kommen würden.

Als er Jamie am anderen Ende des Raumes sah, bemerkte Vince sofort, dass er seit dem letzten Treffen vor einem Jahr sichtbar gealtert war. »Der Laden muss den Kerl ganz schön fertig gemacht haben«, dachte er bei sich, beschloss aber, nichts dergleichen zu sagen.

»Hallo, Jamie.« Vince unterbrach die Musterung von Jamie.

Mit einem Selbstvertrauen, an das sich Vince nicht erinnern konnte, erwiderte Jamie seinen Gruß. »Ach, hallo Vince. Schön Sie zu sehen.«

Vince führte ihn in sein stilvolles Büro und bot ihm einen der Ledersessel an, die einen herrlichen Blick auf Alcatraz und Angel Island eröffneten.

Jamie konnte nicht umhin, sich über den Unterschied der Chefbüros von Telegraph und Greenwich zu wundern. Green schien seine Gedanken zu erraten. »Ja, ich habe von O'Connors schlichter Büroeinrichtung gehört. Lächerlich. Bitte kommen Sie mir nicht damit, wie bescheiden sie dort sind …«

»In dem Fall lasse ich diesen Teil aus«, scherzte Jamie.

Green lachte und suchte nach Worten. »Gut, äh, es ist schön, Sie wiederzusehen, Jamie, obwohl ich Ihnen sagen muss, dass ich letztes Jahr ziemlich enttäuscht war, als Sie unser Angebot ausgeschlagen haben.«

Jamie lächelte linkisch. »Was soll ich Ihnen sagen? Wir machen alle Fehler.«

Green war für Jamies Cleverness ein leichteres Opfer als Rich, aber selbst Vince fand, dass es sich wie ein dämliches Klischee anhörte, als Jamie hinzufügte: »Ich habe daraus gelernt.«

»Also wie läuft es mit Ihrem Personalchef? Gibt es eine Chance, dass ich hier nützlich sein könnte?« Damit war das Eis gebrochen. Jamie hatte genug recherchiert, um die Antwort auf diese Frage schon zu kennen. Vince und sein Team wollten sich verändern.

»Wir suchen immer nach guten Leuten. Aber es würde mich wundern, wenn Sie nicht vertraglich verpflichtet wären, eine Zeit lang nicht hier zu arbeiten.«

Jamie lächelte siegessicher. »Nein, Telegraph hat mir keinerlei Beschränkung auferlegt, zur Konkurrenz zu gehen.«

Vince war überrascht. »Oh, das ist gut zu wissen.« Er spürte, dass es nun an der Zeit war, seinen Gesprächspartner moralisch auf das Thema vorzubereiten, das er anvisierte. »Aber natürlich wissen Sie, dass Sie kein geistiges Eigentum von Telegraph mitbringen dürfen, wenn Sie zu uns kommen. Und das gilt auch für unser heutiges Treffen.«

»Selbstverständlich. Ich halte mich grundsätzlich an ethische Prinzipien«, erwiderte Jamie mit gespieltem Erstaunen.

Vince fand die Emphase etwas übertrieben. Aber da moralische und juristische Hindernisse nun ausgeräumt waren, konnte er es nicht erwarten, mehr zu erfahren. »Also, was genau hat sich bei Telegraph abgespielt?«

Jamie holte tief Luft und lächelte. Er hatte diesen Satz einstudiert: »Das ist wirklich eine seltsame Firma, anders kann ich es nicht ausdrücken.«

Vince verspürte das Bedürfnis, die Unterhaltung mit Redlichkeit zu beginnen, daher forderte er Jamie heraus. »Aber irgendwas müssen die bei Telegraph doch richtig machen – die Zahlen sprechen immerhin für sich.« Vince konnte es selbst kaum glauben, als er die verhasste Konkurrenz in Schutz nahm. Doch wenn er die Wahrheit erfahren wollte, musste er wachsam und offen für Details sein.

Jamie wusste, wie man den neuralgischen Punkt eines Menschen aufspürt und hielt seinem potenziellen zukünftigen Chef einen Köder hin. »Ja, das tun sie, aber das ist es ja gerade: Ich habe hinter die Kulissen geblickt und da gibt es nicht viel zu sehen. Sie machen nichts, was Sie selbst morgen nicht auch tun könnten.« Jamie hatte beschlossen, zu übertreiben, um Vince am Haken zu halten. Es funktionierte.

»Was meinen Sie? Aber noch einmal: Ich gehe davon aus, dass Sie über nichts Vertrauliches sprechen ...«

Jamie schüttelte den Kopf und antwortete, noch bevor Vince den Satz zu Ende führen konnte. »Nein, nichts dergleichen. Es ist wirklich sehr einfach. Und das ist ja gerade das Peinliche, wenn Sie mich fragen.«

Vince platzte vor Neugier, aber er versuchte angestrengt, es zu verbergen. Mit gespielter Nüchternheit hakte er nach. »Tatsächlich? Erzählen Sie mir davon.«

»Also, es hat alles mit einem gelben Blatt Papier zu tun, das vor Rich O'Connors Schreibtisch hängt. In Wirklichkeit ist es nur eine Art Checkliste, ein paar Ideen, die er seine ›vier Disziplinen‹ nennt. Der Mann scheint geradezu besessen davon zu sein. Er benutzt diese vier Disziplinen oder Prinzipien, um sein Leben zu organisieren.« Jamie schien seinen ehemaligen Boss zugleich zu verspotten und zu bewundern.

»Eine Checkliste?« Vince war fasziniert und legte plötzlich alle Behutsamkeit ab. »Was steht drauf?«

Jamie wollte ihn noch ein bisschen zappeln lassen. »Also, es gibt in der Tat nur wenige, die wissen, was da drauf steht.« Wie erwartet war Vince die Panik anzumerken, dass sein Informant den Inhalt der Liste möglicherweise selbst nicht kannte. Aber Jamie schreckte davor zurück, es sich mit einem Mann zu verderben, der vielleicht sein künftiger Arbeitgeber war. Er ließ ihn vom Haken. »Aber ich weiß es.«

Prinzip eins

Jamie hatte beschlossen, dass er Green die Liste nicht einfach aufsagen würde. Das hätte seinen Spaß gemindert. Stattdessen wollte er das ungewöhnliche Verhalten von Rich und seinem Team beschreiben und Vince nach dem Leitgedanken suchen lassen, auch wenn er es Green gegenüber etwas vorsichtiger formulierte.

Vince stimmte widerwillig zu und rief seine Sekretärin über die Gegensprechanlage. »Tracy, bitte sagen Sie alle Termine für den Morgen ab … Genau, bis zum Nachmittag … Danke.« Er legte auf. »Fangen wir an.«

Jamie rückte auf seinem Sessel nach vorn und schien freudig erregt zu sein, all sein Wissen mit Vince zu teilen. »Sie würden es nicht für möglich halten, wie sich diese Leute in Sitzungen verhalten. So etwas habe ich noch nie gesehen, und ich habe schon in vielen Firmen gearbeitet.«

Vince lächelte. »Was machen sie denn?« Er war erleichtert, dass jemand, irgendjemand, Telegraph für eine verrückte Firma hielt.

»Sie streiten sich ständig.«

Vince war überrascht. »Wirklich?«

Es war eher eine rhetorische Frage, aber Jamie beantwortete sie trotzdem. »Ja. Sie lassen keine Gelegenheit aus, sich zu streiten. Ihre Sitzungen sind wie Familienfehden. Irgendjemand regt sich immer über irgendetwas auf und dann gibt es Gezeter und Geschrei. Es erinnerte mich an meine irischen und italienischen Cousins.«

Vince dachte an seine eigenen Sitzungen und fragte sich laut, »Ich wette, so wird ihnen wenigstens nicht langweilig, oder?«

Jamie lachte. »Nein, als *langweilig* würde ich Richs Sitzungen sicher nicht bezeichnen wollen.« Ihm fiel auf, dass Vince ein bisschen kleiner wurde, wenn er Richs Namen erwähnte.

»Wie schaffen sie dann ihre Arbeit?« Bevor Jamie antworten konnte, fügte Vince hinzu, »Und wie vermeiden sie es, sich gegenseitig umzubringen?«

»Das ist das Verrückte daran. Diese Leute streiten sich wie Brüder und Schwestern. Zehn Minuten später scheinen sie den Streit vergessen zu haben, genau wie bei meinen Cousins. Einer von ihnen holt sich eine blutige Nase und dann lachen alle wieder.«

Vince war verblüfft. Jamie stellte die Sache sofort klar. »Ich spreche von meinen Cousins. Ich habe nie gesehen, dass jemand bei Telegraph dem anderen eins auf die Nase gegeben hat.«

Vince lächelte.

»Obwohl ich zugegebenermaßen ein paar Mal überzeugt davon war, dass Rita Tom die Augen auskratzen würde.«

»Tatsächlich?«

»Nun ja, nicht so richtig. Aber sie hat sich regelmäßig über ihn aufgeregt. Sie hat ihn in einer langen Sitzung sogar einmal ›Arsch‹ genannt.«

»Tom ist der leitende Manager, richtig?«

Jamie nickte. »Rita ist die Rechtsanwältin.«

»Ich weiß. Also sind die beiden nicht so gut miteinander ausgekommen? Das könnte ganz schöne Probleme machen angesichts ihrer jeweiligen …«

Jamie unterbrach ihn. »Nein, ich habe nicht gesagt, dass sie nicht miteinander auskommen. Tatsächlich arbeiten sie sehr eng zusammen. Nur in den Sitzungen scheinen sie ständig zu streiten.«

»Worüber?«

»Budgets, Kunden, Beschäftigte. Was immer Sie wollen.«

»Kleinigkeiten?«

Jamie musste einen Moment überlegen. »Nein, sie verwenden in den Sitzungen nie viel Zeit auf Kleinigkeiten. Gewöhnlich geht es um etwas Wichtiges.«

Vince war verwirrt. »Aber wie treffen sie dann ihre Entscheidungen? Wer am lautesten schreit, hat gewonnen?«

Jamie lachte. »Nein, weil Tom dann immer gewinnen würde. Was sie machen, ist Folgendes: Sie streiten eine Weile und dann sorgt irgendjemand dafür – und das ist gewöhnlich Rich – dass sie die Sache mit Abstand betrachten und dann abstimmen.«

»Sie stimmen also über alles ab?«

»Nein, eigentlich nicht. Letztlich trifft Rich die Entscheidungen, wenn es kein klares Votum gibt. Aber gewöhnlich gelangen sie recht schnell zu einem Konsens. Irgendwie dient das Streiten mehr zur Feststellung der Fakten als zur Verteidigung der eigenen Position. Es ist ziemlich eigenartig.«

Vince spürte hinter all der Abfälligkeit, dass Jamie seine

ehemaligen Kollegen bewunderte. Das frustrierte ihn nur noch mehr und steigerte seine Ungeduld.

»Also was genau ist die erste Disziplin?«

»Ich bin mit der Beschreibung noch nicht fertig …«

Dieses Mal unterbrach ihn Vince. »Hören Sie, sagen Sie mir einfach, was das erste Prinzip ist, dann können Sie beschreiben, was sie wollen.«

Wenn Vince eine Forderung stellte, zeigte er eine Autorität, der man nicht gern widersprach. Jamie lächelte, um seine kurzfristige Angst zu verbergen und entspannte sich wieder.

»Baue ein Führungsteam auf, das zusammenhält, und bewahre es.«

Vince dachte einen Moment darüber nach. »Das ist alles?« Er schien plötzlich selbstbewusst und überkritisch zu sein.

»Na ja, so nennt es Rich. Aber dahinter steckt viel mehr.«

Vince atmete tief durch und erinnerte sich daran, worauf er aus war. »Zum Beispiel?«

»Sie arbeiten zum Beispiel mit dem Myers-Briggs-Typenindikator. Sie haben wahrscheinlich davon gehört.«

Vince nickte. »Ja, ich glaube, ich habe auf der Universität davon gehört. Ich erinnere mich nicht mehr so genau.«

Jamie wurde plötzlich wieder lebhaft. »Es ist eigentlich sehr interessant. Sie machen einen zwanzigminütigen Test und bekommen dann eine Einschätzung, die Ihnen klar und deutlich sagt, wie Sie Entscheidungen treffen und Ihre Arbeit organisieren.«

Vince runzelte die Stirn. »Hört sich ziemlich schwammig an.«

»Das kann es sein, aber bei Telegraph benutzen sie den

Test, um sich gegenseitig zu verstehen. Jeder kennt den Myers-Briggs-Typ des anderen und sie beziehen sich ständig darauf.«

»Und das ist gut, weil…« Vince ließ Jamie den Satz für sich beenden.

»Also, zum einen hilft es zu vermeiden, dass sie persönliche Urteile übereinander fällen. Und es gibt ihnen ein Vokabular an die Hand, um auf die Fehler des anderen zu verweisen. Sie haben Tom hart zugesetzt, weil er so extrovertiert ist, und Rita, weil sie ein ›J‹ ist, was praktisch Myers-Briggs Art ist, einen kleinkarierten Typ zu beschreiben.«

Jetzt war Vince vollkommen ratlos.

Jamie erklärte es. »Sehen Sie, als Rich darüber nachdachte, seinem Team Zusammenhalt zu geben, wollte er, dass die Teammitglieder sich gut genug kennen lernen, damit sie mit nichts hinter dem Berg halten. Diese Leute verhalten sich wirklich wie Geschwister, und wenn ein schwieriges Problem diskutiert werden muss, schreckt niemand davor zurück. Nicht eine Minute.«

»Also sind diese Leute praktisch perfekt«, sagte Vince sarkastisch.

»Nein, überhaupt nicht. Ich glaube, dass einige von ihnen merkwürdig sind. Aber eins muss man ihnen lassen: Keiner hat je etwas Negatives über ein anderes Teammitglied gesagt.«

»Ach, kommen Sie.«

»Sie haben mich nicht ausreden lassen. Ich habe nie gehört, dass sie etwas Negatives gesagt haben, das sie dem Betreffenden nicht auch direkt ins Gesicht sagen würden.«

Vince nickte beeindruckt. Es schien, als würde er langsam verstehen.

Jamie fuhr fort. »So ungewöhnlich sie sind, diesen Leuten liegt etwas aneinander. Und ich glaube, wenn man sie mag, ist das auch in Ordnung. Für mich war das einfach zu viel.« Es hatte den Anschein, als würde Jamie den letzten Teil seiner Feststellung selbst nicht glauben.

Zum ersten Mal sah Vince deutlich, wie unsicher Jamie war. Er tat ihm ein bisschen leid, deshalb half er ihm aus der Verlegenheit. »Also was ist die zweite Disziplin?«

Prinzip zwei

Jamie stand auf und ging zu einem Eichenschrank neben Vince Greens Schreibtisch. Er öffnete ihn und fand wie erwartet eine weiße Tafel, die mit Text und Grafiken bedeckt war. »Kann ich das wegwischen?«

Vince blickte auf die Tafel. »Ja, machen Sie nur.«

Nachdem er die Tafel abgewischt hatte, schrieb Jamie das erste Prinzip darauf:

Disziplin eins: Baue ein Führungsteam auf, das zusammenhält, und bewahre es.

Zu Greens Bedauern notierte Jamie nicht das zweite Prinzip dazu. Jamie setzte den Stift ab, ging zum Fenster und starrte aufs Meer, als suche er irgendwo in der Dünung nach der zweiten Disziplin. »Das zweite Prinzip wirkt ausgesprochen gewöhnlich, aber sie gehen alles andere als gewöhnlich damit um.«

»Wollen Sie etwa, dass ich es errate?«, fragte Vince trocken.

Jamie dachte darüber nach. »Nein, es wäre zu schwierig, es so zu erklären.« Er wandte sich zur Tafel und schrieb den Satz:

Disziplin zwei: Schaffe organisatorische Klarheit.

»Da muss mehr dran sein«, sagte Vince enttäuscht.

Jamie rang sich ein halbes Lächeln ab. »Ja, das stimmt. Im Wesentlichen geht es darum, Verwirrung in der Firma zu beseitigen, besonders auf der Management-Ebene.«

»Welche Art von Verwirrung?«

»Über wichtige Dinge wie die Identität der Firma, die Richtung, die Strategie, Ziele, Rollen und Verantwortungsbereiche.«

»Sie haben Recht, das hört sich ziemlich gewöhnlich an. Ich kenne keine einzige Firma, die das nicht anstrebt.«

Jamie nickte. »Genau. Und manchmal halten sie sich für klüger, als sie sind. Glauben die etwa, die Konkurrenz weiß von all dem nichts?«

Jamies rhetorische Frage machte Vince nachdenklich. »Wie gut kennt Richs Management-Team die Disziplinen?«

»Sie kennen sie gut. Und sie reden die ganze Zeit darüber.«

»Wie bitte? Die ganze Zeit? Und was bringt das?« Vince war sichtlich verblüfft.

»Wenn ihnen eine Entscheidung schwer fällt, greifen sie auf ihre Werte, den Zweck des Unternehmens oder auf ihre Strategie zurück.«

»Ja, kleben denn diese Prinzipien überall an den Wänden?«

Jamie verdrehte die Augen. »Nein, ich wollte ein Poster machen lassen, aber Rich wollte es nicht. Seine Leute kennen sie in- und auswendig. Ich sage Ihnen, das ist wie ein Kult.«

Vince fand, dass sich das gar nicht so schlecht anhörte.

»Wie viele von meinen Managern«, dachte er, »könnten mir tatsächlich unsere Strategie, unser Firmenziel, unsere Werte nennen? Haben wir überhaupt Werte?«

Jamie ging zur Tafel und schrieb eine Liste neben die zweite Disziplin:

Identität, Werte, Zweck, Hauptziele, Aufgaben, Rollen und Verantwortungsbereiche

»Ich glaube, das ist alles«, sagte Jamie. »In jedem Fall halte ich es nicht für besonders spektakulär.«

Vince empfand das offensichtlich anders. Er notierte sich, was Jamie geschrieben hatte, und fragte: »Was genau meinen sie mit Identität?«

Jamie antwortete, ohne nachzudenken. »Also, bei ihrer Identität geht es um ...«

Vince unterbrach ihn. »Halt! Ich will keine vertraulichen Informationen von Telegraph. Das geht uns nichts an.«

Jamie schien es wirklich peinlich zu sein, dass er fast Interna weitergegeben hatte, selbst wenn diese Informationen nicht sonderlich heikel waren. Er erklärte es abstrakt. »Bei der Identität geht es um die Werte, an denen sich die Einstellungspraxis und die zugrunde liegende Motivation orientiert.«

Vince nickte. »Wie ›Kernzweck‹ und ›Kernwerte‹ bei Collins und Porras.« Er wies auf ein Exemplar des Buches im Regal. »Um so etwas kümmern die sich also bei Telegraph?«

»Ja, aber ich glaube, sie übertreiben das ein wenig. Nach einer Weile wurde es langweilig.«

»Eben«, dachte Vince. »Und wie benutzen sie diese Werte?«

Jamie verdrehte wieder die Augen. »Sie konnten nicht genug davon kriegen! Sie sprachen die ganze Zeit darüber. Und vor allem bei Einstellungen – das sind richtige Fanatiker.«

»Bei Einstellungen? Erzählen Sie mehr.« Vince war ausgesprochen neugierig geworden.

»An erster Stelle besteht Rich darauf, bei allen Einstellungen von Managern beteiligt zu sein. Er hat so eine Art ›Filterfunktion‹. Er achtet ausschließlich darauf, dass die Kandidaten zur Firmenkultur passen.«

»Und wie geht das genau über die Bühne?«, wollte Vince wissen. »Und warum sind Sie durch die Maschen gerutscht?«, hätte er am liebsten hinzugefügt.

»Jeder, der einen Kandidaten interviewt, muss ihn oder sie im Hinblick auf die Firmenwerte beurteilen. Wenn sie über den potenziellen neuen Mitarbeiter sprechen, reden sie über diese Werte. Und während der Interviews stellen sie Verhaltensfragen, um zu sehen, ob der Kandidat Beispiele anführen kann, die zeigen, dass er oder sie die Firmenwerte teilt.«

Vince schwieg. Jamie versuchte, seine Gedanken zu lesen. »Sie fragen sich wahrscheinlich, warum man mich dort eingestellt hat, oder?«

Vince schüttelte den Kopf, hoffte aber im Stillen, dass Jamie die Frage beantworten würde. »Rich war im Urlaub«, erklärte Jamie trocken. Nach einer kurzen Pause brachen beide in lautes Gelächter aus.

Vince, jetzt fasziniert von dem, was er hörte, hakte nach. »Was ist mit den Rollen und Verantwortungsbereichen? Wie gehen sie damit um?«

Jamie zog die Augenbrauen hoch. »Also ich muss sagen, das ist ziemlich beeindruckend. Rich schreibt für jedes Quartal eine Liste der Hauptziele auf eine Tafel und bittet dann jeden Einzelnen, darüber nachzudenken, was genau zu geschehen hat, um jedes zu erreichen. Sobald die Arbeitsschritte aufgelistet sind, werden sie unter den Mitarbeitern aufgeteilt, die dann mit ihren individuellen Zielsetzungen beginnen.«

Vince machte sich ein paar Notizen. »Und was geschieht, wenn sie sich nicht über die Ziele einigen können oder jemand die Rolle nicht gefällt, die …« Vince unterbrach sich, als er sah, dass Jamie auf Prinzip eins zeigte. »Gut, ich verstehe.«

Jamie fuhr fort. »Aufgrund der Klarheit im Hinblick auf die Rollen und Aufgabenverteilung wird nur selten etwas vernachlässigt, und man tritt sich nicht allzu oft gegenseitig auf die Zehen.«

»Können Sie uns helfen, das auch bei uns umzusetzen?«, fragte Vince wie aus dem Nichts. Es klang fast verzweifelt.

Jamie war über die gezielte Frage ein wenig überrascht. »Sicher, ich glaube schon. Wenn es das ist, was Sie wollen. Ich weiß nicht, ob Sie das meiste davon nicht schon praktizieren.«

Vince erlaubte sich einen kurzen Moment der Unaufrichtigkeit, um sich wieder zu fangen. »Oh, ja, das tun wir. Aber es könnte insgesamt ein interessanter Ansatz sein.«

Jamie zuckte die Schultern und nickte.

Plötzlich schien Vince wieder skeptisch, als hätte er einen Fehler im System von Telegraph entdeckt. »Warten Sie eine Sekunde. Bisher haben Sie über das Management-Team von

Telegraph gesprochen. Wie wird das alles dem Rest des Unternehmens vermittelt?«

Jamie lächelte. »Hier kommen die Prinzipien drei und vier zum Einsatz.«

Prinzip drei

Bevor Jamie fortfahren konnte, klingelte Greens Telefon. »Sie machen Witze.« Vince blickte mit einem ungläubigen Lächeln zu Jamie. »Ja, stellen Sie ihn durch.« Nach einer kurzen Pause begrüßte Vince den Anrufer. »Wie geht's Ihnen, Rich?«

Bei Jamie war der Groschen noch nicht gefallen.

»Ja, das ist wirklich schon eine ganze Weile her, nicht wahr?«

Plötzlich begriff Jamie. Rich O'Connor war am anderen Ende der Leitung. Vince bemerkte die Panik in Jamies Gesicht. »Weiß Rich, dass ich hier bin?«, fragte sich Jamie. »Das muss eine Falle sein. Verdammt!«

Vince kam zum Ende. »Sicher, ich bin da. Ich freue mich darauf. Bis dann.« Er legte auf und schien amüsiert, dass Jamie plötzlich sein Selbstvertrauen verloren hatte. »Was ist los? Haben Sie einen Geist gesehen?«, stichelte er.

»Was ist los? Woher weiß er, dass ich hier bin?«, fragt er nervös.

»Beruhigen Sie sich. Hier ist gar nichts los, Rich hat keine Ahnung, dass Sie hier sind.«

»Ist es denn normal, dass er sie anruft?«

Vince lachte. »Nur, wenn ›normal‹ einmal alle zwei bis drei Jahre bedeutet.« Es war nicht zu übersehen, wie unwohl sich Jamie fühlte. »Hören Sie auf, sich Sorgen zu machen, Jamie«, beruhigte er ihn. »Sie haben es doch selbst gesagt: Nichts hindert Sie daran, mit mir zu sprechen. Zum Teufel, die haben Ihnen nicht mal vertraglich verboten, zur Konkurrenz zu gehen. Sie haben nichts zu befürchten.«

Jamie konnte nicht leugnen, dass Vince Recht hatte. Trotzdem, irgendetwas schien nicht zu stimmen, deshalb insistierte er: »Was wollte er?«

»Ich weiß es nicht genau.« Vince zuckte die Schultern. »Aber es muss ziemlich wichtig sein, wenn er sich mit mir treffen möchte.« Es schien ihm zu gefallen, dass Rich ihm ein bisschen Aufmerksamkeit schenkte.

Jamie saß da und schüttelte den Kopf.

Neuer Enthusiasmus hatte Vince erfasst. Er wollte auch die beiden letzten Prinzipien kennen lernen. »Gut, lassen Sie uns über das nächste Prinzip reden«, ermunterte er seinen Gast.

Es dauerte einen Moment, bis Jamie seine Gedanken gesammelt hatte, und selbst dann schienen seine Sätze wie aus einer Trance zu kommen. »Gut. Das dritte Prinzip handelt von Kommunikation.« Jamie hielt inne, als ob er mit der Erklärung schon fertig wäre.

»Okay. Was ist mit der Kommunikation?«

Schließlich war Jamie soweit. »Oh, äh, es geht darum, alles mitzuteilen, worüber wir gerade gesprochen haben. Alles, was mit der Klarheit im Unternehmen zu tun hat.«

Vince versuchte, den Gedanken zu Ende zu führen. »Sie meinen, Zweck, Werte, die Ziele und all das?«

»Genau. Das dritte Prinzip lautet: Vermittle unablässig Identität und Richtung der Firma.«

»›Unablässig‹? Ist das nicht ein bisschen zu viel des Guten?«

Jamie nickte. »Ja, das dachte ich auch, als ich es zuerst las. Aber Rich glaubt, dass etwas nur dann angemessen vermittelt werden kann, wenn es ununterbrochen wiederholt wird, so oft, dass man den Eindruck hat, man erschlägt ein totes Pferd.«

Vince war anzumerken, wie verrückt ihm das vorkam.

»Sie erinnern sich«, fuhr Jamie fort. »Eben habe ich gesagt, dass jedes Mitglied von Richs Team alle Themen, die mit Klarheit zu tun haben, blind aufsagen kann, und das mit Inbrunst.«

Vince nickte.

»Nun ja, das liegt daran, dass er sie ständig wiederholt.« Jamie ließ durchblicken, dass Rich tatsächlich *zu viel* des Guten tat. »Und die Sache ist: Er lässt alle Teammitglieder das Gleiche mit den übrigen Beschäftigten tun. Und dann macht er es noch einmal mit der ganzen Firma. Ich hab Ihnen gesagt, der Kerl ist besessen.«

»Wie läuft das genau ab?«

Jamie holte tief Luft, als ermüdete ihn schon der bloße Gedanke an all die Wiederholungen. »Also, als Erstes ist da die Orientierung für neue Beschäftigte. Mir ist es zum Glück erspart geblieben, aber Rich und ein paar andere Mitglieder seines Teams sprechen jede zweite Woche mit neuen Beschäftigten über die Geschichte des Unternehmens, die Werte, den Zweck und alles andere.«

Vince machte sich eine Notiz.

»Aber das ist noch nicht alles«, fuhr Jamie fort. »Jedes Mal, wenn er eine Rede hält, E-Mails verschickt oder sogar, wenn er zu einer kleinen Gruppe von Mitarbeitern spricht, wiederholt er seine Botschaft.«

Vince schien Zweifel zu hegen. »Jedes Mal?«

»Na ja, er sagt nicht immer exakt das Gleiche, aber er bezieht sich ständig darauf. Es war wie meinem Opa zuzuhören, wenn er immer wieder die gleiche Geschichte erzählte. Aber offenbar stört das in der Firma niemanden. Sie sitzen da und widmen ihm jedes Mal ihre volle Aufmerksamkeit.«

»Und seine Mitarbeiter tun das Gleiche?«

»Nicht genauso wie Rich, aber sie haben die Botschaft eindeutig verinnerlicht.«

Vince starrte aus dem Fenster und schüttelte langsam den Kopf. Jamie nahm an, dass er sich über die Lächerlichkeit dessen wunderte, was er hörte. Er hatte keine Ahnung, dass Vince anfing, zu verstehen.

»Vorher haben Sie etwas von einem Poster gesagt«, drängte Vince. »Dass bei Telegraph diese Botschaften nicht in den Büros hängen.«

Jamie schien dieses Thema ein bisschen zu verärgern. »Stimmt. So fanatisch sie auch diese unablässige Kommunikation betreiben, mir wollten sie nicht einmal 5 000 Dollar bewilligen, als ich eine Kampagne für die Firmenwerte starten wollte. Ich wollte sie einfach nur auf Golfhemden und Poster drucken lassen, um die Büros damit zu verschönern.«

»Sind Sie sicher, dass es am Geld gescheitert ist?«

Jamie schüttelte den Kopf. »Nein, es ist an Rich gescheitert. Er bestand eisern darauf, die Firmenidentität nicht mit Hochglanzwerbung zu vermitteln, wie er es nannte.«

»Und warum wollte er das nicht?« Vince fragte sich, ob Rich so eine Art exzentrischer Tyrann geworden war. Er hoffte es sehr.

»Rich sagte immer, dass die Firmenwerte in dem Moment, wo sie nach einer Marketing-Kampagne aussehen, ihre – wie nannte er es noch gleich? – ihre ›Verwurzelung‹ verlieren. Er sagte, sie würden sich dann mehr nach Slogans als nach einer Realität anhören.«

In diesem Moment fiel der Blick von Jamie und Vince unwillkürlich auf ein gerahmtes Poster an der Wand über dem Konferenztisch, an dem sie saßen. Es zeigte einen Kampfjet, der über den Himmel jagte. Im Hintergrund sah man ein Feindflugzeug, das mit Rauch aus dem Heck zu Boden trudelte. Die Bildunterschrift lautete: »KLÜGER – BESSER – SCHNELLER – GREENWICH«. Einen Moment lang war es Vince peinlich, dann beschloss er, seine Energie nicht auf solche Lappalien zu verschwenden.

Um die Verlegenheit zu überwinden, stand Jamie auf und schrieb das dritte Prinzip an die Tafel:

Disziplin drei: Vermittle unablässig organisatorische Klarheit.

Vince blickte auf die Uhr. »Gut, lassen Sie uns über das letzte Prinzip sprechen.«

In dem Moment klopfte es an der Tür, und noch bevor Vince antworten konnte, steckte Tracy, die Sekretärin, ihren Kopf herein. »Tut mir leid, Sie zu stören, aber Rich O'Connor ist auf dem Weg nach oben.«

Jamie erstarrte.

Prinzip vier

»Er ist jetzt hier?!« Jamie konnte es nicht glauben. »Sie haben nicht gesagt, dass er heute kommen würde. Warum haben Sie mir nicht gesagt ...«

Vince lachte. »Beruhigen Sie sich. Er wird es früher oder später doch herausfinden, dass Sie mit uns Gespräche führen. Das ist eine gute Chance für Sie, mir zu zeigen, was Sie auf dem Kasten haben.«

Es klopfte an der Tür. Ohne auf eine Antwort zu warten, führte Tracy Rich herein und schloss die Tür hinter ihm.

Rich begrüßte Vince und schüttelte ihm die Hand. Dann bemerkte er – überrascht, aber ruhig – seinen ehemaligen Personalchef. »Ach, hallo Jamie.«

Jamie war sofort erleichtert, als er merkte, dass Rich ihn hier nicht erwartet hatte. Als Rich ihm die Hand reichte, war sein Selbstbewusstsein plötzlich wieder da. »Schön, Sie zu sehen, Rich.« Aber der Schein trog: Trotz seines kontrollierten Äußeren war Jamie innerlich völlig aufgewühlt.

Rich lächelte und wandte sich Vince zu. »Danke, dass Sie so kurzfristig Zeit für mich hatten. Kann ich ein paar Minuten mit Ihnen sprechen?«

»Natürlich«, erwiderte Vince. Er sah Jamie an. »Könnten

Sie draußen warten? Tracy wird Ihnen etwas zu trinken geben.«

»Es dauert nur ein paar Minuten, wenn überhaupt«, fügte Rich zu Jamie gewandt hinzu.

»Lassen Sie sich Zeit.« Jamie lächelte und ging zur Tür.

Kurz nachdem sie geschlossen war, fing Rich an zu sprechen. »Ich möchte Ihnen einen Vorschlag machen, Vince.« Wie immer kam Rich sofort auf den Punkt.

»Sind Sie nicht ein bisschen neugierig, was Jamie hier macht?« Vince war offenbar erfreut, zur Abwechslung einmal einen von Richs ehemaligen Mitarbeitern in seinem Büro zu haben.

»Ich nehme an, dass er hier zu einem Einstellungsgespräch ist«, sagte Rich gelassen.

»So ist es. Sollte ich ihn einstellen?«

Rich zuckte die Schultern und lächelte. »Meine Rechtsanwältin sagt, dass ich keine Empfehlungen mehr geben soll, weder positive noch negative. Heutzutage wird man leicht verklagt, wenn man das Falsche sagt.«

Sie lachten.

»Aber ich kann Ihnen so viel sagen. Stellen Sie sicher, dass Sie Ihm viel Unterstützung und Anleitung geben. Jamie hat nicht gerade das weltgrößte Selbstvertrauen, wenn Sie verstehen, was ich meine.«

Vince nickte zum Dank und seine Miene verriet, dass er der gleichen Meinung war. Er war überrascht, dass es seinem Gegner nicht die geringsten Sorgen zu bereiten schien, dass ein kürzlich noch bei ihm beschäftigter Manager zu Greenwich wechseln könnte.

»Und was ist das für ein Vorschlag?«

»Ich möchte Ihre Einzelhandelssparte kaufen. Tom hat mir gesagt, dass Sie etwa zehn Kunden und 15 Angestellte haben.«

Vince war überrascht, dass Rich etwas über Greenwich wusste. »Das stimmt fast genau. Warum gerade den Einzelhandel?«

»Wir glauben, dass es für uns angesichts unserer Stärke in der Herstellung und im Vertrieb Sinn macht. Und ich dachte, statt selbst eine Abteilung von der Pike auf aufzubauen und zu versuchen, Ihnen die Kunden abzujagen, könnten wir darüber sprechen, ob Ihnen der Einzelhandelsmarkt überhaupt wichtig ist.« Rich machte eine Pause, in der Hoffnung, einen Hinweis auf eine mögliche Antwort zu bekommen. »Wenn das nicht der Fall ist, könnte es für uns beide leichter sein, den Handel zu machen. Es gibt nur wenige gute Leute, die sich in diesem Sektor auskennen, das heißt ich muss wahrscheinlich sowieso ein paar von ihren Einzelhandelsberatern abzuwerben versuchen.« Er machte erneut eine Pause. »So wäre es einfacher.«

Vince konnte sich nicht entscheiden, was ihn mehr erstaunte, Richs Offenheit oder sein Selbstvertrauen. »Wie kann er einfach herkommen und ausgerechnet mir seine strategischen Absichten verraten?«, dachte er. »Nun ja, Rich, der Einzelhandel ist keiner der großem Wachstumsmärkte, den wir als wesentlichen Teil unserer langfristigen Strategie sehen.« Vince fragte sich, warum er ihm das eigentlich erzählte. Richs Offenheit schien ansteckend zu sein. »Ich bin neugierig, warum Sie das glauben.«

Rich lächelte. »Wir müssen ja nicht jede Information miteinander teilen.« Sie lachten.

»Wie viele meiner Leute würden Sie übernehmen wollen?«

»Na ja, das hängt davon ab, wie die Gespräche verlaufen. Ich schätze, wir würden wenigstens die Hälfte von ihnen einstellen, wenn sie so gut sind, wie wir denken.«

»Und über wie viel Geld sprechen wir?«

»Ich weiß nicht.« Rich schien sich wirklich keine Gedanken über die Summe gemacht zu haben. »Vielleicht das Dreifache Ihres Jahresumsatzes im Einzelhandel. Erscheint Ihnen das fair?«

Es war gerade genug, damit Vince das Geschäft in Erwägung zog, aber die Summe war auch nicht groß genug, um ihm die Entscheidung leicht zu machen. »Bis wann brauchen Sie eine Antwort?«

Rich dachte nach. »Keine Ahnung. Zwei Wochen?«

Vince stimmte zu. »Ich rufe Sie an.« Die Rivalen gaben sich die Hand.

»Danke, Vince.« Rich blickte aus dem Bürofenster und sagte mit der Aufgeregtheit eines Zwölfjährigen: »Das ist ja ein phantastischer Ausblick.«

Vince lächelte. So sehr er es versuchte, er konnte nicht den leisesten Hinweis auf Sarkasmus oder Herablassung in Richs Bemerkung entdecken. Einen Moment lang erwog er, ob Rich nicht vielleicht doch sympathischer war als der Feind, den er sich in seinem Kopf aufgebaut hatte. Aber eine so fundamentale Überzeugung wollte er dann doch nicht über Bord werfen, und so beschloss er, dass sein Rivale wahrscheinlich irgendetwas in der Hinterhand hatte.

Vince führte seinen Gast zur Tür. Als er sie öffnete, erblickte Rich plötzlich die Tafel mit den Prinzipien seiner Liste, in einer Handschrift, die wie die von Jamie aussah.

Obwohl es ihm ein bisschen peinlich war, war Vince mehr als alles andere gespannt, wie sein Rivale reagieren würde.

Rich rief seinen ehemaligen Personalchef aus der Lobby herein.

Jamie erschrak. In dem Moment, als er Richs Stimme hörte, erinnerte er sich schlagartig daran, dass er die Tafel nicht ausgewischt hatte.

Als er hereinkam, sah Jamie sofort, dass sein ehemaliger Boss die Tafel anstarrte. Fast hätte sich ihm der Magen umgedreht.

Rich sprach als Erster. »Was ist das?«, fragte er mit ausdrucksloser Stimme.

»Nun, äh, ich habe Vince gezeigt, äh, ich meine, ich habe ihm erklärt, warum die Firma, ich meine Telegraph, so einen starken Sinn für …«

Rich unterbrach ihn gnädig. »Glauben Sie, das ist korrekt?«

Selbst Vince fing an, sich unbehaglich zu fühlen. »Hören Sie, es sieht so aus, als ob Sie beide etwas zu besprechen hätten. Ich lasse Sie ein paar Minuten allein.« Er verließ das Büro und schloss die Tür hinter sich.

Jamie war drauf und dran, zusammenzuklappen. »Ich dachte nicht, dass es notwendigerweise ein Problem …«

Rich überging Jamies lächerlichen Rechtfertigungsversuch und unterbrach ihn erneut. »Was ich meine ist: Sie haben Prinzip zwei falsch aufgeschrieben.« Er ging zur Tafel und fügte das Wort »Strategie« zur Liste neben dem zweiten Prinzip hinzu. »Wenn Sie zu keiner klaren Strategie gelangen, können Sie Ziele und Rollen nicht in Übereinstimmung bringen.«

Jamie fiel ein gewaltiger Stein vom Herzen.

Draußen in der Lobby las Vince das *Wall Street Journal* und wartete auf das Ende der Unterredung. Nach beinahe zehn Minuten öffnete sich die Tür.

Rich kam als erster heraus und wirkte ruhig. Jamie stand hinter ihm und sah aus, als wäre er gerade mit knapper Not dem Tod von der Schippe gesprungen.

Rich schüttelte erneut Vince' Hand. »Rufen Sie mich an, wenn Sie soweit sind.«

»Danke, Rich.«

Wieder im Büro, stellten beide Männer die gleiche Frage: »Und?«

Sie lachten nervös. Jamie erzählte, was geschehen war.

Dann wandte sich Vince um und blickte auf die weiße Tafel. Das vierte Prinzip stand nun auch darauf, aber nicht in Jamies Handschrift.

Disziplin vier: Stärke organisatorische Klarheit durch geregelte Praktiken.

Dann bemerkte er zusätzliche Wörter in der gleichen Handschrift auf der Tafel:

- *schaffe Zusammenhalt*
- *schaffe Klarheit*
- *vermittle Klarheit*
- *stärke Klarheit*

Vince rang nach Worten. »Hat *er* das geschrieben?« Er kannte die Antwort bereits, aber er musste die Frage stellen, um die Absurdität der Situation voll zu begreifen.

Jamie nickte und ging zur Tafel. »Ja, er hat bei dem zweiten Prinzip etwas ergänzt, das vierte dazugeschrieben und eine Kurzversion aller vier notiert, die man leichter im Gedächtnis behält, wie er sagt.«

Die beiden Männer starrten kopfschüttelnd auf die Tafel.

»Ich hab's Ihnen ja gesagt«, sagte Jamie, »der Kerl ist verrückt.« So erleichtert er war, brachte er es doch noch nicht über sich, Rich dankbar zu sein.

Nachdem sie ihre Gedanken wieder geordnet hatten, setzten sich Jamie und Vince an den Konferenztisch. »Und?«, fragte Vince.

»Was und?«

»Erklären Sie mir jetzt die vierte Disziplin?«

Jamie lachte, wie um zu sagen »Was sollten wir sonst tun?«, und begann mit seiner Erklärung. Er wiederholte die Disziplin: »›Stärke organisatorische Klarheit durch geregelte Praktiken.‹ Das ist die wichtigste Disziplin, um die anderen drei zu bewahren.«

Vince fiel es schwer, sich zu konzentrieren. Nach der Begegnung mit Rich hatte sich seine Aufregung über die Liste und ihre Bedeutung etwas abgekühlt. Rich erschien ihm nicht mehr als eine geheimnisvolle Figur, sondern als ein gewöhnlicher Mann, der von einer schlichten Philosophie besessen war. Tatsächlich schämte er sich fast, dass er so begierig auf Richs Geheimnisse gewesen war. »Das ist nichts Besonderes«, dachte er und war froh, sein Überlegenheitsgefühl und seine Geringschätzung wiedergewonnen zu haben.

»Tut mir leid, Jamie, die letzte verstehe ich einfach nicht«, sagte er mit einem zweifelnden Unterton.

»Also, Rich würde sagen, dass es darum geht, eine Struktur und ein System aufzubauen, um die Kultur von Telegraph zu bewahren. Er sagt immer, dass die ›Kultur in der Art lebendig wird, wie die Dinge erledigt werden‹, oder so ähnlich.«

»Sie meinen die Betriebsabläufe? Die Geschäftspolitik?«

»Nicht ganz. Vergessen Sie nicht: Die Struktur, an die er denkt, hat mit *menschlichen* Systemen und Abläufen zu tun – wie zum Beispiel Gespräche mit Bewerbern, Einstellungen, das Leistungsmanagement, Belohnungen und«, Jamie zuckte fast zusammen, bevor er den Satz zu Ende brachte, »Entlassungen.«

Vince wollte immer noch mehr erfahren, aber er schien nun den Wert der Ideen infrage zu stellen. »Wir machen das alles. Was ist bei Telegraph anders?«

»Erstens sind da die verfluchten Einstellungsgespräche.« Jamies verächtlicher Ton ließ Vince aufhorchen.

»Was machen sie?«

»Die Frage ist, was sie nicht machen«, seufzte er. »Sie unterziehen jeden Kandidaten mindestens fünf Einzelgesprächen. Sie bestehen auf der Beantwortung einer Reihe zentraler Verhaltensfragen, die in leicht veränderter Form von verschiedenen Leuten gestellt werden. Und dann treffen sich alle Interviewer zu einem Abschlussgespräch.« Jamie machte eine Pause. »Sie machen das bei Managern, Beratern, sogar bei den Leuten am Empfang.«

»Sie meinen, die Interviewer können nicht ihre eigenen Fragen stellen?«

»Doch, das können sie, aber sie brauchen so viel Zeit für die Verhaltensfragen, dass sich das Ganze zu richtiger Arbeit auswächst.« Jamie bemerkte, wie ironisch sich die Bemerkung angesichts seiner Karrierewahl anhören musste. »Ich meine, es hätte nicht so hart sein müssen. Es war einfach zu fest strukturiert.«

Vince lächelte. »Sie haben es gehasst, stimmt's?«

»Na ja, ich glaube, das lag daran, weil ich das System stärken musste. Und wann immer ich versucht habe, es zu ändern, haben sie mich davon abgehalten. Ich dachte, ich sollte die Entscheidung über die Einstellungspraxis übernehmen.«

Vince runzelte die Stirn. »Was fehlt noch?«

»Sie meinen, im Hinblick auf die Interviews?«

»Nein, ich glaube, das habe ich verstanden. Was ist mit dem …«

Jamie unterbrach ihn. »Leistungsmanagement. Das war der andere Teil meines Aufgabenbereichs. Ich musste sicher stellen, dass alle Manager auf allen Ebenen in jedem Quartal eine Beurteilung über jeden ihrer Leute schrieben. Es war ein Albtraum.«

Vince lachte. »Ja, Sie mussten wahrscheinlich ständig allen die Hölle heiß machen, um die Fragebögen rechtzeitig zu bekommen.«

Jamie schüttelte den Kopf. »Nein, fast alle kamen rechtzeitig. Es war nur eine Seite mit drei einfachen Fragen und niemand hat sich darüber beschwert, wenigstens nicht mir gegenüber.«

Vince war überrascht. »Eine Seite? Kommen Sie.«

Jamie dachte nach. »Na ja, ich glaube, es war mehr.«

Vince wirkte beruhigt, als hätte ihn das in irgendeiner Weise bestätigt, bis Jamie erklärte: »Es gab noch eine Frage auf der Rückseite, aber nur für die Diskussion. Man könnte also sagen, es waren zwei Seiten.«

Vince Befriedigung verschwand. »Okay, also was waren das für Fragen? Ich nehme doch nicht an, dass es vier waren.«

Jamie lachte. »Doch, es waren *tatsächlich* vier.«

Die beiden Männer schüttelten den Kopf, als wollten sie sagen »Was für eine verrückte Firma«. Vince forderte Jamie mit einer Geste auf, weiterzuerzählen.

»Die Fragen waren: ›Was haben Sie erreicht?‹, ›Was werden Sie als Nächstes erreichen?‹, ›Wie können Sie sich verbessern?‹«

»Das ist alles?«

»Nicht ganz. Die Frage auf der Rückseite war: ›Stehen Sie hinter unseren Werten?‹«

»Also warum war das für Sie so ein Albtraum?«

»Weil ich es gehasst habe, meinen Untergebenen diese Fragen zu stellen und sie mir von Rich stellen zu lassen.«

»Wie viel Zeit nahm der Fragebogen in Anspruch?«

»Länger, als man meinen würde, weil jeder ihn so ernst nimmt. Aber das Ausfüllen war nicht das eigentliche Problem. Es war die Diskussion, die sich daran anschloss.«

Bevor Vince fragen konnte, erklärte Jamie es ihm. »Jeder Manager muss neunzig Minuten in einem Raum mit jedem seiner Beschäftigten verbringen und über die Fragen sprechen.«

»Geht einem da nicht der Gesprächsstoff aus? 90 Minuten sind eine lange Zeit.«

»Das ist das Komische. Rich will gerade, dass den Leuten der Gesprächsstoff ausgeht, denn von da an würden sie anfangen, über die wichtigen Dinge zu sprechen.« Jamie schüttelte den Kopf. »Er ist ein verrückter Kauz.«

»Das haben die Leute wirklich gemacht? Mit jedem Beschäftigten in jedem Quartal 90 Minuten lang geredet?«

Jamie nickte, als wollte er sagen, »Unglaublich, nicht wahr?«

»Sie haben offenbar nicht genug zu tun, wenn sie so viel Zeit auf Bewertungen verwenden können.« Vince schien sein Selbstvertrauen zurückzugewinnen und sein Interesse an der Magie von Rich O'Connor zu verlieren. Er stand auf und räkelte sich. »Kein Wunder, dass sie nicht schneller wachsen. Ich glaube, ich habe genug gehört.«

Jamie runzelte die Stirn. »Was haben Sie gesagt?«

»Ich habe genug gehört. Aber ich danke Ihnen, dass Sie sich die Zeit genommen haben …«

Jamie unterbrach ihn. »Nein, was haben Sie davor gesagt? Sie haben etwas von Wachstum gesagt?«

»Ja, ich habe mich oft gefragt, warum sie nicht schneller wachsen. Trotz ihres ganzen angeblichen Vorsprungs sind wir immer noch so groß wie sie.«

Jamies Ausdruck änderte sich plötzlich. Er wirkte verdutzt und fast ein wenig traurig. »Hmm.«

Vince bemerkte den Wandel. »Was meinen Sie mit ›Hmm‹?«

»Ich glaube, Sie sollten sich besser setzen.«

Bittere Erkenntnis

Vince machte keine Anstalten, sich zu setzen. »Warum?«

Jamie lächelte, eher überrascht und besorgt als amüsiert. »Wissen Sie wirklich nicht, warum sie nicht größer sind?«

»Na ja, es fällt ihnen wahrscheinlich schwer, neue Kunden zu gewinnen. Es stimmt, wann immer wir bei den letzten Geboten in direkter Konkurrenz stehen, gewinnen meistens sie. Aber es kommt noch häufiger vor, dass sie gar nicht erst in die letzte Runde kommen. Sie sind einfach nach den ersten Gesprächen aus dem Rennen.«

»Das glauben Sie wirklich?«, fragte Jamie.

»Ich glaube, sie verlieren eine Menge Zeit mit diesem ganzen internen Zeug, und das lenkt sie von ihrer Fähigkeit ab, aggressiver zu wachsen. Niemand kann es sich heute leisten, so viel Zeit zu verlieren.«

Jamie wusste, dass er mit der Wahrheit herausrücken musste, und Vince spürte es. »Was? Was ist mir entgangen?«

Vince setzte sich schließlich und Jamie lehnte sich in seinem Stuhl vor. »Vince, sie wachsen so schnell, wie sie wachsen *wollen*.« Er machte eine Pause, aber Vince begriff nicht, also fuhr er fort. »Sie erreichen fast in jedem Quartal ihre Umsatz- und Gewinnziele mit erstaunlicher Präzision.«

»Ja und?«

»Vince, sie lehnen mehr Kunden ab, als sie übernehmen. Rich *möchte* im Moment nicht schneller wachsen.«

Vince' Gesicht verriet, dass es bei ihm zu dämmern begann. »Sie verschwinden nach den ersten Verhandlungsrunden«, fuhr Jamie fort, »weil sie sich zurückziehen. Sie nehmen nur die Kunden an, die sie haben wollen. Ihre Firma bekommt die meisten dieser Aufträge nur, weil Telegraph darauf verzichtet.«

Und dann holte Jamie zum letzten Schlag aus. »Telegraph versucht gar nicht, größer zu werden als Sie. In der Weise konkurrieren sie gar nicht mit Ihnen.«

Vince lehnte sich ungläubig in seinem Stuhl zurück. Jamie verkniff sich den Triumph. Er konnte nicht leugnen, dass ihm Vince leidtat. Er wirkte wie ein gebrochener Mann.

4

Die Kapitulation

Die Entscheidung

Im Verlauf der nächsten Wochen rang Vince mit sich, ob er Richs Methode übernehmen oder ablehnen sollte. Er entschied sich für Letzteres.

Nachdem er seinen Rivalen so lange gering geschätzt hatte, fehlte ihm die Kraft, plötzlich seine Einstellung zu ändern und den Erfolg seiner Firma auf die Ideen seines Konkurrenten zu gründen. Vince wollte den Kampf auf seine Weise gewinnen. Daher lehnte er Richs Angebot, die Einzelhandelsabteilung zu übernehmen, höflich ab und widmete sich mehr denn je dem Wachstum seiner Firma.

In den folgenden Monaten erlebte er immer wieder Enttäuschungen, besonders, wenn seine Firma hinter seinem Konkurrenten und dessen Ansatz zurückblieb. Eine Zeit lang unterdrückte er seine Frustration, aber nach und nach holte sie ihn wieder ein.

Vince konnte es nicht ertragen, Zeit mit seinen Management-Team zu verbringen, das – es war nicht zu leugnen – nicht gut arbeitete. Das Fehlen einer Firmenkultur oder von Werten wurde immer offenkundiger. Schlimmer noch, in Momenten der Schwäche drängte sich ihm der Verdacht auf, dass der Erfolg nur vier Prinzipien entfernt lag.

Aber selbst wenn er an sie geglaubt hätte, schien Vince der richtige Zugang zu den vier Disziplinen zu fehlen. Schließlich war er nicht ins Geschäft gegangen, um in seinem Management-Team den Schiedsrichter zu spielen und seinen Beschäftigten Orientierung zu geben. Vince liebte Strategie und Wettbewerb, und damit hatte es sich. Der Mut, seine Energie auf etwas so Schwammiges und Unsicheres wie die Gesundheit seines Unternehmens zu konzentrieren, ging ihm zweifellos ab.

Zum ersten Mal in seiner Karriere hatte Vince das Gefühl, seine Leidenschaft für das Geschäft zu verlieren. Er hätte nie gedacht, dass er auch nur im Traum erwägen würde, was er nun vorhatte.

Die weiße Flagge

Nur zwei Monate und drei Wochen, nachdem er sich dazu entschlossen hatte, war das Geschäft abgeschlossen. Vince Green hatte die Firma verkauft, die er beinahe zehn Jahre zuvor gegründet hatte. Obwohl er sie seinem Rivalen angeboten hatte, wusste er, dass Rich ablehnen würde. So war es schließlich eine große Beratungsfirma von der Ostküste, die seine Firma schluckte.

Nach einem Jahr fing Vince an, sich zu langweilen und gründete eine neue Firma, dieses Mal ein Software-Unternehmen. Er hatte sich Sorgen gemacht, ob seine alte Leidenschaft für das Geschäft zurückkehren würde, eine unbegründete Angst, denn der Neuanfang und eine Offenheit für die vier Disziplinen gaben ihm genau die Energie, die er brauchte.

In der Zwischenzeit hatte Rich beschlossen, Telegraph schneller wachsen zu lassen als zuvor, unter anderem, indem er einige spezialisierte Beratungsfirmen übernahm. Innerhalb von drei Jahren hatte sich die Größe der Firma verdoppelt und Rich hatte weniger mit Kunden zu tun als jemals zuvor. Stattdessen entdeckte er, dass er nun noch mehr Zeit für die vier Disziplinen aufwenden musste, um den Erfolg der gewachsenen Firma aufrechtzuerhalten.

Es gab jedoch einen Kunden, GreenWare Systems, für den Rich besonderes Interesse hatte, wann immer es seine Zeit erlaubte. Tatsächlich akzeptierte er sogar die Einladung des Chefs, einen Vorstandssitz zu übernehmen.

Was Jamie anlangte, arbeitete er nun als Personalschef für eine konkurrierende Beratungsfirma. Tom witzelte häufig, dass Telegraph Jamies Anwerber gerne einen Finderlohn gezahlt hätte.

Rich war selbst überrascht, dass er Jamie im Stillen trotz allem viel Erfolg wünschte.

Nachwort zum ersten Teil

Warum hatte Rich O'Connor Erfolg? Manche mögen sagen, dass er ein außergewöhnlicher Mann war, aber ich bin mir da nicht so sicher.

Zwar hatte Rich zweifellos eine Reihe erstaunlicher Qualitäten, aber in vieler Hinsicht war er ein ganz gewöhnlicher Mann. Er hatte Fehler und Probleme wie jeder andere auch. Es war seine Hochschätzung von Einfachheit und Disziplin, die ihn zu einem außergewöhnlichen Chef machten.

Das ist eine gute Nachricht für alle, die sich noch nicht ganz mit Rich messen können. Es gibt Hoffnung für uns, weil auch wir zu außergewöhnlichen Führungsleistungen fähig sind, wenn wir begreifen, dass Erfolg nicht so sehr ein Ergebnis von Intelligenz und natürlichem Talent ist, sondern darauf beruht, sich mit Engagement den richtigen Disziplinen zu widmen.

Aber darin steckt auch eine Warnung. Unsere Führungsleistungen verschlechtern sich, wenn wir uns wie Vince oder gar Jamie zu sehr von taktischen Erwägungen oder antagonistischem Denken ablenken lassen.

Wir haben die Wahl – jeden Tag aufs Neue.

Zweiter Teil

Organisatorische Gesundheit: Das Modell

Die vier Disziplinen in die Praxis umsetzen – eine Zusammenfassung und Kriterien zur Selbsteinschätzung

Die meisten Manager verbringen beträchtliche Zeit und Energie mit der Suche nach Wettbewerbsvorteilen, gewöhnlich in Bereichen wie Strategie, Technologie, Marketing und anderen Feldern, die auf innovativen Ideen oder Kapital beruhen. Das ist klug.

Leider haben die umfassende Zugänglichkeit und der beständige Fluss von Informationen die Nachhaltigkeit solcher Vorteile vermindert, sodass Unternehmen geringere Zeitspannen der Differenzierung zur Verfügung haben als je zuvor. Dieser Trend wird sich zweifellos fortsetzen und sich mit großer Wahrscheinlichkeit noch beschleunigen.

Es gibt jedoch einen Wettbewerbsvorteil, der jeder Firma zugänglich ist, aber weithin ignoriert wird. Mehr noch, er ist heute nachhaltiger denn je, weil er überhaupt nicht auf Information oder Innovation gründet. Ich beziehe mich hier auf etwas, was ich organisatorische Gesundheit nenne. Außergewöhnliche Manager verwenden viel Zeit und Aufmerksamkeit darauf.

Ein gesundes Unternehmen ist eins, in dem es im Vergleich zu einem ungesunden weniger Streit und Verwirrung gibt, eine höhere Arbeitsmoral und Produktivität, weniger

Die vier Disziplinen eines gesunden Unternehmens

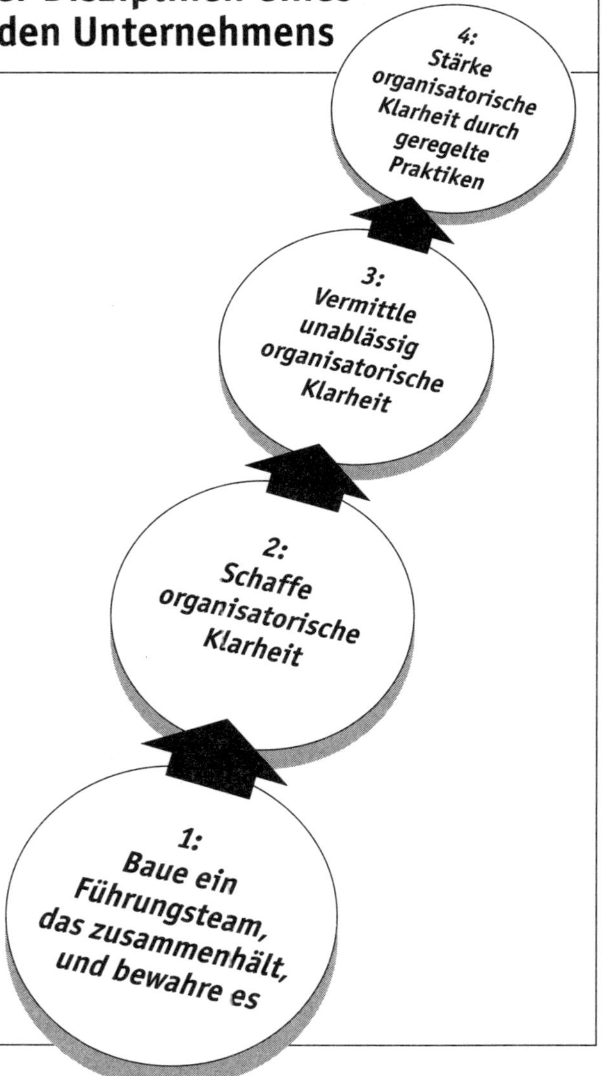

ungewollten Personalwechsel und geringe Kosten bei der Gewinnung neuer Beschäftigter. Kein Topmanager, den ich kenne, würde die Wirkung dieser Vorzüge bestreiten. Jeder hätte sie liebend gerne in seinem oder ihrem Unternehmen. Leider haben die meisten Probleme, sie in die Tat umzusetzen.

Der erste Schritt besteht in der Erkenntnis, dass es sich mit organisatorischer Gesundheit nicht anders verhält als mit vielen anderen Aspekten des Erfolgs: Sie ist in der Theorie einfach, aber schwer in die Praxis umzusetzen. Sie erfordert außergewöhnliches Engagement, Mut, Konsequenz und Beständigkeit. Komplexes Denken und große analytische Fähigkeiten sind dazu jedoch nicht erforderlich. Tatsächlich ist es entscheidend, auf Einfachheit zu achten. Das Notwendige lässt sich sogar auf einer einzigen Seite zusammenfassen (siehe Abbildung auf Seite 146).

Der zweite Schritt besteht darin, die grundlegenden Disziplinen zu meistern und täglich in die Praxis umzusetzen. Der Rest dieses Buches soll Ihnen helfen, genau das zu tun.

Prinzip eins: Baue ein Führungsteam auf, das zusammenhält, und bewahre es.

Ein Führungsteam mit starkem Zusammenhalt aufzubauen ist die wichtigste der vier Disziplinen, weil sie die übrigen drei erst ermöglicht. Sie ist aber auch am schwersten zu fassen, denn sie verlangt dem Management-Team und seinem Leiter ein beträchtliches Maß an kommunikativem Engagement ab.

Prinzip 1:

Baue ein Führungsteam, das zusammenhält, und bewahre es

Zusammenhaltende Teams schaffen Vertrauen, beseitigen Streitigkeiten und steigern die Effizienz, indem ihre Mitglieder

- **ihre spezifischen Stärken und Schwächen wechselseitig kennen,**
- **Grundsatzkonflikte offen und konstruktiv austragen,**
- **sich gegenseitig für ihr Verhalten und ihre Handlungen verantwortlich machen,**
- **Gruppenentscheidungen loyal tragen.**

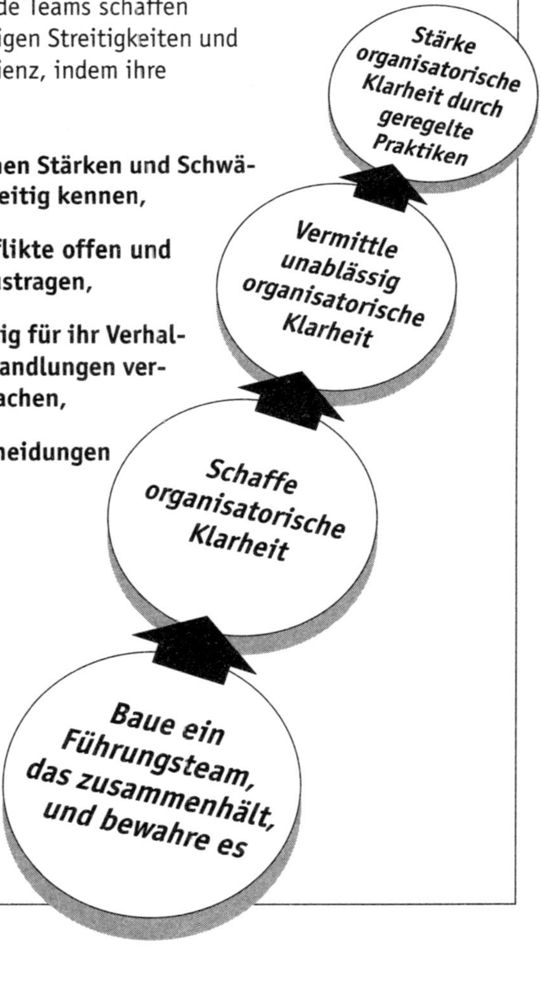

Das Wesen eines Führungsteams mit großem Zusammenhalt ist Vertrauen, und kennzeichnend für Vertrauen ist die Abwesenheit von Zwist, unnötigen Ängsten und Verschwendung von Energie. Jeder Manager möchte dies erreichen, aber es gelingt nur wenigen, weil sie die Wurzel dieser Probleme nicht erkennen, von denen das schädlichste der Zwist ist.

Zwistigkeiten entstehen durch ungelöste Probleme auf den obersten Ebenen eines Unternehmens. Es ist daher fruchtlos, Streitigkeiten im Unternehmen vermindern zu wollen, ohne die Probleme auf der Management-Ebene anzugehen. Obwohl die meisten Manager, mit denen ich gearbeitet habe, wissen, dass es in ihren Teams antagonistisches Verhalten gibt, unterschätzen sie fast immer seine Größenordnung und seine Auswirkungen auf die Firma und ihre Beschäftigten.

Zu dieser Blindheit kommt es, weil die Manager nicht erkennen, dass ihre Unstimmigkeiten auf den unteren Ebenen des Unternehmens wie große Zwistigkeiten wirken. Und wenn die Leute auf den unteren Ebenen versuchen, die Meinungsverschiedenheiten unter sich zu lösen, verstricken sie sich häufig in heftige und zeitraubende Kämpfe, ohne zu einer Lösung zu gelangen. All dies geschieht, weil es den Führungskräften weiter oben im Unternehmen nicht gelungen ist, kleinere Streitigkeiten zu beseitigen, gewöhnlich aus Angst vor einem Konflikt.

Weil dieses Problem so verbreitet und ernst ist, lohnt es sich, darauf näher einzugehen. Wenn ein Manager eine Meinungsverschiedenheit mit einem Kollegen nicht austragen möchte, verurteilt er oder sie die Beschäftigten dazu, Zeit,

Geld und emotionale Energie zu verschwenden, um mit den ungelösten Problemen fertig zu werden. Das bringt die besten Angestellten dazu, nach Jobs in besser funktionierenden Unternehmen zu suchen. Bei denen, die bleiben, machen sich dagegen Desillusionierung, Misstrauen und Erschöpfung breit.

Führungsteams mit großem Zusammenhalt lösen stattdessen ihre Streitigkeiten und schaffen ein Klima des Vertrauens unter sich und damit unter den Beschäftigten. Sie stellen sicher, dass die meiste Energie im Unternehmen in die Erreichung der gewünschten Ziele fließt. Mehr noch, nach meiner Erfahrung verlassen herausragende Beschäftigte solche Unternehmen nur selten.

Wie sehen zusammenhaltende Führungsteams aus?

Vor allem sind zusammenhaltende Führungsteams effizient. Sie gelangen schneller und mit mehr Entschlossenheit zu Entscheidungen als solche ohne Zusammenhalt. Sie verbringen weniger Zeit damit, sich Sorgen zu machen, ob ihre Kollegen einen Plan unterstützen und ihre volle Leistung in seinen Dienst stellen.

Am besten erkennt man Teams mit Zusammenhalt daran, wie ihre Sitzungen verlaufen. Sie sind leidenschaftlich, intensiv, anstrengend, aber nie langweilig.

Für ein zusammenhaltendes Team sind Sitzungen fesselnd und von entscheidender Bedeutung. Sie bieten ein Forum, um schwierige Fragen zu stellen, ihre Ideen wechselseitig herauszufordern und schließlich zu Entscheidungen zu gelangen, denen im Interesse des Unternehmens alle zustimmen, die alle unterstützen und an die sich alle halten.

In den Teams, mit denen ich arbeite, machen sich die Kollegen für Verhalten verantwortlich, das nicht zur Teamleistung beiträgt. Niemand liest in Sitzungen E-Mails oder erledigt Nebensächlichkeiten, selbst wenn das Thema, über das gesprochen wird, nicht unmittelbar mit ihnen zu tun hat. Jeder beteiligt sich und ist hellwach. Wenn ein Problem auf der Agenda steht, dass nicht spannend oder entscheidend ist, stellen die Teammitglieder infrage, ob es die Zeit lohnt, sich überhaupt damit zu befassen.

Schließlich gibt es in zusammenhaltenden Teams harte Auseinandersetzungen. Aber man streitet um Sachthemen, nicht um Persönliches. Am wichtigsten aber: Wenn der Streit ausgetragen ist, haben sie eine erstaunliche Fähigkeit, ohne böse Gefühle zum nächsten Thema überzugehen.

Wenn ein Streit unter solchen Umständen aus dem Ruder läuft und persönlich wird – und das geschieht unweigerlich –, arbeitet das ganze Team zusammen, um zu schlichten. Niemand läuft mit bösen Gefühlen aus einer Sitzung.

Leider erreichen viele Führungsteams dies nicht. Sie sehnen sich nach leichten, friedlichen Sitzungen als Entlastung von ihrem hektischen Terminkalender. Daraus werden dann langweilige und uninspirierende Vortragssitzungen, in denen die Ressortleiter die Details ihrer Verantwortungsbereiche durchgehen.

Ist es schwer, Zusammenhalt zu erreichen? Zweifellos. Eine bessere Frage aber wäre, ob es die Mühe lohnt. Ob Sie die Ergebnisse in gesteigerter Produktivität, geringerem Personalwechsel oder höherer Lebensqualität am Arbeitsplatz messen, oder schlicht an der geringeren Zeit, die für unproduktive Sitzungen verloren geht, die Antwort ist immer ein laut vernehmliches »Ja«.

Wie baut man ein Führungsteam mit Zusammenhalt?

Das Wichtigste ist, Vertrauen aufzubauen, und eine der besten Möglichkeiten, dies zu tun, besteht darin, was ich »sich entblößen« nenne. Das ist keine New-Age-Übung, bei der man sich in die Arme fällt und Händchen hält, sondern ein allgemeiner Prozess des Kennenlernens, bei dem man so vertraut miteinander wird, wie es nur wenige Gruppen – leider oft nicht einmal Familien – erreichen.

Es gibt viele wirkungsvolle Wege, um diese Offenheit zu erreichen. Kein einziger allein ist ausreichend, aber keiner ist unabdingbar. Am wichtigsten ist, dass die Teammitglieder sich dabei wohl fühlen, die anderen sehen zu lassen, wer sie sind – ohne alle Posen und Prahlerei.

Obwohl es zweifellos unstrukturierte Ansätze zum Aufbau eines zusammenhaltenden Teams gibt, schlage ich vor, einen Blick auf einige der erprobten Methoden und Ansätze zu werfen.

- Der *Myers-Briggs-Typenindikator*, häufig nur als MBTI bezeichnet, ist ein äußerst wirkungsvolles Werkzeug, um Teammitglieder zu helfen, das Verhalten der anderen zu verstehen und gefährliche Fehlbeurteilungen zu vermeiden. Er wurde von Millionen von Menschen getestet, und es herrscht kein Mangel an Materialien, die bei der Anwendung auf Teams Hilfestellung leisten. Nach meiner

Erfahrung finden selbst die skeptischsten Manager, dass sich daraus beträchtlicher dauerhafter Nutzen ziehen lässt.

- *Teams: Der Schlüssel zur Hochleistungsorganisation.* Jon R. Katzenbach und Douglas K. Smith haben in diesem Buch einen der fesselndsten und am einfachsten anzuwendenden Ansätze zum Aufbau von Teams beschrieben, den ich kenne. Sie erläutern darin die grundlegenden Erfordernisse, die man für wirkliche Teamarbeit und für die Führung von Hochleistungsteams benötigt.

- *The Five Temptations of a CEO.* Ich habe dieses Buch geschrieben, um Mitgliedern von Führungsteams zu helfen, ihre kontraproduktiven Neigungen selbst zu erkennen und zu diskutieren, wie sie sich im Kontext eines Teams am besten ansprechen lassen. Es bietet hilfreiche Einsichten in die Stärken und Schwächen von Kollegen, besonders im Hinblick auf die Führung eines Unternehmens.

- *Erzählen der persönlichen Lebensgeschichte.* Auch wenn es wie eine allzu gefühlsselige Übung aussehen könnte, ist es meiner Erfahrung nach bemerkenswert nützlich für Mitglieder von Führungsteams, sich Zeit zu nehmen, über ihren Hintergrund zu sprechen. Menschen, die ihre wechselseitigen Lebenseinstellungen, Familiengeschichten, Ausbildungserfahrungen, Hobbys und Interessen verstehen, arbeiten eher gut zusammen als andere. Und angesichts des großen Anteils unseres Lebens, den wir bei der Arbeit verbringen, kann es viel dazu beitragen, Erfüllung in der Arbeit zu finden, wenn man seine Kollegen bis zu einem gewissen Grad persönlich kennen lernt.

Zusammenhalt erreicht man nicht nur durch Tagungen außerhalb des Unternehmens oder nach einem festen Plan. Tatsächlich spielt es eine Schlüsselrolle beim Aufbau von Vertrauen, gemeinsam schwierige Zeiten durchzustehen. Der einzige Weg zu einem starken Zusammenhalt führt – wie in einer Ehe oder bei anderen bedeutsamen menschlichen Beziehungen – darüber, jene Erfahrungen zu teilen, bei denen sich alle zusammenraufen und Hindernisse überwinden müssen. Die Teams mit dem stärksten Zusammenhalt mussten sich mit hässlichen Problemen herumschlagen und sogar ihrer drohenden Auflösung ins Augen sehen. Durch die Erfahrung, gemeinsam überlebt zu haben, haben sie ein Vertrauen entwickelt, das kaum zu untergraben ist. Entscheidend für Teamleiter ist es, die Teammitglieder daran zu erinnern, warum es sich lohnt, schwierige Zeiten durchzustehen, und was die Belohnung dafür sein wird.

Sobald ein Team einen gewissen Grad an Zusammenhalt erreicht hat, hängt seine Fähigkeit, sie aufrechtzuerhalten, davon ab, beständig Kernfragen anzusprechen, sowie von seiner Disziplin, regelmäßig und häufig an Sitzungen persönlich teilzunehmen. Auch wenn Reisetermine und große Arbeitsbelastung es immer schwieriger machen, regelmäßig zusammenzukommen, ist es dennoch entscheidend, dass ein Führungsteam nicht der Versuchung nachgibt, sich weniger oft zu treffen. Mangelnde Beachtung von Sitzungsterminen – etwas, das in den meisten Unternehmen nur allzu häufig vorkommt – ist das erste Anzeichen, dass auf ein Führungsteam Probleme zukommen.

Im Hinblick auf die Effektivität eines Teams ist nach meiner Erfahrung der Zusammenhalt einer Gruppe weit wichtiger für den Erfolg als das Niveau der gemeinsamen Erfahrung oder des Wissens. Ich habe mit Führungsteams gearbeitet, in denen Branchen-Cracks und vorzügliche Manager saßen. Trotzdem konnten sie es nicht mit den weniger erfahrenen und relativ unbekannten Leuten von Teams aufnehmen, die in der Lage waren, ein Klima des Vertrauens und leidenschaftlichen Engagements zu schaffen. Zusammenhalt auf der Management-Ebene ist schlicht der wichtigste Indikator künftigen Erfolgs in einem Unternehmen.

Wie beurteilen Sie den Zusammenhalt Ihres Teams?

Stellen Sie sich die folgenden Fragen:

– *Sind meine Sitzungen fesselnd? Werden während der Sitzungen die wichtigen Themen diskutiert?*

Jedes Unternehmen hat interessante, schwierige Probleme, mit denen es fertig werden muss. Ein Mangel an Interesse in den Sitzungen ist ein guter Hinweis, dass das Team möglicherweise Probleme ausklammert, weil seine Mitglieder sich nicht wohl miteinander fühlen. Denken Sie daran: Es gibt keine Entschuldigung dafür, ständig langweilige Sitzungen abzuhalten.

- *Debattieren die Teammitglieder ohne Vorbehalte? Fordern sie ihre Positionen wechselseitig heraus?*

  Jedes Führungsteam sollte bei seiner Arbeit Engagement und Leidenschaft zeigen, egal in welchem Geschäft. Selbst Teams, die gut miteinander auskommen, sollten in Sitzungen regelmäßig Konflikte austragen und intensiv diskutieren.

  Wo das nicht der Fall ist, herrscht wahrscheinlich ein Mangel an Vertrauen und Konfliktbereitschaft. Selbst in den besten Teams gibt es Momente, in denen die Mitglieder einander für ihre Positionen und Handlungen verantwortlich machen müssen. Zurückhaltung bei solchen Gelegenheiten ist ein sicheres Zeichen, dass ein Team auf Probleme zusteuert.

- *Entschuldigen sich die Teammitglieder, wenn sie zu weit gehen? Gehen sie jemals zu weit?*

  Wenn Menschen Auseinandersetzungen haben, fühlen sie sich zwangsläufig unbehaglich. Manchmal wird die Diskussion emotional; manchmal sagt man Dinge, die man so nicht meint. Wenn das geschieht, ist es entscheidend, dass sie kein Problem damit haben, sich zu entschuldigen. So gefühlsselig sich das anhören mag: Teams, deren Mitglieder aufrichtig verzeihen und um Verzeihung bitten können, entwickeln einen hohen Grad an Vertrauen.

- *Verstehen sich die Teammitglieder untereinander?*

  Mitglieder von Teams mit großem Zusammenhalt kennen ihre wechselseitigen Stärken und Schwächen und zögern nicht, darauf hinzuweisen. Sie wissen auch etwas über den persönlichen Hintergrund der anderen, was ihnen hilft, zu verstehen, warum sie sich so und nicht anders verhalten.

– *Vermeiden es die Teammitglieder, über einander zu tratschen?*

  Über einen Kollegen zu sprechen, der nicht anwesend ist, bedeutet noch nicht, dass man hinter seinem Rücken schlecht über ihn oder sie spricht. Klatsch setzt die Absicht voraus, jemanden zu verletzen und ist meist begleitet von der Scheu, die Person, über die gesprochen wird, mit der jeweiligen Information direkt zu konfrontieren. Mitglieder von Teams mit Zusammenhalt sind jedoch gar nicht übermäßig besorgt, dass ihre Teamkollegen in ihrer Abwesenheit über sie sprechen könnten, weil sie wissen, dass dies im besten Interesse des Teams geschieht. Sie vertrauen einander und wissen, dass wirklicher Tratsch nicht toleriert wird.

Wenn Sie irgendeine dieser Fragen verneint haben, wissen Sie vielleicht, wo Sie ansetzen müssen, um Ihrem Team mehr Zusammenhalt zu geben. Der beste Weg, mit diesem Prozess zu beginnen, besteht darin, die hier präsentierten Fragen mit den Mitgliedern Ihres Teams zu diskutieren und sie nach den Antworten zu fragen. Wenn sich die Teammitglieder darüber einigen, was noch im Argen liegt, ist der erste Schritt getan, um die vorhandenen Probleme zu lösen.

Prinzip zwei: Schaffe organisatorische Klarheit.

Die meisten Manager behaupten zu wissen, wie wichtig die Schaffung von Klarheit in ihren Unternehmen ist, aber ironischerweise scheitern sie häufig daran, sie zu erreichen. Vielleicht liegt das gerade daran, dass diese Anforderung allzu selbstverständlich erscheint.

Schließlich reden Managementberater und Strategieexperten schon viele Jahre darüber, wie wichtig die Vermittlung eines klaren Unternehmenszwecks, von Zielen, Absichten und Werten ist. Eine kleine Industrie von Textern, Grafikern und Druckern lebt davon, mit leeren Sätzen über Kunden, Qualität und Teamwork die Empfangshallen von Unternehmen zu tapezieren.

Aber bei organisatorischer Klarheit geht es nicht nur darum, die richtigen Worte zu wählen, um den Unternehmenszweck, seine Strategie oder Werte zu beschreiben; vielmehr muss man sich auch über die grundsätzlichen Konzepte einigen, die dahinter stehen.

Warum ist das so wichtig? Weil es den Beschäftigten auf allen Ebenen des Unternehmens ein gemeinsames Vokabular an die Hand gibt und ihnen deutlich macht, wo die Prioritäten liegen und wo nicht. Mehr noch, es erlaubt ihnen, Entscheidungen zu treffen und Probleme zu lösen, ohne ständig von den Managern kontrolliert und angeleitet zu werden. Organisatorische Klarheit erlaubt einer Firma im Wesentlichen, Entscheidungen besser zu delegieren und ihren Beschäftigten Selbstvertrauen zu geben.

Prinzip 2:

Schaffe organisatorische Klarheit

Ein gesundes Unternehmen minimiert Verwirrung, indem es klarstellt

- **warum das Unternehmen existiert,**
- **welche wesentlichen Verhaltenswerte in ihm gelten,**
- **welches spezifische Geschäft es ausübt,**
- **wer die Konkurrenten sind,**
- **was an ihm einzigartig ist,**
- **was es erreichen will,**
- **wer für was verantwortlich ist.**

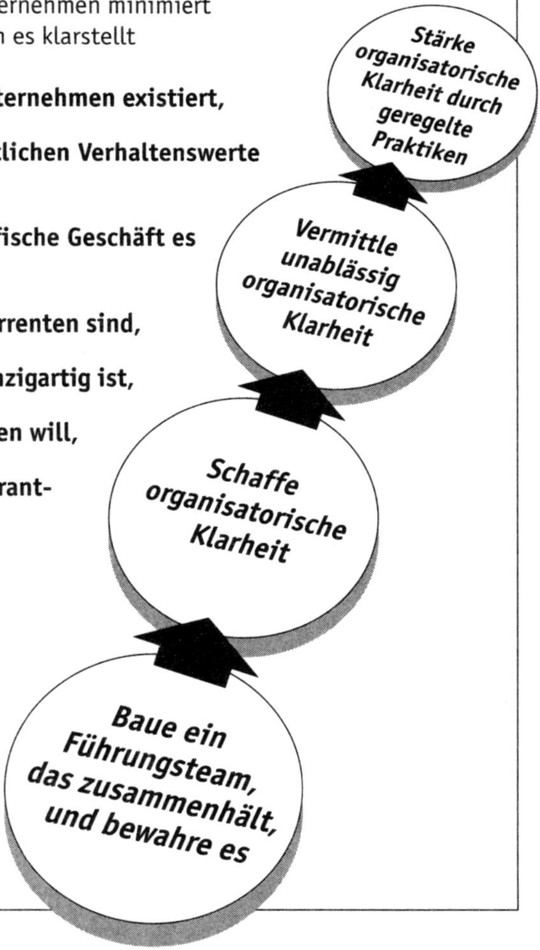

Wie sieht organisatorische Klarheit aus?

Ein Unternehmen, das Klarheit erreicht hat, hat einen Sinn für Einheit bei allem, was es tut. Es konzentriert seine Ressourcen, besonders seine menschlichen Ressourcen, auf gemeinsame Ideen, Werte, Definitionen, Ziele und Strategien und erzielt so die Synergien, die jedes gute Unternehmen erreichen muss.

Das Ergebnis ist eine unverkennbare Fokussierung und Effizienz, Ziele, die selbst die hartgesottensten Verfechter quantitativer Bewertungsmaßstäbe erstrebenswert finden. Man findet ein bemerkenswert geringes Ausmaß an Zeit- und Energieverschwendung und einen enormen Antrieb, wenn die Beschäftigten auf allen Ebenen ein gemeinsames Verständnis davon haben, worauf die Anstrengungen einer Firma ausgerichtet sind, wie Erfolg aussieht, wer die Konkurrenten sind und was erreicht werden muss, um siegreich zu sein.

Die Beschäftigten in solchen Unternehmen haben ein beachtliches Maß an Autonomie. Sie wissen, wo ihre Grenzen liegen und wann sie Anleitung vom Management brauchen, bevor sie handeln. Ihre Fähigkeit, selbstständig Entscheidungen zu treffen, schafft ein Klima der Eigenständigkeit, Zielgerichtetheit und Dringlichkeit.

Wenn die Effekte organisatorischer Klarheit so groß sind, warum schaffen dann nicht alle Manager Klarheit in ihren Unternehmen? Weil viele von ihnen den Wert der Flexibilität zu stark betonen. Weil sie wollen, dass ihre Firma »reaktionsschnell« ist, zögern sie, eine klare Richtung vorzugeben oder tun dies bei weitem nicht gründlich genug. So erlauben sie sich den trügerischen Luxus, ihre Pläne auf halbem Weg ändern zu können.

Wirklich flexible Unternehmen trauen sich jedoch zu allen Zeiten zu, Klarheit zu schaffen, selbst wenn sie nicht völlig sicher sind, ob die vermittelten Ziele noch der Wahrheit entsprechen. Wenn sie später die Notwendigkeit sehen, die Richtung zu ändern, tun sie dies ohne Zögern oder Entschuldigung.

Was das Verhalten angeht, so erfordert Klarheit in einem Unternehmen, dass das Management-Team Engagement und Mut beweist. Die Teams, mit denen ich gearbeitet habe und die dies verwirklichen, sind nicht notwendigerweise klüger als ihre Konkurrenten und auch nicht erfahrener in ihrer Branche. Sie haben aber eindeutig weniger Angst, Fehler zu machen.

So verbreitet also Zielbestimmungen und Visionen in den meisten Unternehmen sind, schaffen nur wenige von ihnen wirkliche organisatorische Klarheit. Das ist schade, weil organisatorische Klarheit wie nichts anderes einem Unternehmen Stärke verleiht. Sie ist das Fundament der innerbetrieblichen Kommunikation, der Einstellungspraxis, der Weiterbildung, der Beförderungen, der Entscheidungsfindung sowie der Verantwortlichkeit in einem Unternehmen und sichert den langfristigen Erfolg.

Wie erreicht ein Unternehmen organisatorische Klarheit?

Einer der besten Wege, um organisatorische Klarheit zu erreichen, besteht darin, eine Reihe von grundlegenden Fragen zu beantworten, die mit dem Unternehmen zu tun haben:

- Warum besteht das Unternehmen und welche besondere Leistung bringt es?
- Welche Verhaltenswerte sind in ihm unersetzlich und fundamental?
- In welchem Geschäftsfeld operieren wir und wer ist unsere Konkurrenz?
- Wie unterscheidet sich unser Ansatz von dem unserer Konkurrenten?
- Was sind unsere Ziele in diesem Monat, in diesem Quartal, in diesem Jahr, im nächsten Jahr, in fünf Jahren?
- Wer muss was tun, um unsere Ziele in diesem Monat, diesem Quartal, diesem Jahr, im nächsten Jahr, in fünf Jahren zu erreichen?

Einige dieser Fragen erscheinen vielleicht abstrakt, andere mögen eher kurzfristige Bedeutung haben, aber alle von ihnen sind wichtig. Der Schlüssel liegt darin, dass ein gesundes Unternehmen zu jedem gegebenen Zeitpunkt eine unzweideutige Antwort auf jede dieser Fragen geben kann. Ohne solche Antworten greifen in einem Unternehmen Verwirrung und Zögerlichkeit um sich.

Ein Schlüssel zur Erreichung organisatorischer Klarheit besteht darin, sich auf das Wesentliche jeder Frage zu konzentrieren und sich nicht einfach ein paar passende Antworten zurechtzulegen. Manager-Teams fallen häufig in einen »Marketing-Jargon«, wenn sie über organisatorische Klarheit sprechen, und formulieren nach außen gerichtete Marketing-Botschaften und eingängige Sprüche, statt sich selbst über die grundlegenden Konzepte zu einigen.

Außer dieser Versuchung, vom Eigentlichen abzulenken, birgt jede der Fragen auch ihre besonderen Schwierigkeiten, die in diesem Abschnitt im Detail erörtert werden.

Warum besteht das Unternehmen und welche besondere Leistung bringt es?

Die Herausforderung dieser Frage besteht darin, ein skeptisches Management-Team davon zu überzeugen, dass die Antwort darauf für das Unternehmen und die täglichen Aktivitäten seiner Beschäftigten relevant ist. Obwohl sie zunächst abgehoben erscheinen mag, bildet sie das Fundament für fast jede Entscheidung, die das Unternehmen trifft.

Eine erfolgreiche Internet-Beratungsfirma, mit der ich arbeite, sieht ihren Zweck darin, Menschen bei der Realisierung ihrer Ideen zu helfen. Sie möchte Jungunternehmen den Start erleichtern und Menschen die Möglichkeit geben, Arbeit zu schaffen und neue Geschäftsfelder zu erschließen. Das sind hehre Ziele, aber sie sind nur deshalb wertvoll, weil sie als Leitgedanken hinter vielen Entscheidungen der Firma stehen. Als das Unternehmen zwei kleinere Firmen übernahm, traf es diese Entscheidung, weil sie den gleichen Enthusiasmus für die Realisierung von Träumen hatten. Wenn es neue Projekte, Bewerber, neue Märkte und neue Strategien bewertet, fragt es sich immer, ob sie zu den fundamentalen Unternehmenszielen passen. Das Führungsteam schreibt viel von seinem Erfolg der klaren Beantwortung der Frage zu, warum die Firma existiert, sowie seiner Fähigkeit, sich langfristig daran zu halten.

Eine schöne Erläuterung dieses allgemeinen Prinzips bieten Jerry Porras und Jim Collins in ihrem Buch *Built to the Last*. Sie beschreiben das Konzept im Detail und bieten Beispiele von Unternehmen, die in vorbildlicher Weise Klarheit über ihre fundamentalen Ziele und auch über ihre Werte geschaffen haben, mit denen sich die nächste Frage beschäftigt.

Welche Verhaltenswerte sind unersetzlich und fundamental?

Wichtig bei der Beantwortung dieser Frage ist es, nicht einfach jeden beliebigen positiven Wert zu übernehmen. Viele Unternehmen, mit denen ich gearbeitet habe, möchten von sich behaupten, dass ihnen gleichermaßen an Qualität, Innovation, Teamwork, Ethik, Integrität, Kundenzufriedenheit, finanziellem Erfolg und sozialem Engagement in ihrer Gemeinde gelegen ist. Obwohl all diese Qualitäten sicherlich wünschenswert sind und sogar in einem einzigen Unternehmen vorhanden sein können, erfordert die Suche nach fundamentalen Werten eine beträchtliche Konzentration und Selbstanalyse und die Einsicht, dass nicht alle guten Dinge notwendigerweise fundamentale Bedeutung für ein Unternehmen haben.

Tatsächlich suchen die gesündesten Unternehmen nach einer Reihe von Werten, die besonders wesentlich für ihre Firmenkultur sind und halten sich daran. Nicht, dass sie andere Werte ablehnen würden; sie wissen vielmehr, welche Qualitäten den Kern ihres Selbstverständnisses am besten zum Ausdruck bringen. Dieses Wissen macht die Entscheidungsfindung einfacher und gibt den Beschäftigten, Kunden und Aktionären ein genaues Bild, was das Unternehmen repräsentiert.

In *Built to the Last* geben Porras und Collins viele Beispiele, wie Unternehmen ihre Kernwerte finden und benutzen können, um ihre Entscheidungen daran zu orientieren. Sie heben dabei einen wichtigen Punkt hervor: Fundamentale Werte sollten nicht Ausdruck des Wunschdenkens der Manager sein, sondern aus dem Wesen des Unternehmens selbst hervorgehen.

Um solche fundamentalen Werte zu identifizieren, kann man sich zum Beispiel die Frage stellen, welche zwei oder drei Beschäftigten die Stärken der Firma am besten verkörpern. Das sind Leute, die man am liebsten klonen würde, ganz gleich, welche Tätigkeiten sie ausüben oder wie viel Erfahrung sie haben. Man kann dann ein oder zwei Adjektive notieren, um die Betreffenden zu beschreiben. Gewöhnlich ergibt sich daraus eine relativ kurze Liste positiver Werte.

Noch klarer wird die Feststellung fundamentaler Werte, wenn man sich fragt, welche ein oder zwei Beschäftigten die Firma aufgrund ihrer Leistung verlassen haben oder sollten. Solche Namen finden sich leicht. Wieder kann man sie mit ein oder zwei Adjektiven charakterisieren. Fast immer schreiben die Manager die gleichen Adjektive auf ihre Liste, häufig die Antithese der fundamentalen Werte der Firma.

Ein anderer Ansatz, um Werte zu identifizieren, besteht darin, sich auf die Werte derjenigen zu konzentrieren, die die Firma gegründet haben. Dies kann besonders bei relativ jungen Firmen nützlich sein, wo es keine große Möglichkeit gibt, über ehemalige und gegenwärtige Beschäftigte nachzudenken.

Der falsche Weg, um die Werte eines Unternehmens zu bestimmen, ist die Beurteilung aller Beschäftigten. Das mag nützlich erscheinen, um eine Hypothese zu überprüfen, aber es ist kein Ersatz für die Selbstanalyse und Diskussion eines Management-Teams. Mehr noch, es kann dazu führen, eine Reihe von Werten zu übernehmen, die die Manager selbst gar nicht unterstützen möchten.

Das sind nur einige Möglichkeiten, wie ein Management-Team Werte identifizieren kann. Welche Methode dabei auch angewandt wird, man sollte dabei nicht zu hastig ans Werk gehen und erste Antworten an der Realität überprüfen, bevor man sie für das ganze Unternehmen gelten lässt.

In welchem Geschäftsfeld operieren wir und wer ist unsere Konkurrenz?

Ich glaube, dass ein Unternehmen nicht wirklich Spitze ist, wenn praktisch keiner der Beschäftigten oder gar der Manager eine grundlegende Definition davon geben kann, was das Unternehmen tut. So schlicht das erscheinen mag, man trifft in den meisten Unternehmen häufig Beschäftigte an, die nicht sicher sind, wie sie die grundlegende Zielbestimmung ihrer Firma beschreiben oder definieren sollen.

Das Wort »Zielbestimmung«, und mehr noch der geläufige englische Begriff »*mission*«, führt übrigens häufig zu Missverständnissen. Manche glauben, es handle sich um eine hochtrabende Beschreibung von Idealen, andere sehen darin die Definition des Geschäftsbereichs. Ich empfehle, dass Firmen, in denen eine solche Verwirrung herrscht, ganz auf den Begriff verzichten und einen anderen Ausdruck benutzen.

Welchen Ausdruck man auch immer benutzt, eine Firma

muss in der Lage sein, genau zu artikulieren, was sie tut, wem sie dient und gegen wen sie konkurriert. Warum? Weil alle Beschäftigten sich wie Verkäufer oder Botschafter der Firma fühlen sollten, und das können sie nicht ohne ein fundamentales Verständnis des Geschäftes, in dem das Unternehmen tätig ist. Wichtiger noch, ohne dieses Verständnis können die Beschäftigten nicht ihre einzelnen Rollen mit der Gesamtausrichtung des Unternehmens in Verbindung bringen.

Wie unterscheidet sich unser Ansatz von dem unserer Konkurrenten?

Dies ist im Wesentlichen eine Strategiefrage. Die meisten Firmen, mit denen ich gearbeitet habe, schlagen jeweils eigene Wege ein, um ihre Strategie zu definieren und umzusetzen. Obwohl Strategie ein so populäres Thema in den Wirtschaftswissenschaften, den Business Schools und Wirtschaftsmedien ist, gibt es leider keine klare und einfache Definition, was sie bedeutet.

Ich glaube, dass eine Organisationsstrategie nichts und alles enthält. Damit meine ich, dass kein einzelnes Konzept die Firmenstrategie zusammenfassen kann, doch jede Entscheidung, die ein Unternehmen trifft, trägt zur Strategie bei oder ist eine Funktion dieser Strategie.

Nehmen wir zum Beispiel Southwest Airlines. Wenn Sie die Beschäftigten bei SWA fragen, worin die Strategie dieses Unternehmens besteht, würden die meisten eine der folgenden nennen: niedrige Tarife, pünktliche Starts und Landungen, großartiger Service, regionale Routen. Geben Sie ihnen ein paar Minuten mehr, werden sie zu der Liste vielleicht hinzufügen: kein Schnickschnack, keine erste Klasse, keine Sitzplatzreservierungen sowie fröhliche Flugassistenten, die Shorts tragen. Welche dieser Attribute, von denen alle wahr sind, stellen Southwests Strategie dar? Ganz einfach: alle.

Sicherlich würde man die ersten paar als die strategischen Eckpfeiler betrachten, aber jede Entscheidung, die die Fluglinie trifft, selbst die, ihren Angestellten das Tragen von Shorts zu erlauben, hängt mit ihrer Strategie zusammen. Niedrige Flugpreise allein sind nicht ihr Unterscheidungsmerkmal. Pünktlichkeit auch nicht. Aber durch die Kombination dieser Qualitäten mit den anderen wird sehr deutlich, dass Southwest eine Strategie gewählt hat, die es von seinen Konkurrenten unterscheidet. Jedes Unternehmen sollte in der Lage sein, eine solche Klarheit zu erreichen.

Der Schlüssel besteht darin, sich die Zeit zu nehmen, alle Entscheidungen zu betrachten, die die Firma getroffen hat, selbst die offensichtlichen, um dann jene zu identifizieren, die zusammengenommen ihr einzigartiges Erfolgsrezept ausmachen.

Was sind unsere Ziele in diesem Monat, in diesem Quartal, in diesem Jahr, im nächsten Jahr, in fünf Jahren?

Weil das Wort »Ziele« so uneinheitlich benutzt wird, stiftet es leicht Verwirrung. Deshalb ist es wichtig, verschiedene Arten von Zielen zu unterscheiden und Ausdrücke zu verwenden, die Verwirrung ausschließen.

Auf der höchsten Ebene sollte ein Unternehmen ein oder zwei *thematische Ziele* für einen gegebenen Zeitraum haben. Dazu könnte etwa »Überleben auf dem Mark«, »Effizienz«, »Professionalität« oder »Wachstum« gehören. Was es auch ist, der Zweck eines thematischen Ziels ist es, den Beschäftigten unabhängig von ihrer spezifischen Aufgabe eine gemeinsame Richtung vorzugeben. Ein guter Weg, um ein thematisches Ziel zu finden, besteht darin, den folgenden Satz zu vervollständigen: »Dies ist das Jahr, in dem unser Unternehmen … schaffen wird.«

Unterhalb eines thematischen Ziels sollte es wichtige strategische Ziele für alle Ebenen geben, die zum Gesamtziel beitragen. Wenn zum Beispiel das thematische Ziel eines Unternehmens Wachstum ist, könnte zu seinen wichtigen strategischen Zielen Umsatzsteigerung, Gewinnung neuer Kunden, Einstellung neuer Mitarbeiter, Ausweitung auf neue Standorte, größere Marktkenntnis und verbesserte Infrastruktur gehören. Wenn das thematische Ziel das Überleben auf dem Markt ist, könnten die strategischen Ziele in finanzieller Stabilität, dem Halten der Mitarbeiter und Kunden und in besserer Öffentlichkeitsarbeit bestehen.

Wie bei so vielen anderen Aspekten organisatorischer Klarheit in einem Unternehmen ist es wichtig, sich auf jene Gebiete zu konzentrieren, auf die es am meisten ankommt, und nicht jedem möglichen Bereich die gleiche Bedeutung beizumessen. Natürlich muss auch eine Firma, die wächst, ihre Beschäftigten halten. Wichtiger ist hier jedoch, neue Mitarbeiter zu gewinnen. Entsprechend verdient dieses Ziel auch größere Beachtung. In ähnlicher Weise ist eine Firma, die in erster Linie ums Überleben kämpft, selbstverständlich daran interessiert, neue Kunden zu werben, die Priorität wird aber sein, die vorhandenen Kunden zu halten.

Jedes dieser Ziele muss klar formuliert werden. Wie viele Kunden? Bis wann? Aus welchen Regionen? Spezifisch zu benennen, was genau erreicht werden soll, selbst wenn der Erfolg ungewiss ist, das ist eines der Kennzeichen gesunder Unternehmen.

Schließlich müssen die strategischen Ziele mit der laufenden quantitativen Erfolgsmessung in Beziehung gebracht werden. Praktisch jedes Unternehmen sollte fortlaufende quantitative Ziele im Hinblick auf Themen wie Umsatz, Ausgaben, Profit, Personalwechsel, Zufriedenheit der Beschäftigten und Produktivität haben. Diese Ziele werden zu einem dauerhaften Bewertungsmittel, mit dem sich der Erfolg in den thematischen Kategorien beurteilen lässt.

Viele Firmen machen den Fehler, sich nur quantitative statt auch thematische und strategische Ziele zu setzen. Das Problem ist, dass quantitative Bewertungsmaßstäbe bei den Beschäftigten keine Begeisterung wecken und sich mit solchen Maßstäben ihr Verhalten nicht auf allgemeine Themen oder Strategien ausrichten lässt.

Hier zusammenfassend alle Ebenen von Zielen, über die ein gesundes Unternehmen Klarheit erlangen sollte:

Thematische Ziele: Was ist in der laufenden Periode das übergeordnete Ziel?

Wichtige strategische Ziele: Was sind die wichtigsten Gebiete, die mit der Verwirklichung dieses Ziels in Beziehung stehen, und was genau muss erreicht werden?

Quantitative Ziele: Nach welchen quantitativen Zielsetzungen bemisst sich die laufende Bewertung des Geschäftserfolgs?

Sobald ein Unternehmen diese Bereiche geklärt hat, kann es seine verschiedenen Abteilungen auffordern, ihre eigenen Ziele zu formulieren, die mit seiner Gesamtausrichtung übereinstimmen. Das erfordert, dass ein Management-Team seine Ziele relativ früh bestimmt und nicht den Fehler begeht, nur vage zu formulieren, was die Firma erreichen soll.

Wer muss was tun, um unsere Ziele in diesem Monat, diesem Quartal, diesem Jahr, im nächsten Jahr, in fünf Jahren zu erreichen?

Eines der größten Probleme bei der Erreichung organisatorischer Klarheit ist die Unfähigkeit, die Firmenziele in konkrete Aufgaben für die Mitglieder des Management-Teams zu übersetzen. So offensichtlich der Wert einer klaren Aufgabenverteilung sein mag, gelingt sie den meisten Unternehmen nicht gut. Das liegt zum Teil an einer zu starren Rollenverteilung, die sich zu eng an den jeweiligen Titeln der Manager orientiert, sowie an der Scheu, Auseinandersetzungen über die Verantwortungsbereiche zu führen.

Jeder Manager hat seine oder ihre vorgefasste Meinung über den Unterschied zwischen einem Verkaufsleiter und einem Marketingleiter. Wenn es jedoch an der Zeit ist, Aufgaben für spezifische Ziele zuzuweisen, ist es notwendig, diese Annahmen über Bord zu werfen und jede Situation unter dem Gesichtspunkt zu betrachten, wer die Aufgabe am besten übernehmen könnte und warum.

In einigen Fällen sind Rollen unklar, weil Führungsteams mit der Zuweisung individueller Verantwortungsbereiche beginnen, bevor die Unternehmensziele festgelegt wurden. Das lässt sich vermeiden, wenn man die strategischen Ziele, die für die Firma festgelegt wurden, betrachtet und sich dann fragt: »Was muss geschehen, damit wir diese Ziele erreichen?« Jedes strategische Ziel wird viele Unterziele haben. Die Zuständigkeiten für ihre Verwirklichung sollten ausdrücklich geregelt sein.

Nur wenn jedes Ziel in Komponenten aufgebrochen wird und die Zuständigkeit dafür den geeigneten Managern zugewiesen wurde, lässt sich eine klare Verantwortlichkeit erreichen. Wenn ein Ziel in die Verantwortung von mehreren Managern fällt, ist es immer noch notwendig, einen Hauptverantwortlichen zu bestimmen. Ohne klare Zuweisung wird die Verantwortlichkeit selbst in den besten Teams schwierig.

Es lohnt sich, hier zu wiederholen, dass der Schlüssel zur Erreichung von organisatorischer Klarheit in diesem Bereich die Bereitschaft ist, engagiert, konstruktiv und kontrovers zu diskutieren, wer für welche Rolle am besten geeignet ist und den Konflikt auszuhalten, bis eine Einigung erzielt ist. Das gilt auch für jeden anderen Bereich organisatorischer Klarheit. Es versteht sich, dass dies ohne das erste Prinzip praktisch unmöglich ist.

Wie bewerten Sie die organisatorische Klarheit in Ihrem Unternehmen?

Das ist recht einfach. Bitten Sie ihre Teammitglieder, individuell die Fragen zu beantworten, die in diesem Kapitel aufgeführt sind. Dabei ist es nützlich, die Antworten aufzuschreiben, bevor jeder Einzelne sie den anderen vorträgt. Fundamentale Unterschiede werden nun sichtbar werden.

Behalten Sie im Gedächtnis, dass jeder die Antwort in seinen eigenen Worten ausdrückt. Wichtig ist die grundsätzliche Übereinstimmung.

Prinzip drei: Vermittle unablässig organisatorische Klarheit.

Sobald ein Management-Team organisatorische Klarheit erreicht hat, muss es diese Klarheit den Beschäftigten vermitteln. Das ist die einfachste der vier Disziplinen, aber leider wird sie am wenigsten beachtet. Warum ist das so bedauerlich? Weil es äußerst schade ist, nicht die Früchte zu ernten, nachdem man so viel Arbeit in die ersten beiden Disziplinen gesteckt hat. Besonders, wo es so einfach wäre.

Was ist unter »unablässiger Vermittlung« zu verstehen?

In Firmen, die sich um unablässige Vermittlung organisatorischer Klarheit bemühen, verstehen die Beschäftigen auf allen Ebenen und in allen Abteilungen den Zweck des Unternehmens und in welcher Weise sie selbst zu seinem Erfolg beitragen. Sie verbringen keine Zeit mit Spekulationen, was die Manager wirklich denken, und sie suchen nicht nach versteckten Botschaften in der Information, die sie bekommen. Dadurch entsteht ein starkes Gefühl eines gemeinsamen Zwecks und einer gemeinsamen Richtung, der alle unterschiedlichen Anschauungen und internen Allianzen zwischen Abteilungen überwindet.

Prinzip 3:

Vermittle unablässig organisatorische Klarheit

Gesunde Unternehmen sorgen unter ihren Beschäftigten für organisatorische Klarheit, indem sie Schlüsselbotschaften vermitteln durch

- **Wiederholung:** Scheuen Sie sich nicht, dieselbe Botschaft immer und immer wieder zu wiederholen,
- **Einfachheit:** Je komplizierter die Botschaft ist, desto mehr Verwirrung und Widersprüchlichkeit kann sie stiften,
- **Vielfältige Medien:** Menschen sind für verschiedene Medien unterschiedlich empfänglich; benutzen Sie daher eine Vielfalt von Medien,
- **Informationsketten:** Die Führungskräfte vermitteln ihren direkten Untergebenen Botschaften; diese geben sie ihrerseits weiter, bis alle sie gehört haben.

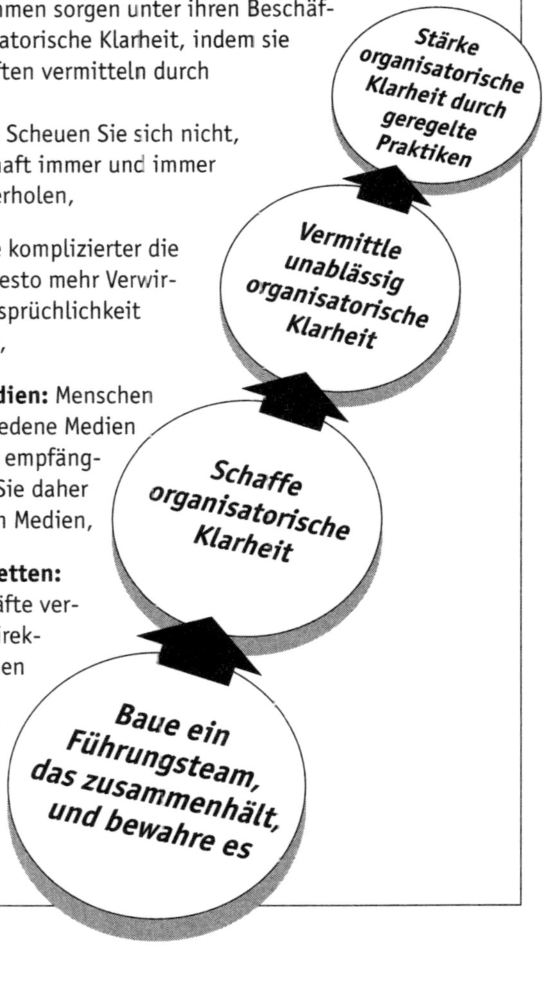

Die Beschäftigten in einer gesunden Organisation mögen Witze über das Ausmaß und die Wiederholung der Information machen, die sie bekommen, oder sich auch zuweilen darüber beklagen. Aber sie werden froh sein, dass man sie nicht im Unklaren darüber lässt, was vor sich geht.

Wie kann ein Führungsteam die intensive Vermittlung organisatorischer Klarheit erreichen?

Der erste Schritt ist der Einsatz der wichtigsten Methoden effektiver organisatorischer Kommunikation: Wiederholung, einfache Botschaften und vielfältige Medien. Tatsächlich haben sie jedoch nichts mit dem Präsentationsstil oder der Sprachkompetenz zu tun.

Wiederholung. Das mögliche Problem liegt hier in der Scheu vor Wiederholungen. Die meisten Manager, mit denen ich arbeite, schätzen es nicht, dieselbe Botschaft immer wieder zu wiederholen, weil sie die Intelligenz ihres Publikums nicht unterschätzen wollen. Daher gehen sie von der gefährlichen Annahme aus, dass die anderen eine Botschaft verstehen und sich zu eigen machen, wenn sie sie nur einmal gehört haben.

Andere Manager beklagen sich über Wiederholungen, weil sie eine Botschaft langweilig finden, nachdem sie sie ein- oder zweimal mitgeteilt haben und nun das nächste Problem im Unternehmen lösen wollen. Sie genießen die Problemlösung und finden wenig intellektuelle Anregung in einer Kommunikation, die sich ständig wiederholt.

Leider ist Kommunikation nur dann effektiv, wenn die

Botschaft wiederholt wird. Einige Experten sagen, dass Menschen eine Botschaft erst nach dem sechsten Mal glauben und zu verinnerlichen beginnen. Selbst wenn die Zahl nur drei beträgt, sollte man bedenken, wie oft ein Manager eine Botschaft vermitteln muss, bevor jeder Beschäftigte in der Firma sie drei Mal gehört hat.

Dieses Problem ist in den Unternehmen, mit denen ich gearbeitet habe, sehr verbreitet. Fast ausnahmslos stören sich Manager daran, ständig dieselben »ausgeleierten« Botschaften wiederholen zu müssen. Im nächsten Atemzug beklagen sie, dass die Beschäftigten ihre Botschaften nicht hören und sich nicht danach richten.

Einer der Schlüssel für erfolgreiche Kommunikation, so erinnere ich sie dann, besteht darin, sich daran zu gewöhnen, vor unterschiedlichem Publikum immer und immer wieder in leicht abgewandelter Form das Gleiche zu sagen. Ob die anderen das langweilig finden, ist nicht von Belang; sie sollen es nur verstehen und sich zu eigen machen.

Einfache Botschaften. Ein anderer Schlüssel für effektive Kommunikation liegt in der Fähigkeit, allzu komplizierte Botschaften zu vermeiden. Durch jahrelange Ausbildung und Training fühlen sich die meisten Führungskräfte verpflichtet, ihre intellektuellen Fähigkeiten voll auszuschöpfen, wenn sie sprechen und schreiben. Obwohl das verständlich ist, verwirrt es die Beschäftigten nur unnötig.

Das heißt nicht, dass Beschäftigte begriffsstutzig sind, sondern vielmehr, dass sie jeden Tag mit Informationen überflutet werden. Was sie von ihren Führungskräften brauchen, sind klare, unkomplizierte Botschaften, wohin das

Unternehmen geht und wie sie dazu beitragen können, dass es dorthin gelangt.

Wie vermittelt eine Führungskraft am besten solche Botschaften? Das führt uns zur letzten Vorgehensweise der Informationsvermittlung: der Nutzung vielfältiger Medien.

Vielfältige Medien. Allzu oft fühlen sich Manager nur wohl, wenn sie einen einzigen Kommunikationskanal benutzen, um dem Rest des Unternehmens Botschaften zu vermitteln. Einige Führungskräfte ziehen das direkte Gespräch vor, entweder mit großen Gruppen oder bei intimeren Gelegenheiten. Andere fühlen sich mit geschriebenen Botschaften wohler, via E-Mail oder über das betriebsinterne Netz. Wieder andere kommunizieren am liebsten mit ihren direkten Untergebenen, die dann damit beauftragt werden, die Botschaften den Beschäftigten auf den tieferen Ebenen zu vermitteln.

Welche dieser Methoden ist die beste? Alle. Wenn man sich nur auf einen oder zwei Kommunikationskanäle verlässt, bedeutet das, dass die Botschaften manche nicht erreichen, denn auch die Beschäftigten haben ihre bevorzugten Medien, über die sie sich informieren.

Ingenieure mögen vielleicht E-Mails vorziehen, Verkäufer finden häufig Voice Mails praktischer, einige Beschäftigte möchten ihre Führungskräfte persönlich hören, wieder anderen genügt es, wenn ihr Manager sie gelegentlich auf den neuesten Stand bringt.

Obwohl ich glaube, dass jedes Unternehmen Standards haben sollte, wie der Großteil der Information vermittelt werden soll, sollte dies nicht auf Kosten der Vielfalt der verwendeten Medien geschehen. Selbst wenn die Beschäftigten irgendwie an die Nutzung desselben Kommunikationskanals gewöhnt werden könnten, sollten alle Methoden eingesetzt werden, weil jede davon einem Manager die einzigartige Gelegenheit bietet, die Beschäftigten zu erreichen und seine oder ihre Botschaft unmissverständlich klar zu machen.

Die direkte Kommunikation zum Beispiel bietet Chancen sinnvoller Interaktion und emotionaler Beteiligung; die E-Mail erlaubt es, umfangreiche Informationen zu erhalten und zu speichern; das direkte Gespräch zwischen Managern und Beschäftigten bietet die Gelegenheit, ausführlich zu diskutieren, welche Auswirkungen das Gesagte auf die alltägliche Arbeit der Beschäftigten hat.

Obwohl all diese Medien ihren Wert haben, gibt es eine Form der Kommunikation, die nach meiner Erfahrung am wirkungsvollsten ist und die zugleich in Firmen jeder Größe von 25 bis 10000 Beschäftigten selten genutzt wird. Ich nenne es die »Kommunikationskette«.

Nach praktisch jeder Managementsitzung gibt es wichtige Entscheidungen und gelöste Probleme, die den Beschäftigen vermittelt werden müssen. Leider verlassen die Manager solche Sitzungen häufig mit unterschiedlichen Interpretationen dessen, was beschlossen wurde und was vermittelt werden soll.

Einmal erlebte ich, wie ein Führungsteam nach einer Sitzung auseinander ging, in der ein Einstellungsstop für die gesamte Firma beschlossen worden war. Eine Viertelstunde nach dem Ende der Sitzung teilte der Personalchef allen in einer E-Mail mit, dass sämtliche Neueinstellungen bis auf weiteres ausgesetzt seien. Fünf Minuten später standen zwei Manager, die ebenfalls an der Sitzung teilgenommen hatten, in seinem Büro und protestierten, dass der Einstellungsstopp sich nicht auf ihre Abteilungen bezöge.

Will man solche Missverständnisse vermeiden, sollte man sich am Ende jeder Sitzung fünf Minuten Zeit nehmen und sich fragen »Was müssen wir unseren Beschäftigten mitteilen?« Nach ein paar Minuten Diskussion wird deutlich werden, welche Themen noch zu klären sind und was geeignet ist, um weitergegeben zu werden. Eine solche kurze Diskussion vermeidet nicht nur Verwirrung unter den Managern selbst, sondern vermittelt den Beschäftigten auch den Eindruck, dass ihre Abteilungsleiter zusammenarbeiten und sich über wichtige Fragen einig sind.

Selbst dann jedoch können die Meinungen auseinandergehen, wie das Beschlossene den Beschäftigten mitgeteilt werden soll und wie viel sie erfahren sollen. Einige Manager setzen sich noch am selben Tag mit ihren direkten Untergebenen zusammen und instruieren sie darüber, was sie ihren Teams mitteilen sollen. Andere schicken ihren Beschäftigten Voice Mails, in denen einige Beschlüsse hervorgehoben werden. Wieder andere teilen die Botschaften individuell mit, je nachdem, was für wen relevant ist.

Diese Diskrepanz der Ansätze verursacht unweigerlich Probleme. Das kann so weit gehen, dass einige Beschäftigte Entscheidungen ihres Managements von Kollegen in anderen Firmen erfahren und sich fragen, warum sie im Dunkeln gelassen wurden.

Wie bewertet man den Erfolg von unablässiger Kommunikation?

Das ist recht einfach. Fragen Sie die Beschäftigten, ob sie wissen, welchen Zweck das Unternehmen hat, was seine fundamentalen Werte sind, in welchem Geschäftsfeld es operiert, welches seine Konkurrenten sind, worin seine Strategie besteht, was seine wichtigsten Ziele im laufenden Jahr sind und wer auf der Management-Ebene für was verantwortlich ist. Fragen Sie sie dann, welche Auswirkungen ihre eigene Arbeit auf jedes dieser Felder hat. Leeres Starren und falsche Antworten sind ein gutes Zeichen dafür, dass mehr Kommunikation erforderlich ist.

Prinzip vier: Stärke organisatorische Klarheit durch geregelte Praktiken.

Selbst eine Firma, die auf unablässige Kommunikation Wert legt, kann organisatorische Klarheit nicht durch sie allein aufrechterhalten. Sie muss das Bewusstsein dieser Klarheit in die Organisationsstrukturen selbst übertragen, durch Prozesse und geregelte Praktiken, die menschliches Verhalten motivieren. Die Herausforderung besteht darin, dabei keine unnötige Bürokratie zu schaffen.

Was bedeutet »Stärkung durch geregelte Praktiken«?

Ein Unternehmen, das geregelte Praktiken richtig einsetzt, wahrt seine Identität und seine klare Richtung selbst

Prinzip 4:

Stärke organisatorische Klarheit durch geregelte Praktiken

Unternehmen wahren ihre Gesundheit, indem sie eine konsistente Praxis verfolgen bei

- **Einstellungen,**
- **Leistungsmanagement,**
- **Belohnung und Anerkennung,**
- **Entlassungen.**

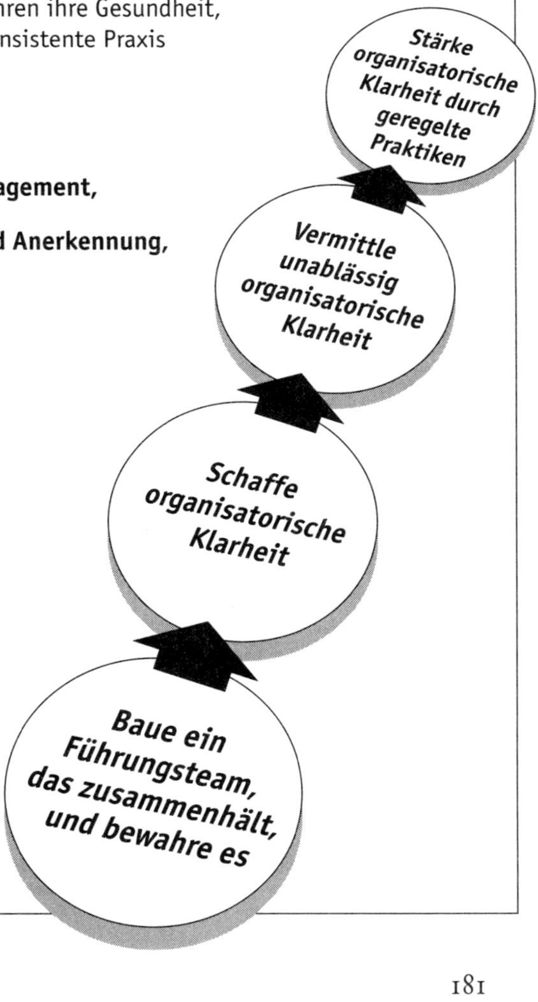

in Zeiten des Wandels. Es stellt sicher, dass Beschäftigte aus klaren Gründen eingestellt, angeleitet, belohnt und auch entlassen werden.

Es gibt vier primäre Praxisbereiche, in denen sich organisatorische Klarheit institutionalisieren lässt.

Einstellungsprofile sind eins der Praxisfelder, in denen sich organisatorische Klarheit institutionalisieren lässt, und zwar nach Maßgabe der fundamentalen Werte des Unternehmens. Gesunde Unternehmen suchen bei Bewerbern nach Eigenschaften, die zu den Werten des Unternehmens passen. Sie stellen ihnen Verhaltensfragen und suchen nach Belegen, dass der Kandidat das Potenzial hat, sich in das Unternehmen einzufügen.

Nach den Interviews tauschen sich die Befrager untereinander über die Ergebnisse aus und achten dabei besonders darauf, wie die Kollegen die Eignung des Kandidaten im Hinblick auf die Firmenwerte einschätzen. Diese Gruppenberatung hilft Unternehmen dabei, teure Fehler zu vermeiden, deren Korrektur Monate oder Jahre in Anspruch nehmen könnte.

Im Vergleich betrachte man die Einstellungspraxis in den meisten Unternehmen nach dem »Mochtest du ihn?«-Verfahren. Die Befrager treffen Entscheidungen nach dem Gefühl, das sie bei den Kandidaten haben und achten relativ wenig auf objektive Kriterien, ob der künftige Mitarbeiter zur Unternehmenskultur passt. Stattdessen verlassen sie sich auf Lebensläufe und technische Fertigkeiten, die für sich genommen ein schlechter Indikator künftigen Erfolgs sind.

Leistungsmanagement. Eine geregelte Praxis, mit der sich die organisatorische Klarheit in einem Unternehmen stärken lässt, ist das Leistungsmanagement. Leistungsmanagement bietet den Managern die Möglichkeit, mit ihren Beschäftigten zu kommunizieren und ihre Arbeit zu steuern. Es dient dazu, den Beschäftigten zu helfen, die Chancen für ihre eigene Entwicklung zu erkennen und ständig ihre Arbeit und ihr Verhalten am Gesamtziel und an den Werten des Unternehmens als ganzes auszurichten.

Leider legen die meisten Unternehmen die falsche Betonung auf das Leistungsmanagement und verlieren aus dem Blick, worum es dabei im Wesentlichen geht: Kommunikation und Orientierung der Beschäftigten auf die Unternehmensziele.

Es gibt zwei verbreitete Fehler, die dies verursachen. Viele Unternehmen machen ihr Leistungsmanagement zu kompliziert. Sie fordern ihren Managern und Beschäftigten ab, endlose und komplizierte Formulare auszufüllen und quantitative Bewertungen vorzunehmen. Allzu oft geht hinter all den Vorschriften und Erfordernissen das Gefühl für wirkliche Kommunikation mit den Beschäftigten und ihr Coaching verloren.

Ein anderes verbreitetes Problem bei vielen Firmen besteht darin, dass sie von Beratungsfirmen gestaltete fertige Systeme des Leistungsmanagement einkaufen, deren einziger Zweck es ist, möglichst viele Formulare an möglichst viele Firmen zu verkaufen. Es ist daher kaum verwunderlich, dass sich Manager und Beschäftigte so wenig Zeit nehmen, um sie auszufüllen.

Die besten Leistungsmanagementsysteme schließen nur

wesentliche Informationen ein und erlauben Managern und ihren Beschäftigten, sich auf die Arbeit zu konzentrieren, die erledigt werden muss, um den Erfolg sicherzustellen. Sie legen dagegen relativ wenig Gewicht auf juristische Fragen und quantitative Bewertungen, die die Beschäftigten häufig nur von den entscheidenden Botschaften ablenken, die ihnen ihre Manager vermitteln sollten. Zudem sind gute Leistungsmanagementsysteme so zugeschnitten, dass sie sinnvolle Diskussionen zwischen Managern und Beschäftigten über relevante Themen anregen, mit denen sie täglich zu tun haben.

Schließlich geht es im Leistungsmanagement nicht nur um Kommunikation mit den Beschäftigten. Es ist zugleich ein fortlaufender Dialog darüber, wie die Beschäftigten selbst zur organisatorischen Klarheit im Unternehmen beitragen können.

Belohnungen und Anerkennung dienen in einem Unternehmen dazu, bei den Beschäftigten das richtige Verhalten zu fördern. Gesunde Unternehmen achten darauf, dass ihr Belohnungssystem möglichst frei von subjektiven Entscheidungen und Willkür ist, indem sie gleichbleibende Kriterien für die Entlohnung, Anerkennung und Beförderung der Angestellten benutzen.

Entscheidungen über Sondervergütungen und andere Leistungen basieren auf den gleichen Kriterien wie die Einstellungspraxis und Leistungsbewertung. Das fördert bei den Beschäftigten die Einsicht, dass der beste Weg zur Maximierung ihrer persönlichen Vergütungen darin besteht, so zu handeln, dass es dem Erfolg des Unternehmens dient.

Neben der finanziellen Belohnung richtet sich die Anerkennung der Beschäftigten nach den Werten des Unternehmens. Sie bieten nicht nur Anreize für die Beschäftigten, richtiges Verhalten nachzuahmen; Anerkennung nach Maßgabe der Unternehmenswerte ist auch ein gut sichtbares Mittel, um diese Werte selbst zu fördern.

Schließlich wird in gesunden Unternehmen niemand befördert, der oder die nicht die Verhaltenswerte der Firma repräsentiert. Das Management wählt die Kandidaten für eine Beförderung nicht nur im Hinblick auf ihren Beitrag zum Unternehmensergebnis, sondern auch mit Blick darauf, wie sie zur Stärkung organisatorischer Klarheit im Unternehmen beitragen.

Entlassungen. Gesunde Unternehmen lassen sich bei ihren Entscheidungen, Beschäftigte zu entlassen, von ihren Werten und anderen Themen leiten, die mit organisatorischer Klarheit in Beziehung stehen. Dadurch lassen sich nicht nur effizient Probleme erkennen, bevor sie zu teuer werden, es hilft Unternehmen auch, Willkür bei den Entscheidungen, wer in der Firma bleiben darf, zu vermeiden.

Wie lassen sich die geregelten Praktiken zur Stärkung organisatorischer Klarheit bewerten?

Die Antwort auf die folgenden Fragen ist ein guter Anfang:

- Gibt es eine geregelte Praxis, um Bewerber zu interviewen und die Ergebnisse der Gespräche im Team zu bewerten?

- Gibt es gleichbleibende Verhaltensfragen in den Interviews, die in jeder Abteilung gestellt werden?
- Gibt es eine geregelte, beständige Praxis des Leistungsmanagement für die Beschäftigten in der gesamten Firma?
- Wenden wir Zeit dafür auf, das Verhalten von Beschäftigten in Bezug auf die Unternehmenswerte und -ziele zu bewerten?
- Beteiligen sich Manager und Beschäftigte bereitwillig an diesem Bewertungssystem?
- Gibt es eine beständige, geregelte Praxis zur Belohnung und Anerkennung der Beschäftigten?
- Gibt es eine geregelte, beständige Beförderungspraxis unter dem Gesichtspunkt der Unternehmenswerte?
- Gibt es einheitliche Kriterien, mit denen über die Entlassung von Beschäftigten entschieden wird?
- Werden Beschäftigte entlassen, wenn sie nicht gut zu den Unternehmenswerten passen?

Selbst die besten Unternehmen sind vielleicht nicht in der Lage, jede dieser Fragen mit »ja« zu beantworten, aber mehr als ein paar Verneinungen weisen darauf hin, dass ein besseres System erforderlich ist, um die Rolle der Klarheit in der Organisation zu stärken. Unternehmen sollten sich ständig darum bemühen, genau so viel Struktur zu schaffen wie nötig – nicht mehr und nicht weniger.

Schluss

Schlussbemerkung

Das Modell, das ich hier beschrieben habe, ist ein ganzheitliches: Jedes der Prinzipien ist entscheidend für den Erfolg. Und weil jedes Unternehmen anders ist, treten die Schwierigkeiten bei seiner Umsetzung an unterschiedlichen Stellen auf.

Für einige Führungsteams ist es leichter, Vertrauen aufzubauen als für andere, aber ihnen fehlt die Disziplin und die Durchhaltekraft, um geregelte Praktiken einzuführen. Andere sind gut in strategischer Planung und in der Entscheidungsfindung, aber sie verlieren das Interesse daran, ihre Beschlüsse den Beschäftigten nachhaltig zu vermitteln.

Wo immer es haken mag, Manager sollten zweierlei im Gedächtnis behalten, wenn sie ihre Unternehmen zum Erfolg führen wollen. Erstens gibt es nichts Wichtigeres, als für die Gesundheit des Unternehmens zu sorgen. Trotz aller Versuchung, sich mit anspruchsvolleren Themen und Strategiefragen zu beschäftigen, konzentrieren sich außergewöhnliche Manager auf die Gesundheit ihres Unternehmens.

Und zweitens gibt es keinen Ersatz für Disziplin. Keine

noch so brillante Intelligenz und kein noch so großes Charisma kann die Notwendigkeit ersetzen, ein paar einfache Regeln zu erkennen und sich daran zu halten.

Danksagung

Es ist schwer, den Menschen gerecht zu werden, die dieses Buch ermöglicht haben. Ich will es dennoch versuchen.

Sehr dankbar bin ich meiner wunderbaren Frau Laura für die Geduld, Liebe und Stärke, die ich an ihr so bewundere. Für ihre Liebe zu unseren Jungen ist kein Dank zu groß. Ich bin auch unseren beiden Zwillingen, Matthew und Connor, dankbar, dass sie es mir so schwierig gemacht haben, dieses Buch zu schreiben, indem sie mir die wunderbarste Ablenkung geschenkt haben, die sich ein Mann wünschen kann.

Besonderer Dank gebührt auch meinen lieben Eltern, meinem Bruder und meiner Schwester für ihre bedingungslose Liebe und ihre beständige Unterstützung.

Zu großem Dank verpflichtet bin ich außerdem meinen Mitarbeitern Amy, Tracy, John, Michele, Karen, Jeff und Amber für ihre Loyalität, Geduld und Unterstützung. Sie sind weit mehr als Kollegen, ihr Engagement überrascht mich jeden Tag. Besonderer Dank gebührt Amy, dass sie mich angetrieben und Vertrauen in mich gesetzt hat.

Ich danke auch Anne und Loretta, dass sie die Kinder gehütet haben, und Charlotte, die zu einem besonderen Teil unserer Familie geworden ist.

Ich danke meinen Kunden für ihr Vertrauen, ihre Offenheit und ihre harte Arbeit.

Dank schulde ich auch meiner Lektorin, Susan, und allen leidenschaftlichen Mitarbeitern von Jossey-Bass/Wiley für ihre Toleranz und ihr Engagement.

Vor allem aber danke ich dir, Gott, für alles, was ich habe und bin. Ohne dich bin ich nichts.

Über den Autor

Patrick Lencioni ist Chef von The Table Group, einer Management-Beratungsfirma, die sich auf Organisations- und Teamentwicklung spezialisiert hat. Er ist Autor von *The Five Temptations of a CEO*, das 1998 erschienen ist, seither in acht Sprachen übersetzt wurde und in über 15 Ländern auf der ganzen Welt verkauft wird. Lencioni hält außerdem Vorträge in den USA und im Ausland. Er lebt mit seiner Frau Laura und ihren Zwillingssöhnen Matthew und Connor in der Nähe von San Francisco.

HEYNE
BÜCHER

Die Autorin

Chao-Hsiu Chen wurde in Taiwan geboren. Sie erlernte die Yoga-Praxis und studierte Musik in Wien und Salzburg. Ihre erste deutschsprachige Veröffentlichung »Chi-Lebenskraft« (München 1994) fand außergewöhnliche Anerkennung und wurde von den Medien stark beachtet. Ihre Lyrik wurde ebenfalls in Deutsch verlegt (Reinbek 1994). Für die TV-Sendereihe »Menschen-Kunde« komponierte Chao-Hsiu Chen die Titelmusik. Die fünfsprachige Autorin lebt in Rom und München. Die Feng-Shui-Praxis erlernte sie in ihrem Heimatland.

[redacted]

Chao-Hsiu Chen

Feng Shui

Gesund und glücklich wohnen in Buddhas Haus und Garten

Die altchinesische Lehre, wie Mensch und Erde
in Harmonie leben können

Mit 100 Kaligraphien
und Zeichnungen der Autorin

Orininalausgabe

WILHELM HEYNE VERLAG
MÜNCHEN

HEYNE RATGEBER
08/5074

Umwelthinweis:
Dieses Buch wurde auf chlor- und säurefreiem Papier gedruckt.

4. Auflage

Printed in Germany 1996
Umschlaggestaltung: Atelier Adolf Bachmann, Reischach
Umschlagillustration: Image Bank/Francesco Rieginato, München
Satz: Layer, Ostfildern
Druck und Verarbeitung: Ebner Ulm

ISBN 3-453-10997-x

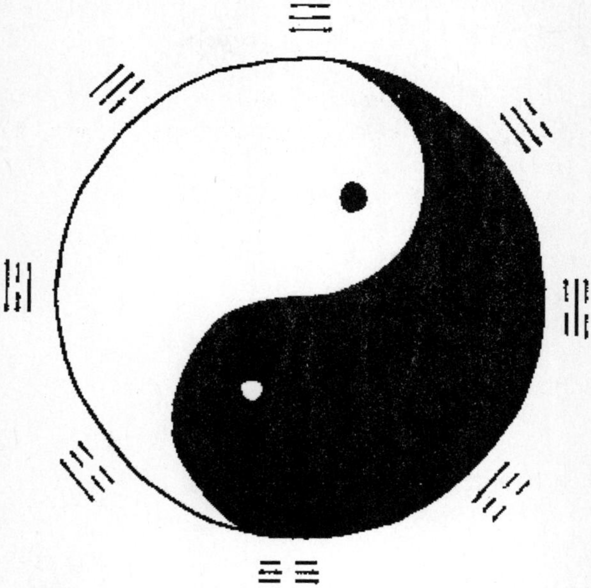

Inhalt

Wolken, die am Himmel ziehen

Konfuzius sagt: »Wenn der Himmel Unglück bringt, kann man ihm entkommen; doch wenn man sein Unglück selbst schafft, kann man ihm nicht mehr entfliehen.« Der große Philosoph möchte uns damit klarmachen, daß wir allein dem Gesetz der Natur folgen sollen, um ein glückliches Leben führen zu können. Das chinesische Kalligraphie-Zeichen für Schicksal (»Min«) ist doppeldeutig: Zum einen besagt es »Befehle des Himmels«, zum anderen »Menschen verneigen sich vor der himmlischen Macht«!

Auch im wichtigsten Werk der taoistischen Philosophie, dem Tao te King, heißt es: »Der Mensch folgt der Erde. Die Erde folgt dem Himmel. Der Himmel folgt dem Tao. Das Tao folgt der Natur.« Das bedeutet: Alles, was ein Mensch in seinem Leben an Gutem oder Schlechtem, an Erfolg oder Mißerfolg, an Glück oder Unglück erfährt, hängt mit dem universellen Gesetz zusammen. Auch das I-Ging, das berühmte chinesische Orakelbuch, berichtet, daß jede Bewegung eines Lebens mit jeder Bewegung der Natur korrespondiert, wobei »Natur« hier die Bewegungen von Wind (»Feng«) und Wasser (»Shui«) in den acht Himmelsrichtungen meint.

Aus dieser Erkenntnis wurde über Jahrtausende die Feng-Shui-Lehre entwickelt. Man wandte sie an beim Bauen von Häusern, zu deren harmonischer Einrichtung, zum Bestimmen »magischer« Orte, welche die Erdenergien verstärken, und zur Schaffung positiver Energien, die dem Menschen eine Kraft verleihen, deren er bedarf, um ein gesundes, erfolgreiches und glückliches Leben zu führen. Feng Shui ist also eine Kombination von Geomantie und Harmonielehre, die freilich infolge ihrer stetigen Sublimierung für die Gegenwart so unverständlich erscheint, daß es nötig ist, sie den heutigen Gegebenheiten anzupassen.

Man kann der Feng-Shui-Lehre folgen, doch man sollte es nicht unreflektiert tun. Oder würden Sie einem Glatzenträger, der Ihnen ein Haarwuchszaubermittel verkaufen möchte, trauen? Seit Jahrhunderten gibt es selbsternannte Feng-Shui-Meister, die für viel Geld ihr »Wissen« an den Mann zu bringen versuchen. Wollen Sie ihnen blind vertauen, oder ist es nicht besser, zuerst einmal herauszufinden, ob diese Personen überhaupt in der Lage sind, ihre Theorien bei sich selbst in die Praxis umzusetzen und damit erfolgreich, gesund und glücklich zu sein?

Zugegeben: Manche mögen das Richtige verkünden und nicht in der Lage gewesen sein, es selbst zu leben, aber grundsätzlich ist zu sagen, daß jede Theorie nur so viel wert ist, wie ihr Ergebnis in der Praxis zeigt. Nehmen Sie mich zum Beispiel: Ich würde mich nie eine »Meisterin« nennen, und dennoch verstehe ich genügend von der Materie, um Ihnen mein Wissen zu vermitteln. Denn ich habe erkannt, daß es keine Meisterin gibt außer einer: der Natur.

Im folgenden spricht also nicht nur Chao-Hsui Chen zu Ihnen, sondern auch jene Kraft, deren Wille es ist, daß wir alle das Leben führen, das von Anfang an für uns bestimmt war. Der Himmel, an dem die Wolken ziehen, verkörpert das universelle unendliche Gesetz, die Wolken aber, die entstehen und vergehen, sind Sie selbst. Beides wird von zwei Prinzipien getragen: von Wind und Wasser – von Feng Shui.

Abb. 1 Min; Schicksal

Abb. 2: Feng Shui; Wind und Wasser

Kosmische und menschliche Ordnung

Unsere Ahnen wußten, daß alles Leben in geheimer Beziehung zum Universum steht. Sie entdeckten die Einflüsse von Mond und Sonne sowie die der Planeten auf unser Dasein. Sie erkannten die Gesetzmäßigkeiten, nach denen alles Existierende sich verhält, und sie suchten diese in den Alltag zu integrieren.

Irgendwann aber gerieten die kosmischen Regeln in Vergessenheit, wurden mißachtet oder für unnütz angesehen. Damit hatte der Mensch angefangen, seinen Bezug zum Urgrund zu verlieren. Das Göttliche wurde in den unsichtbaren Bereich der Transzendenz verwiesen, und der Mensch mußte fortan ohne Rückbindung zum Kosmos auskommen. So schuf er sich neue, sichtbare Götter, von denen das Geld nur einer ist.

Erst mit dem kürzlichen Beginn der Wiederentdeckung der Spiritualität sowie durch die Erkenntnisse der Quantenphysik und der Chaosforschung begreifen wir allmählich, welche Werte für immer zu verlieren wir im Begriffe waren.

Heute entdecken wir Schritt für Schritt, daß die menschliche Ordnung nur ein Abbild der kosmischen ist, daß alles nach denselben Prinzipien »funktioniert« und daß die kosmische Ordnung auch ohne die menschliche möglich ist, nicht aber umgekehrt.

Aus den universellen Gesetzen leiteten unsere Vorfahren die Regeln von Maß und Rhythmus ab und richteten ihr Gesamtleben danach aus. Auf dieser Grundlage wurden physikalische, geologische, mathematische und chemische Erkenntnisse gewonnen.

Abb. 3: I-Ging

Diese wurden sowohl beim Bau der Pyramiden verwendet als auch bei der Entschlüsselung des Zusammenhangs der viermal siebentägigen Mondphasen mit der weiblichen Menstruation.

Man gebrauchte sie bei der Errichtung der Kathedralen genauso wie bei der Erforschung der Körpermeridiane und der Wachstumsbedingungen von lebensnotwendigen Pflanzen. Alles, so hatte man erkannt, unterliegt einsehbaren Regeln, die absolut unabänderlich sind. Im alten China wurde aus diesen Regeln die Feng-Shui-Lehre entwickelt. Wenn wir sie also im täglichen Leben anwenden, tun wir nichts anderes, als uns selbst mit den kosmischen Harmonien wieder in Verbindung zu setzen.

Wer sich mit Feng Shui beschäftigt, studiert demnach den Zusammenhang von kosmischem und irdischem Leben. So gleicht der menschliche Körper einer Satellitenschüssel, die alle Signale aus dem Weltraum empfängt. Wir nehmen die Energie aus dem All auf, aber wir geben sie auch wieder ab. Um nun die beste Energie zu erhalten (und somit auch selbst die beste abzustrahlen), ist es wichtig, herauszufinden, wo diese Satellitenschüssel angebracht werden muß. Natürlich kann es sich dabei nur um die Behausung, in der man lebt, handeln. Daher sind Haus oder Wohnung nicht nur Orte, an denen man sich aufhält, sondern Plätze, von denen man Energie empfängt und in denen man Energie entwickelt und abstrahlt.

Damit aber keine negative Energie, sondern ausschließlich positive entsteht, ist es nötig, die von Feng Shui verkörperte Harmonielehre zu verinnerlichen. Dabei verhält es sich wie beim Komponieren oder Klavierspielen: Sie mögen notenschreiben oder die schwarzen und weißen Tasten betätigen können, ein Musikstück wird aber erst dann daraus, wenn Sie die Harmonielehre beherrschen. Auch ein Koch muß wissen, daß man gewisse Zutaten nicht miteinander kombinieren kann. Ein Kompott aus Erdbeeren und Radieschen wird jeden Gast vertreiben; aber ein Kompott aus Erdbeeren und Rhabarber z. B. wird dem Koch viel Anerkennung bringen.

So besteht auch das Geheimnis der chinesischen Küche nicht im »Zauber des schnellen Messers«, sondern einzig und allein im richtigen »Timing«. Dieses aber ist nichts anderes als die Harmonie von Feuer und Wasser. Das Feuer verweist auf eine enge Beziehung zur Sonne, das Wasser ist auf den Mond bezogen. Die Harmonie von Sonne und Mond aber ist die Basis der Yin-Yang-Theorie, welche wiederum die Grundlage der acht Trigramme des I-Ging bildet, aus dem die Feng-Shui-Lehre entwickelt wurde.

Die Ursprünge der Feng-Shui-Lehre

Obwohl die Harmonielehre Chinas uralt ist, existieren darüber keinerlei schriftliche Zeugnisse bis etwa 200 Jahre v. Chr. Die ersten Hinweise finden sich in dem Werk »Han-Shu« (»Geschichte des Han-Reiches«). Dort wird berichtet, daß es im westlichen Reich »Shin-Fa«-(»Form-Methode«-)Meister gab, deren Aufgabe es war, Baugrundstücke, Weideflächen und bereits existierende Häuser, die alle eine offenkundig positive Ausstrahlung vorzuweisen hatten, ausfindig zu machen. Das Wissen dieser Meister wurde in einem anderen Buch mit dem Titel »Gon-tsai-di-shin« (»Wie und wo man Paläste und Häuser baut«) festgehalten, doch leider ist dieses Werk im Laufe der Geschichte verlorengegangen. Im »Han-Shu« werden zudem »Die Meister der Fünf Elemente« erwähnt, die sich vorwiegend um die Verbindung des Menschen zum Kosmos kümmerten.

Ein anderes Geschichtswerk erzählt, wie der Han-Kaiser Wu einen in seinem Reich lebenden »Meister der Fünf Elemente« zu sich kommen ließ, um den günstigsten Tag für die Hochzeit seines Sohnes von ihm in Erfahrung zu bringen. Zu-

Abb. 4: Kan-ü; Himme-Erde-Gesetz

sätzlich erbat er den Rat eines »Form-Methode-Meisters«, eines Baumeisters, eines Astronomen, eines Astrologen und eines Meisters, der um die Geschehnisse im Himmel *und* auf Erden Bescheid wußte. Doch der Kaiser mußte feststellen, daß sich all ihr Wissen entweder nur auf den rechten Zeitpunkt oder nur auf den rechten Ort bezog mit Ausnahme jenes Meisters, der die Gesetze von Himmel *und* Erde kannte und dieses Wissen »Kan-ü« (»Himmel-Erde-Gesetz«) nannte. Nach vielen Beratungen erkannte der Kaiser, daß der »Kan-ü-Meister« alle seine Kollegen in den Schatten stellte, und er übertrug ihm die ehrenvolle Aufgabe, den richtigen Zeitpunkt für die Hochzeit seines Sohnes festzusetzen. Leider erzählt uns die Historie nichts über den Ausgang der Geschichte, aber wir sind der festen Überzeugung, daß sie glücklich endete; sonst wäre die Feng-Shui-Lehre, die eine Weiterentwicklung der »Kan-ü-Methode« darstellt, nicht derart populär geworden.

In den nachfolgenden Epochen wurde das Feng-Shui-Wissen mehr und mehr erweitert und praktiziert sowie auch in Schriftform niedergelegt. Hinzu kamen die Gedanken des mittlerweile nach China vorgedrungenen Buddhismus, die Philosophie des Taoismus und die Grundsätze des Konfuzianismus. Auf diese Weise verschmolz das Feng-Shui-Wissen mit dem täglichen Leben der Menschen und ihrem geistigen und sozialen Hintergrund. Die vielen Geschichten, die von einem erfolgreichen Einsatz der Feng-Shui-Lehre berichteten, ließen ahnen, daß es sich dabei nicht um ein mysteriöses oder magisches Sonderwissen handelte, das nur wenigen zugänglich war, sondern daß diese Lehre offenbar auf von jedermann erkennbaren und für jedermann anwendbaren Gesetzmäßigkeiten beruhte; man mußte allerdings einen Meister haben, der, da er die Feng-Shui-Lehre-beherrschte, als Garant für Glück, Gesundheit und Reichtum galt.

Am Ende der Tang-Dynastie (618–906 n. Chr.) wurde von Meister Yang Yün-Sung die erste Feng-Shui-Schule eröffnet. Dort gab es freilich nur einen Schüler, und als dieser selbst ein Meister wurde, gab auch er Unterricht. Sein Schüler wurde wiederum Meister und begann, einen Schüler zu unterweisen usf. Diese Art der Initiation stellte sicher, daß das Wissen nicht in »falsche Hände« geriet und »verwässert« wurde. Erst die Massenbuchproduktion der Gegenwart erlaubt es, daß jeder Leser meint, sein eigener Meister werden zu können.

Der Lo P'an-Kompaß

»Um eine Arbeit erfolgreich auszuführen, bedarf man eines geeigneten Gerätes«, sagt Konfuzius. Beim Erlernen von Feng Shui, bei dem das Herausfinden des richtigen Orts von grundlegender Bedeutung ist, verhält es sich ebenso. Ohne das richtige Arbeitsgerät ist es schwer, jene Richtungen zu bestimmen, die dem Haus, dem Garten, der Wohnung oder dem Interieur die rechten positiven kosmischen und irdischen Strahlungen zukommen lassen. Im alten China verwendete man dafür den Lo P'an, der auch Lo Ging genannt wird. Lo« bedeutet »Alles, was im Universum geschieht«, und »Ging« heißt »Das, was Himmel und Erde verbindet«.

Ein Original-Lo P'an (»P'an« wird mit »Platte« übersetzt) besteht aus zwei Platten: eine runde fur den Himmel und eine quadratische für die Erde. Ein Lo P'an weist eine Unmenge von Informationsmöglichkeiten auf. Wir finden hier in äußerst raffinierter und komplizierter Anordnung Ringe, deren Anzahl von drei bis 40 variieren kann, je nach Beschaffenheit und Preis des Gerätes. Ein teurer Lo P'an weist außer den acht Trigrammen aus dem I-Ging den Tierkreis, die zwölf-chinesischen Doppelstunden, die 24 Teile des solaren Jahres, die Fünf Elemente, die 60 Drachen aus dem chinesischen Kalender, die Gradeinteilung des Kreises sowie die Mo-

Abb. 5: Lo P'an

schen Kalender, die Gradeinteilung des Kreises sowie die Monate auf.

In der Mitte des Lo P'an befindet sich eine Kompaßnadel. Sie ist der Hauptindikator für alle weiteren Studien und das Instrument zur Interpretation des Ergebnisses. Handelt es sich bei der Grundstückslage um die beste Himmelsrichtung? Wird die Ausrichtung des Hauses Glück bringen? Sind die Energien so positiv, daß Unheil abgewendet werden kann etc.

Ein Lo P'an funktioniert also nur in den Händen eines Feng-Shui-Meisters, vor allem hinsichtlich der Interpretation. Selbst »normalen« Chinesen bereitet der Gebrauch des Lo P'an Kopfzerbrechen, weshalb wir an dieser Stelle darauf verzichten, ihn den Lesern explizit zu erklären, damit sie nicht den Mut verlieren, sich weiterhin mit einer Materie zu beschäftigen, die an sich gar nicht so kompliziert ist, wie man meinen möchte.

Ob mit oder ohne Lo P'an – auf jeden Fall werden Sie sich nach der Lektüre dieses Buches in der Lage befinden, Ihres »eig'nen Glückes Schmied« zu sein.

Yin-Yang-Balance

Die ursprüngliche Bedeutung für »Yin« lautet »Wolken verdunkeln die Sonne«, die für »Yang« besagt, daß »die Wolken fortgezogen sind und die Sonne scheint«. Yin und Yang verkörpern also das Verschwinden und erneute Auftauchen des Sonnenscheins.

Aus dieser Vorstellung entwickelte sich die Yin-Yang-Betrachtungsweise, die sich anfangs hauptsächlich mit der Wettervorhersage beschäftigte. Daraus wiederum entstand die Einteilung in vier Jahreszeiten und die Kenntnis des Erd-

und Mondumlaufes. Erst Lao Tse führte die Erkenntnis ein, daß *alles*, was im Moment geschieht, auf dem ständigen Wechsel von Yin und Yang beruht; wobei dieses Geschehen stets von der Lebensessenz, dem Chi, durchflutet wird.

Es gibt also ein Yin-Chi und ein Yang-Chi. Wenn beide in Harmonie aufeinanderteffen, entsteht Neues – sogar Menschen. Aus der anfänglich Naturbeobachtung entwickelte Lao Tse eine Philosophie, die alle Polaritäten der Regel von Yin und Yang unterstellt:

YIN	YANG
Dunkelheit	Helligkeit
Erde	Himmel
Mond	Sonne
Frau	Mann
Einhalt	Bewegung
feucht	trocken
kalt	warm
Trauer	Glück
Nacht	Tag

usw.

Die gesamte Feng-Shui-Lehre beschäftigt sich mit der Frage, wie die Polaritäten miteinander in Harmonie zu bringen sind.

Feng Shui ist also sowohl das Wissen um die naturgegebene Disharmonie als auch die Kunst, aus dieser eine positive Abstimmung zu schaffen, damit der Mensch nicht unter den schlechten Einflüssen der Unebenmäßigkeit zu leiden hat.

Yin und Yang müssen daher stets in Ausgeglichenheit zueinander stehen, wobei sie durch das Chi zu Kräften werden, die in der Lage sind, sich zu materialisieren. Bis zum heutigen

Abb. 6: Yin / Yang

Tag steht uns keine bessere Erklärung für das Vorhandensein aller »Dinge« zur Verfügung. Durch das Yin-Yang-Chi entsteht alles Leben im Universum und auf der Erde. Diese Kraft läßt die Bäume wachsen, sie gibt den Blumen ihre Farben und den Samen ihre Reife, aus ihr schöpfen alle Lebewesen ihre Vitalität und Fortpflanzungsfähigkeit.

Die Menschen geben den Jahreszeiten Namen, um über eine Erklärung für die Raum-Zeit zwischen Kalt und Warm zu verfügen.

- Der Frühling besitzt etwas von Yang, stammt jedoch von Yin, aber *beide* lassen die Pflanzenwelt gedeihen, genauso wie sie unter den Lebewesen neue Aktivität schenken.
- Der Sommer ist vollständig Yang, wobei das Yin, wenngleich in versteckter Form, dennoch vorhanden ist: Alle Früchte werden reif.
- Der Herbst ist vollständig Yin, wobei hier das Yang in versteckter Form zu finden ist: Die Yin-Kraft gebietet dem sommerlichen Wachstum Einhalt, und die Pflanzenwelt beginnt auszutrocknen.
- Der Winter kommt mit Yin-Kraft, die Tage sind kurz und die Nächte lang, das Yang hat keine Kraft mehr. Aber das Yang ist nicht tot; es ist unter dem Yin verborgen und bereitet sich auf den kommenden Frühling vor. Somit bezieht sich die Yin-Yang-Theorie auf die Jahreszeiten und den Temperaturwechsel.

Diese Harmonielehre, die nicht nur in China Gültigkeit besitzt, basiert aber noch auf einer weiteren Naturbeobachtung, namlich dem Zusammenspiel der »Fünf Elemente«, ohne deren Kenntnis eine Feng-Shui-Bestimmung von Glück oder Unglück nicht möglich ist.

Die Fünf Elemente

Wie wir gesehen haben, basiert Feng Shui auf der Yin-Yang-Balance. In den Augen eines Meisters ist diese jedoch nur ein Gedankengebäude, das in sich geschlossen und somit nicht lebendig ist. Die Aufgabe von Feng-Shui-Meistern ist es, festzustellen, ob ein Ort, ein Gebäude, ein Baum, ein Datum oder eine Zahl Glück oder Unglück bringt. Zum Yin-Yang-Gedanken muß also eine Aktion treten, damit die Theorie in die Praxis umgesetzt werden kann.

Um die Glücks- oder Unglücksvorhersage lebendig werden zu lassen, bedarf es eines Wegs, der sich in der Kenntnis der »Fünf Elemente« offenbart. Es sind dies jene fünf Grundelemente, aus denen die sichtbare Welt besteht: Holz, Feuer, Erde, Metall, Wasser. Die dahinterstehende Erkenntnis ist folgende:

Holz bringt *Feuer* hervor;
Feuer gebiert *Asche.*
Aus *Asche* wird *Erde;*
Erde birgt *Metall.*
Wo *Metall* ist, ist *Wasser;*
Wasser läßt *Holz* wachsen.

Dieses Beispiel stellt die vollkommene Harmonie der natürlichen Wandlungsprozesse in ihrer positiven Auswirkung dar.

Aber es gibt auch eine gegenteilige:

Holz kämpft gegen *Erde,*
Erde gegen *Wasser,*
Wasser kämpft gegen *Feuer,*
Feuer gegen *Metall,*
Metall gegen *Holz*.

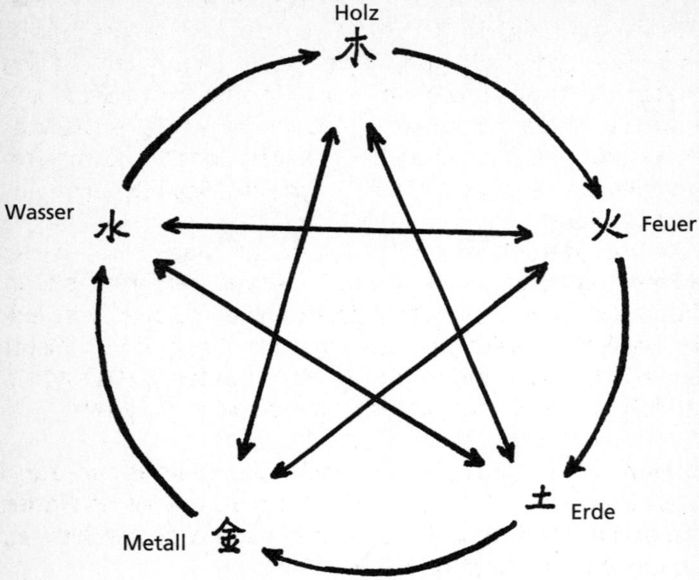

Abb. 7: Die Fünf Elemente (Kreis: produktive Reihenfolge, »Stern«: destruktive Reihenfolge)

- Die *positive* Wandlung wird folgendermaßen erklärt: Das Feuer bedarf des Holzes, um zu brennen. Ist dieses verbrannt, bleibt Asche zurück, die sich mit der Erde vermischt. In der Erde steckt Metall. Wo es Metalladern gibt, findet man Wasser. Dieses ist wiederum nötig, damit die Bäume, also das Holz, wachsen können. Das Feuer bedarf des Holzes …
- Die *negative* Wandlung wird auf solche Art gedeutet: Erde an sich und Holz an sich sind Gegner, denn das Holz verletzt die Erde, wenn z. B. ein Baum gepflanzt wird. Die

Erde zerstört das Wasser, denn sie begrenzt z. B. Flüsse. Das Wasser wiederum ist der Feind des Feuers, denn es ist in der Lage, es zu löschen. Das Feuer jedoch schmilzt das Metall, weshalb diese beiden keine Freunde sind. Um Holz hacken zu können, bedarf man eines Gegenstandes aus Metall, weswegen sich Holz und Metall nicht vertragen. Erde an sich und Holz an sich sind Gegner…

Für die Feng-Shui-Lehre ist es nötig zu wissen, womit die Fünf Elemente aus kosmischer und aus irdischer Sichtweise in Beziehung stehen, weil durch diese Beziehung alles, was existiert, beeinflußt wird. Daraus kann der Feng-Shui-Meister erkennen, ob Glück oder Unglück, Erfolg oder Mißerfolg ins Haus stehen. Demnach gibt es folgende Bezugspunkte:

- *Zahlen* (Es gibt gute und schlechte, allerdings für jeden Menschen unterschiedlich. Ein Feng-Shui-Meister findet durch die Beziehung der Elemente zu den Zahlen heraus, ob ein Datum günstig ist oder nicht)

Holz:	1	2
Feuer:	3	4
Erde:	5	6
Metall:	7	8
Wasser:	9	0

- *Himmelsrichtungen* (Auch hier gibt es positive und negative, wenngleich für jeden Menschen unterschiedlich. Ein Feng-Shui-Meister erkennt durch die Beziehung der Elemente zu den Himmelsrichtungen, ob ein Haus und seine Bewohner zusammenpassen).

Holz:	Osten
Feuer:	Süden
Erde:	Mitte

Metall:	Westen
Wasser:	Norden

- *Monate* (Ein Feng-Shui-Meister kann feststellen, ob es günstig oder ungünstig ist, zu dieser oder jener Jahreszeit ein Haus zu bauen bzw. eine Wohnung zu beziehen)

Holz:	Januar, Februar
Feuer:	April, Mai
Erde:	März, Juni, September, Dezember
Metall:	Juli, August
Wasser:	Oktober, November

- *Farben* (Ein Feng-Shui-Meister kann erforschen, welche Farben für wen geeignet sind; dies bezieht sich auf Kleidung, Wohnung und Inneneinrichtung)

Holz:	grün
Feuer:	rot
Erde:	gelb
Metall:	weiß
Wasser:	schwarz

- *Organe* (Ein Feng-Shui-Meister bezieht in seine Überlegungen alles mit ein: Um dies zu verdeutlichen, hier ein Beispiel: Anhand des Geburtsdatums findet er heraus, ob eine Himmelsrichtung für den Bau eines Hauses günstig oder ungünstig ist. Er weiß aber auch, daß der künftige Bewohner dieses Hauses z. B. Probleme mit den Nieren hat. Die Niere hängt mit Wasser zusammen; der Hauptgegner des Wassers ist das Feuer. Demnach sollte die Eingangstüre des Hauses nicht nach Süden zeigen. Außerdem sollte das Haus nicht an einem Fluß oder einem See stehen. Die beste Zeit, dieses Haus zu errichten, ist Juli und August, da Wasser zu Metall in positiver Beziehung steht. Dieses Beispiel zeigt, wie kompliziert, aber gleichzeitig auch wie sinnvoll die gesamte Feng-Shui Lehre ist.) Die weiteren Beziehungen zwischen den Organen und den Elementen sind folgende:

Holz:	Leber
Feuer:	Herz
Erde:	Milz
Metall:	Lunge
Wasser:	Nieren

- *Sinnensempfindungen* (Auch hier stellt der Feng-Shui-Meister Beziehungen her, die aus der Traditionellen Chinesischen Medizin stammen und – wie alles andere – mit den Fünf Elementen verbunden sind)

Holz:	Sehen (Augen – Leber – Grün etc.)
Feuer:	Schmecken (Zunge – Herz – Rot etc.)
Erde:	Tasten (Haut – Milz – Gelb etc.)
Metall:	Riechen (Nase – Lunge – Weiß etc.)
Wasser:	Hören (Ohren – Niere – Schwarz etc.)

- *Natureinflüsse* (Es ist nötig, über diese Beziehungen Bescheid zu wissen, da die Einwirkungen der Natur das Wohnen und somit die Lebensqualität mitbestimmen)

Holz:	Wind
Feuer:	Hitze
Erde:	Feuchtigkeit
Metall:	Trockenheit
Wasser:	Kälte

- *Charakter* (Auch dieser kann von den Fünf Elementen beeinflußt werden; man vermag also auch seinen Charakter zu ändern, wenn man das richtige Ambiente um sich herum schafft)

Holz:	Freundlichkeit
Feuer:	Höflichkeit
Erde:	Glaubwürdigkeit
Metall:	Mut
Wasser:	Intelligenz

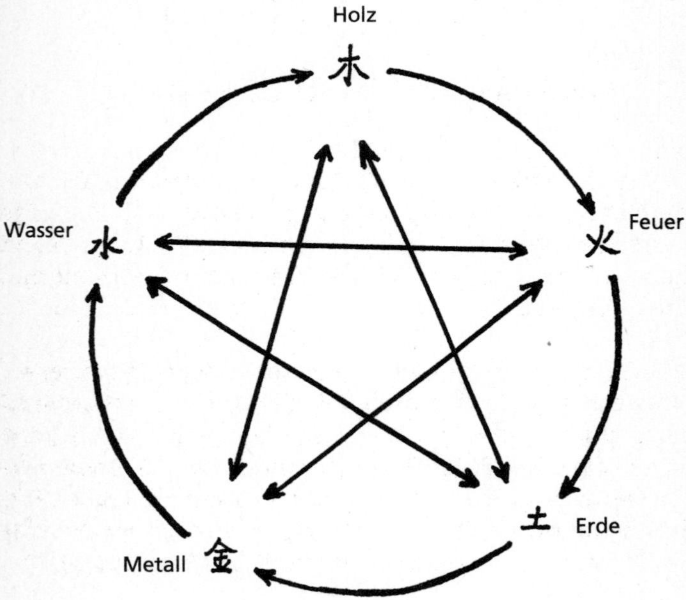

Holz: Osten, Januar, Februar, Grün, Leber, Sehen, Augen, Wind, Freundlichkeit
Feuer: Süden, April, Mai, Rot, Herz, Schmecken, Zunge, Hitze, Höflichkeit
Erde: Mitte, März, Juni, September, Dezember, Gelb, Milz, Tasten, Haut, Feuchtigkeit, Glaubwürdigkeit
Metall: Westen, Juli, August, Weiß, Lunge, Riechen, Nase, Trockenheit, Mut
Wasser: Norden, Oktober, November, Schwarz, Nieren, Hören, Ohren, Kälte, Intelligenz

Abb. 8: Die positive Reihenfolge der Fünf Elemente

Ein gutes Chi besteht darin, daß die Fünf Elemente in der Reihenfolge auftreten, wie bisher beschrieben. In Fällen, in denen die Reihenfolge verändert wird, entsteht schlechtes Feng Shui.

Allerdings ist es möglich, es zu korrigieren, indem man die Elemente wieder in die richtige Harmonie bringt: Holz – Feuer – Erde – Metall – Wasser – Holz usw.

Das I-Ging und die acht Trigramme

Das I-Ging ist eines der ältesten Bücher Chinas, und bis zum heutigen Tag wird es als Orakelbuch verwendet. Sein Titel bedeutet sowohl »Heiliges Buch« als auch »Buch der Wandlungen«, wobei ursprünglich die Wandlung der Mondphasen gemeint war.

Das I-Ging besteht in seiner Basis aus acht Trigrammen (»Dreierlinien«), die horizontal entweder durchgehend oder je einmal unterbrochen sind. Diese Linien verkörpern in ihrer durchgehenden Form das aktive Yang (Himmel), in ihrer gebrochenen Darstellung das statische Yin (Erde). Die acht Trigramme symbolisiren die Natur in ihren verschiedenen Erscheinungsformen sowie die Himmelsrichtungen.

Wir wir schon festgestellt haben, beeinflussen diese das menschliche Leben in erheblicher Weise. Für den Geometer ist es also wichtig, die Natursymbole zu den Fünf Elemeten und dem Horoskop eines Ratsuchenden in Relation zu bringen. Erstaunlicherweise stellen die Trigramme das moderne binäre Zahlensystem der Mathematik und der Computersprache dar. Es scheint, als hätten die Chinesen schon frühzeitig das erkannt, was die Astrophysik erst in diesem Jahrhundert entdeckte: die Urbausteine des Universums.

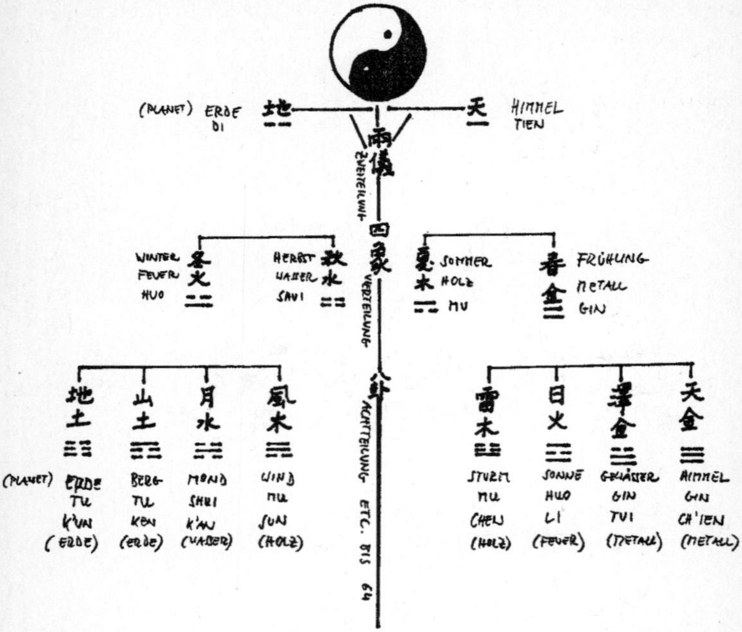

Abb. 9: Die acht Tigramme und ihre Relationen

Da aber alles mit allem in Beziehung steht, ist es einleuchtend, daß die Feng-Shui-Lehre die Trigramme benutzt, um zu verdeutlichen, wo und wie negative Einflüsse abgewendet bzw. positive geschaffen werden können. Feng Shui präsentiert sich somit eben nicht als exotischer Hokuspokus, sondern als eine Lehre, die mathematische, astronomische und physikalische Gesetzmäßigkeiten berücksichtigt. Die Tabelle auf Seite 32 zeigt diese Zusammenhänge:

»Mit fünfzehn Jahren richtete ich meinen Sinn
auf das Lernen.
Mit dreißig stand ich fest. Mit vierzig war ich frei
von Zweifeln.
Mit fünfzig begann ich das I-Ging zu studieren.«

Diese Worte des Konfuzius wollen andeuten, daß das Studium dieses Werkes einer gewissen Reife bedarf, die es erst ermöglicht, sich dem Geheimnis des Universums (und somit dem des Lebens) zu nähern; vollständig ergründen wird man es wohl niemals, selbst wenn man das I-Ging auswendig lernt.

Der Zodiak

Die Wissenschaft der Astronomie entwickelte sich in der Frühzeit aus der Beobachtung des Mondes. Man erkannte die viermal siebentägigen Phasen seines Zu- und Abnehmens und stellte eine Verbindung zwischen diesem Rhythmus und den Gezeiten sowie zur weiblichen Fruchtbarkeit fest. Zudem konnte man die Bewegung der Erde in Relation zur Sonne berechnen

- Daraus entwickelte sich das Solarjahr, das im chinesischen Kalender in 24 Teile gegliedert ist. Im Lo P'an sind diese Teile ringförmig angeordnet und korrespondieren mit den zwölf Tierkreiszeichen, die in der chinesischen Variante Ratte, Ochse, Tiger, Hase, Drache, Schlange, Pferd, Schaf, Affe, Hahn, Hund und Schwein lauten.

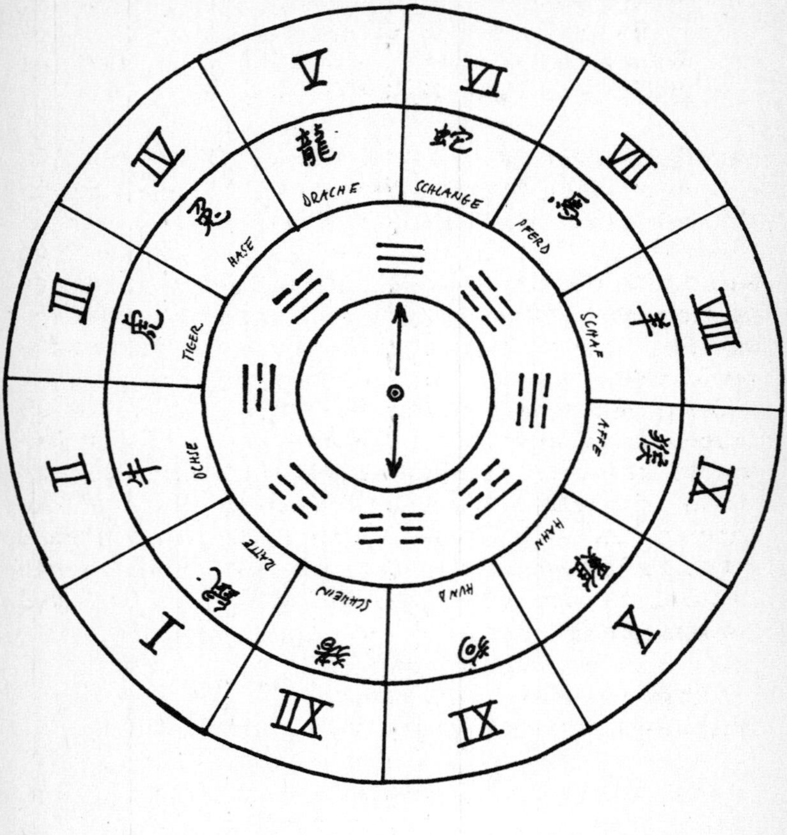

Abb. 10: Lo P'an mit Trigrammen, Zodiak und den zwölf Doppelstunden

- Diesen Zeichen, die selbst auch die zwölf Doppelstunden des chinesischen Tages kennzeichnen, sind wiederum die acht Trigramme zugeordnet, wodurch ersichtlich wird, daß für einen Feng-Shui-Berater die Kenntnis der Erde und des Himmels unerläßlich ist.

Dem Zodiak, der eine starke Verbindung zu den Fünf Elementen aufweist, kommt folglich eine große Bedeutung bei der Bestimmung von Glück und Unglück zu. Die Astrologie ist als Wissenschaft noch älter als die Astronomie, doch im »aufgeklärten« Abendland, das sich von seinen natürlichen Wurzeln weit entfernt hat, wird sie entweder vollständig verdammt oder tritt lediglich in Form von billigen Horoskopen in Erscheinung.

Wenn wir demnach die gesamte Feng-Shui-Lehre nicht als großen Unfug abtun möchten, dann sollten wird dem Wissen unserer Vorfahren mehr Respekt entgegenbringen, als wir es für gewöhnlich tun. Der Zodiak hat auf das irdische Leben größeren Einfluß, als wir überhaupt ahnen können. Allein die Tatsache, daß zwischen der Erde und den Gestirnen eine ständiger Energieaustausch stattfindet, zeigt, daß Shakespeare recht hat, wenn er sagt:

»Es gibt mehr Ding' im Himmel und auf Erden,
Als Eure Schulweisheit sich träumen läßt.«

Abb. 11: Ho; Harmonie

Das Harmonie-Prinzip

Im Gegensatz zu modernen Landkarten zeigen antike den Süden oben und den Norden unten. Die Geografen der Neuzeit betrachten die Erde wie von einem Punkt außerhalb ihres Bereichs, wohingegen es für die frühen Wissenden keine Trennung von Himmel und Erde gab, so daß der Süden an der Stelle des heutigen Nordens lokalisiert wurde und umgekehrt.

Auch die beiden anderen Himmelsrichtungen, Westen und Osten, haben im Laufe der Zeit ihre Positionen auf den Landkarten getauscht. Die Alten wußten auch, daß die Gesamtbewegung des Universums rechtsherum verläuft, wobei allerdings die universelle Lebenskraft, das Chi, linksdrehend ist.

- Aus dieser Erkenntnis entstand im alten Indien das »Swastika-(Hakenkreuz-)Zeichen, das den linksdrehenden Chi-Fluß symbolisiert. Dieses Zeichen, das ebenso als Sonnenrad interpretiert wird, findet sich auch auf Buddhastatuen, wo es »Glück« bedeutet. Daß der Chi-Fluß tatsächlich linksdrehend ist, kann jeder an einem Windrad, mit dem Kinder so gern spielen, überprüfen. Bläst man hinein, dreht es sich – wider alle Erwartung – nach links!
- Auch das berühme Yin-Yang-Symbol (das Fischblasenzeichen) ist linksdrehend. Es besteht aus einem Kreis (Universum), der durch eine S-Linie in zwei Hälften geteilt wird, von denen die eine schwarz (Erde/Yin), die andere weiß (Himmel/Yang) ausgemalt ist. In der weißen Hälfte befindet sich ein kleiner schwarzer Kreis, in der schwarzen ein weißer.

  Das bedeutet: Das Yin ist im Yang geborgen und das Yang im Yin. Aus der Tatsache, daß beide Hälften absolut gleich sind, läßt sich schließen, daß Yin und Yang in perfekter Harmonie zueinander stehen.

Jeder weiß, daß sich die Erde um die Sonne dreht und gleichzeitig um sich selbst. Dabei steht sie allerdings nicht »gerade«, sondern zeigt eine Neigung von 66,34 Grad.

Durch diese Neigung entsteht beim Sonnenumlauf, der ein Jahr dauert, eine S-Form. Es stellt sich die Frage, wie unsere Ahnen über dieses Gesetz Bescheid wissen konnten, als sie das Yin-Yang-Zeichen »erfanden«, um eine kosmische Gegebenheit für jedermann verständlich zu machen. Für die Harmonielehre Feng Shui ist diese Erkenntnis entscheidend:

Alles, was eine S-Linie aufweist (einschließlich des Körperbaus einer wohlgestalteten Frau oder eines durchtrainiertent Mannes), ist vom »Schicksal« begünstigt. (Hierin liegt ebenso die Tatsche begründet, daß jede Flußbegradigung, auch und gerade in Form eines Kanals, ungünstig ist – davon legen die Wasserkatastrophen der letzten Jahre beredtes Zeunis ab; hier wurde die universelle Harmonie gestört.)

Feng Shui ist also die Lehre des Zusammenspiels der natürlichen Kräfte, die sich der Mensch zu eigen machen sollte, um sein Schicksal so günstig wie möglich selbst zu gestalten.

Der Mensch folgt der Erde

Für das Leben der Menschen besitzt die Erde heilige Bedeutung, denn sie ist es, die uns um die Sonne trägt und uns den nötigen Halt gibt; außerdem sorgt sie für unsere Ernährung. Es ist schon erstaunlich: Obwohl wir tagtäglich die Erde mit Füßen treten, schenkt sie uns immer wieder den Duft der Blumen, saftige Früchte und alles, was wir zum (Über-)Leben brauchen. Wo immer der Mensch etwas anpflanzt, kann er nach einiger Zeit zur Ernte schreiten.

Genauso aber, wie man für verschiedene Pflanzen den entsprechenden Boden auswählt, muß man auch für sein Haus das geeignete Gelände finden. Ein Ort, wo in früherer Zeit ein Mord geschah, oder ein Areal, das einst als Friedhof diente, ist gewiß nicht dafür geschaffen, hier seine künftige Bleibe zu errichten und darin glücklich zu leben, da nach dem Gesetz der Erhaltung von Energie auch die negativen Kräfte dort immer noch vorhanden sind.

Im alten und im neuen China sowie im gesamten asiatischen Raum gab und gibt es eine Zeremonie, die in der Lage ist, negative Energien, die vor einem Hausbau möglicherweise vorhanden sind, für immer zu bannen. Dabei werden die Geister darum gebeten, für die Errichtung des Hauses ihre Erlaubnis zu erteilen.

Auch wenn diese Zeremonie mit wissenschaftlichen Methoden (noch?) nicht erforschbar ist, zeigt sie dennoch den

Abb. 12: Di; Erde

von den Ahnen übernommenen Respekt vor der Tradition und die Sorge um »Grund und Boden«. Man vollzieht die »heilige Handlung« aber nicht unbedingt aus Traditionsbewußtsein, sondern weil man der ernsthaften Überzeugung ist, daß sie den Hausbau günstig beeinflußt und die Hände der Handwerker, Ingenieure und Architekten harmonisiert. Das Chi, von dem wir eingangs gesprochen haben, findet nun seine praktische Anwendung.

Die Tatsache aber, daß diese Handlung seit Jahrtausenden vollzogen wird, selbst in unserer moderen, naturwissenschaftlich dominierten Welt, und daß die Menschen (zumindest in Asien) auf ihr bestehen, zeigt, daß es sich hierbei nicht um einen simplen Aberglauben handelt, sondern um etwas aus jener geheimnisvollen Welt, die zu erkunden der heutige Mensch verlernt hat.

Geomantie und Drachenlinien

Für gewöhnlich werden die magnetischen Adern, von denen die Erde durchzogen wird, als »Drachenlinien« bezeichnet. An den Schnittstellen solcher Linien errichteten die Alten meist Kultstätten, Tempel, Türme, Paläste und später Kirchen, da die Erdenergie hier offenbar stärker und wirkungsvoller war (und ist) als an anderen Orten.

Unsere Vorfahren, so spekuliert man heute, besaßen einen »sechsten Sinn«, mittels dessen sie das Erdmagnetfeld spüren konnten.

- Dieser Sinn ist den heutigen Menschen verlorengegangen. Es soll sich dabei um eine Drüse im Nacken handeln, die im Lauf der Evolution immer mehr verkümmerte; nur

Abb. 13: Long-Mei; Drachenadern

die australischen Ureinwohner scheinen noch darüber zu verfügen, wie man kürzlich herausgefunden hat.

Von jeher haben Menschen die heilende Kraft besonderer magnetischer Orte gesucht, um an ihnen einerseits mit der Erde und dem Universum in Verbindung zu treten, andererseits aber auch, um von Krankheiten zu genesen. Dies nimmt nicht weiter wunder, wenn man bedenkt, daß verletzte oder kranke Tiere sich geradewegs auf solchen unsichtbaren Linien fortbewegen. Es scheint, als wüßten sie, daß sie aus der Erde jene Kraft beziehen können, die sie zur Heilung benötigen. Jeder, der ein Haustier besitzt, macht die Erfahrung, daß sich dieses »seinen« Platz selbst aussucht und den ihm angebotenen meist ablehnt. Der Grund hierfür dürfte nun einsichtig sein.

Auch die Feng-Shui-Meister machten sich dieses Wissen zu eigen, um den besten Platz zur Errichtung eines Hauses etc. zu finden. Deshalb nennt man sie auch »Geomanten« und ihre Kunst »Geomantie«, was soviel wie »Vorhersage aus der Erde« bedeutet.

In China wird den Drachen seit alters besondere Aufmerksamkeit geschenkt. Das Wort »Lung-Mei« bedeutet »Drachenadern«. Das sind jene magnetischen Bahnen, welche die heutigen Feng-Shui-Berater mit einer Art Metalldetektor aufspüren. Ihre antiken Vorgänger verglichen die Berge noch mit den Drachen (vor allem hinsichtlich ihres Rückens) und führten komplizierte Rechnungen durch, wie und wo guter oder schlechter Einfluß zu lokalisieren sei, besonders wenn es sich um hohe Berge mit schmalen Flüssen oder um breite Flüsse an niedrigen Bergen handelte.

Da sich in der jetzigen Zeit die meisten Menschen freilich kein Haus in den Bergen errichten lassen können, mögen wir nun getrost auf die Feng-Shui-Lehre hinsichtlich des Gebirges verzichten, um uns ganz und gar den Einflüssen des Wassers zu widmen.

Abb. 14: Yinn; Fülle des Wassers

Die Weisheit des Wassers

Wo es Berge gibt, da gibt es auch Wasser. Jede Kultur beginnt dort, wo das Wasser fließt; und auch alle Schönheit nimmt dort ihren Anfang.

In der Feng-Shui-Lehre soll die Beschäftigung mit dem Gebirge und dem Wasser erkennen lassen, daß wahre Schönheit in der Schlichtheit liegt und nicht im Prunk, wobei das beste Feng Shui in der Kombination von Berg und Wasser zu finden ist.

Die Einheit von Ebene und Wasser, also von Feldern und Bächen oder Flüssen, besitzt zwar kein schlechtes Feng Shui, aber auch kein besonders günstiges. Hierin mag sich auch der Grund für die Zunahme des Fremdenverkehrs in Gebirgsregionen finden lassen.

Die Touristen meinen zwar, wegen der Schönheit der Landschaft ihren Urlaub dort verbringen zu müssen, in Wirklichkeit aber ist es das positive Feng Shui, das sie anlockt und ihnen eine gestärkte Gesundheit, neuen Lebenswillen und eine generell positivere Haltung schenkt.

Für den Urlaub am Meer gilt dasselbe: Ferien an einem endlosen Sandstrand, wie sie so gerne von Reiseveranstaltern empfohlen werden, sind weniger gewinnbringend für Körper und Seele als solche, bei denen man zwar das Meer genießen kann, aber dennoch nicht auf »Berge« verzichten muß. Ich meine jene Gegenden, die anstelle eines langen Strandes mit vielen kleinen Buchten aufwarten. Diese Buchten wurden vom Meer aus dem Gestein herausgespült und sind zu drei Seiten von Fels umgeben – auch wenn er nicht so hoch wie ein Berg ist. In solch einer Bucht fühlt man sich geborgen, denn sie erinnert unbewußt an die Zeit im Mutterleib, in der man ebenfalls im wellenlosen und somit ungefährlichen Wasser lag.

Man sieht, daß die Feng-Shui-Lehre eigentlich recht einfach ist und auf naturphilosophischen Überlegungen beruht. Ihre vermeintliche Kompliziertheit ist der Tatsache zuzuschreiben, daß die »Meister« sie als Geheimlehre angesehen haben wollten, um auf diese Weise sowohl gesellschaftliche Anerkennung als auch – damit verbunden – finanzielle Vorteile zu erlangen. Es scheint, daß das Wasser mehr Weisheit besitzt als die Menschen; aber es war ja auch viel eher da als jene.

Warum aber ist das Wasser für die Feng-Shui-Lehre von so großer Bedeutung? Erinnern Sie sich an die Fünf Elemente: Wo Metall ist, dort gibt es Wasser. Wo also Wasser ist, da gibt es Metall; und Metall bedeutet von jeher Reichtum.

Wasserdrache

Wie wir schon erwähnt haben, gab es für unsere frühen Ahnen keine Trennung von Himmel und Erde. Der deutlichste Ausdruck dieser »irdischen Kosmologie« spiegelt sich wider in der Gegebenheit von Bergen und Wasserflächen.

- Der Berg symbolisiert durch seine Höhe das »Oben«, das Wasser durch seine Tiefe das »Unten«.

Wenn nach dieser Naturphilosophie die Bergkämme mit dem Rücken von Drachen assoziiert werden, dann muß es auch Wasserdrachen geben, die das Feng Shui zu beeinflussen in der Lage sind. Seit Jahrtausenden siedeln Menschen an Flüssen, weil das Süßwasser nicht nur eine Lebensnotwendigkeit ist, sondern auch lebenspendend. Zudem bedeutet Wasser Transportmöglichkeiten und somit Handel und die

Abb. 15: Shui-Long; Wasserdrache

Gelegenheit zum Erwerb von Reichtum. Wir wissen mittlerweile, daß Feng Shui etwas damit zu tun hat, wie man erfolgreich, gesund und glücklich wird. Ersteres und letzteres beziehen sich nicht nur in der heutigen Zeit auf Wohlstand. So ist es kein Wunder, daß die Feng-Shui-Gelehrten ihre höchste Aufmerksamkeit darauf richteten, daß Häuser, Siedlungen oder ganze Dörfer an der am besten geeigneten Stelle am Wasser errichtet wurden. Ihre Kenntnisse bezogen sie hauptsächlich aus Naturbeobachtungen, die sie zum schlußfolgenden Denken veranlaßten.

So ist es z. B. sinnvoll, in der Nähe einer Quelle zu bauen, da dort das Wasser am reinsten ist. Sein Domizil in einem Überschwemmungsgebiet zu errichten, ist verständlicherweise weniger sinnvoll, obwohl gerade die Überschwemmungen für fruchtbares Ackerland sorgen (siehe Nildelta oder Bangladesch).

Wasser kann in Ebenen sowohl positives als auch negatives Feng Shui aufweisen, und daher ist es notwendig, an ungünstigen Stellen Korrekturen vorzunehmen, um das Negative in Positives umzuwandeln.

Welches Wasser verfügt nun über ein gutes Feng Shui?

- Wenn es sich um einen Fluß handelt, dann sollte er möglichst tief, lang und oftmals gewunden sein. (Erinnern Sie sich an die S-Linie des Yin-Yang-Symbols?) Auch sollte dieser Fluß nicht zu schnell fließen, sondern sich eher träge durch die Landschaft winden, wobei sein Wasser natürlich möglichst rein sein sollte.
- Wer sich an einem See niederlassen möchte, hat darauf zu achten, daß dessen Wasser tief ist und die Oberfläche einem Spiegel gleicht. Dahinter steckt die Erkenntnis, daß ein oftmals aufgewühlter See zu sehr dem Einfluß des Windes ausgesetzt ist, wodurch sich das Chi des Wassers

nicht zusammenballen kann, sondern immer wieder fortgeweht wird.

- Für das Wohnen am Meer gilt dasselbe Prinzip, das auch für Hafenanlagen entscheidend ist: Je geschützter die Bucht, je stiller das Wasser, je klarer die Sicht auf den Grund, desto bessere Einflüsse sind zu erwarten. Und diese Einflüsse sind um so wichtiger, wenn man bedenkt, daß die chinesische Philosophie sagt: »Dem Wasser kann es gelingen, den Menschen weise zu machen.«

Aber er das ist noch nicht alles, wie man gleich sehen wird…

Bergdrache

… denn die chinesische Philosophie sagt auch: »Den Bergen kann es gelingen, des Menschen Herz mitfühlend zu machen.« Was bedeutet das?

- Ohne Berge könnte das Chi des Wassers seine Wirkung nicht voll entfalten; es würde sofort in den Himmel zurückfliegen.

Um einen martialischen Vergleich anzuführen: Der Berg symbolisiert ein Heer von Soldaten, die ihr Territorium (Wasser) beschützen. Der Berg oder das Gebirge gleicht auch einem Gastgeber, das Wasser den Gästen. Der Gastgeber mag so charmant sein wie er will, ohne Gäste ist sein Charme reichlich sinnlos. Der Berg ist auch der beste Schauspieler, und das Wasser stellt die Zuseher dar. Doch was nützt es dem Schauspieler, wenn niemand seine Kunst bestaunt. Je höher der Berg, um so dichter das Chi (nicht umsonst siedelten die Alten ihre Götter auf den höchsten Bergen an: Himalaya, Olymp etc.); je tiefer das Wasser, um so stärker das Chi (my-

Abb. 16: Shan-Long; Bergdrache

thische Fabelwesen z. B. leben in völlig unzugänglichen Tiefen der See).

Niemand kann einen hohen Berg von selbst errichten, genausowenig wie jemand einen wirklich tiefen See schaffen kann. All das vermag nur die Natur allein.

Mit anderen Worten:

> Das Chi von Berg und Wasser ist so stark, daß es nicht trennbar ist. Beim Menschen verhält es sich ebenso: Erst die Kombination aus Weisheit und Mitgefühl des Herzens bringt eine vollendete Persönlichkeit hervor.

Wenn also das Chi, das aus der Berg-Wasser-Kombination entsteht, das günstigste und einflußreichste ist, dann ist es klar, daß ein modernes Großstadtleben um so erfolgreicher verläuft, je mehr man sich an dieses Gesetz hält. Für den Lebensbereich der Wohnung bedeutet dies nämlich folgendes:

- Wenn man nicht über ein Haus verfügt (in dem sich die Schlafzimmer übrigens *nie* im Erdgeschoß befinden sollen – weshalb dürfte jetzt einsichtig geworden sein!), ist es am besten, seine Wohnung im obersten Stockwerk eines Miethauses zu nehmen. Dort kann man des verbliebenen Chis viel eher teilhaftig werden als z. B. im Souterrain.

Eine Wohnung im obersten Geschoß bietet zudem den Vorzug, die Aktivitäten der anderen Hausbewohner weniger verspüren zu müssen, als wenn man in einem darunter liegenden Stockwerk lebt. Des weiteren behält man ganz oben »die Übersicht«, da sich von dort alles besser reflektieren läßt.

Wohlgemerkt: Wir sprechen hier von Wohnungen, die sich in der Höhe der Baumwipfel befinden, nicht von Appartements im 40. Stockwerk eines Wolkenkratzers. Dort ist das Feng Shui naturgemäß nicht mehr günstig, und es stellt sich die Frage, weshalb moderne Architekten so verantwortungslos und unwissend sind, daß sie solche Komplexe überhaupt errichten.

Natürlich scheint die Bevölkerungsdichte vor allem in südamerikanischen und asiatischen Großstädten keine andere Lösung als die der Wolkenkratzer zuzulassen, doch es wird die Aufgabe von Bauherren und Architekten der Zukunft sein, sich um andere, bessere und menschenwürdigere Lösungen zu bemühen, damit der Bergdrache zu seiner vollen Kraft zurückfindet.

Der Wald, der in den Himmel wächst

Der Wald, und somit jeder Baum, stellt eine magische Verbindung zwischen Erde und Himmel dar. In der einen wurzelt er, zum anderen ragt er empor.

- Die Wurzeln nehmen das Yin-Chi der Erde auf, der Wipfel das Yang-Chi des Himmels. Im Stamm und in den Ästen vereinigen sich beide Chi-Formen und tragen die Lebensessenz nach außen, wodurch alles Existierende mit Kraft erfüllt wird.

Biologen sagen, daß Bäume und Pflanzen für den Sauerstoff, ohne den der Mensch und jedes andere Lebewesen nicht sein könnte, verantwortlich sind. Der Sauerstoff selbst aber wäre ohne das Chi, das auch ihn durchströmt, kraftlos. Interessanterweise ging jede Hochkultur zu dem Zeitpunkt zugrunde, als sie begann, ihre Wälder rücksichtslos auszubeuten, um das Holz für den Bau von Kriegsschiffen (Ägypten, Rom etc.) zu verwenden. Der übermäßige Holzabbau, der so schnell

Abb. 17: Lin; Wald

vor sich ging, daß keine neuen Bäume nachwachsen konnten, führte zu Versteppung und Erosion, so daß weder Tiere noch Menschen von den Erträgen des Waldes leben konnten.

Die Paradoxie, die wir gegenwärtig bei der Vernichtung des Regenwaldgürtels, der sich um die gesamte Erde zieht, erleben, läßt die Schwierigkeit im Umgang mit dem ersten der Fünf Elemente ahnen: Einerseits bedürfen die Menschen gerodeter Ackerflächen, andererseits aber stellt dieser Eingriff in das ökologische System einen nicht wiedergutzumachenden Schaden dar. Pflanzen und Tiere sterben aus, bevor sie überhaupt entdeckt werden können.

Manche Forscher behaupten, daß es im Regenwald mindestens drei Pflanzenarten gäbe, aus denen ein Mittel gegen Aids gewonnen werden könnte; doch bevor man diese Pflanzen finden und zur Anwendung bringen kann, existieren sie schon nicht mehr.

Hier offenbart sich auch die Aktualität der alten Feng-Shui-Lehre hinsichtlich ihrer Anwendung auf das heutige Leben: Die Lehre besagt, es sei negativ, sein Haus auf einem ehemaligen Waldgebiet zu errichten, wodurch implizit darauf hingewiesen wird, Wälder nicht abzuholzen, sondern nur so viele Bäume zu fällen, als für den Bau von Häusern und Möbeln unbedingt notwendig ist.

In einer Oase kommt niemand auf den Gedanken, den schützenden Palmengürtel mit Beil oder Motorsäge umzulegen, da dies das Ende der Oase bedeuten würde. Wenn wir unsere Wälder mit einer Oase vergleichen, dann dürfen wir uns über die Klimakatastrophe, die uns nicht etwa erst bevorsteht, sondern in der wir uns bereits befinden, nicht wundern.

Sun Yatsen, der »Vater des modernen China«, meinte: »Es braucht zehn Jahre, um einen Menschen aufzuziehen, aber hundert, um einen Baum wachsen zu lassen.« Es scheint allerdings, daß man für die »Erziehung« der Menschheit tausend Jahre benötigt.

Wo der Wind zu Hause ist

Wenn man alles, was bisher über Feng Shui gesagt wurde, bedenkt, wie soll dann ein positiver Platz, an dem man möglicherweise sein Haus errichtet oder an dem schon ein Wohnhaus steht, das man beziehen möchte, beschaffen sein?

- Auch wenn man mit Hilfe der heutigen Technik sogar künstliche Inseln samt Woltenkratzern errichten kann, ist es für ein gutes Feng Shui unerläßlich, daß die Landschaft so naturbelassen wie möglich bleibt, damit das Haus oder die Wohnung die beste Chi-Energie von Himmel und Erde erhält.

Große Bauwerke der Antike haben bis heute standgehalten, Häuser von heute und moderne Wohnungen weisen oft schon nach wenigen Jahren erhebliche Schäden auf. Warum wohl? Bislang haben wir von der Feng-Shui-Lehre hauptsächlich jenen Teil betrachtet, der sich auf das Wasser (Shui) bezieht. Nun wollen wir untersuchen, was es mit dem Wind (Feng) auf sich hat. Die alten Meister dachten, ein Haus oder eine Stadt wäre am besten geschützt, wenn er/sie von einer natürlichen Berg- oder Hügelkette umgeben sei, wodurch die kältebringenden Nordwinde abgehalten würden.

Auf diese Weise entwickelte sich ein Studium der Winde, eine »Ventologie«, die herauszufinden trachtete, wo und wann welche Winde auftraten. Naturgemäß galt der Südwind als positives Zeichen, denn er brachte jene Wärme, die für das Gedeihen der landwirtschaftlichen Produkte nötig war.

An diesen Erkenntnissen hat sich im Laufe der Jahrtausende nichts geändert, weshalb uns heute dieser Teil der Feng-Shui-Lehre ziemlich normal und unspektakulär erscheint. Für den modernen Feng-Shui-Gebrauch aber ist das

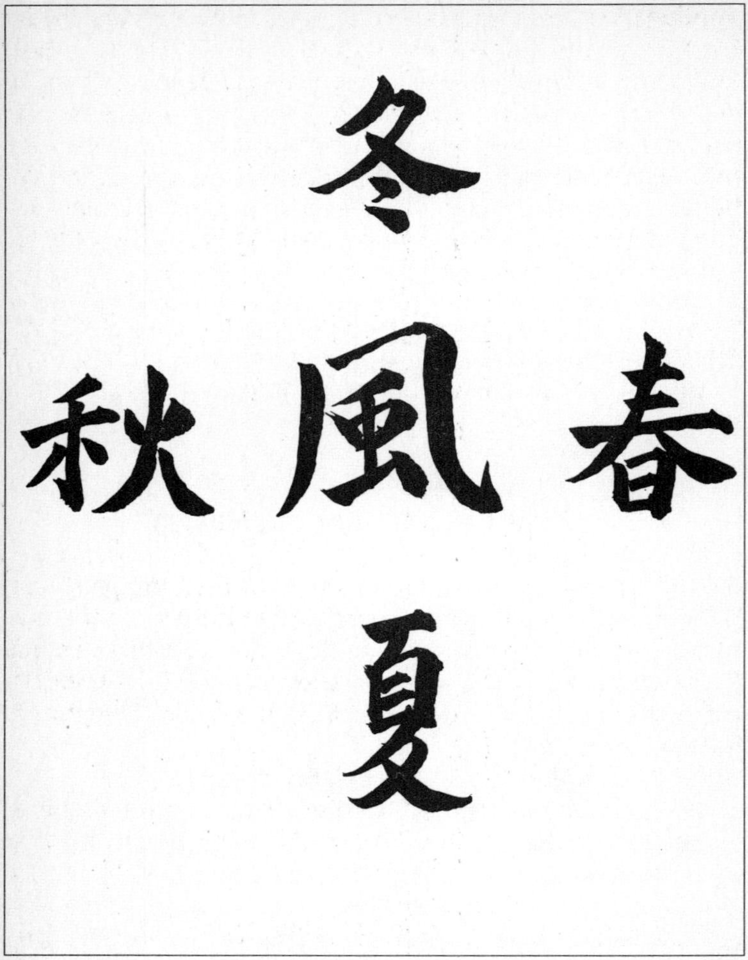

Abb. 18: Der Wind oder die vier Jahreszeiten

Studium des Windes wieder interessant geworden. In der Fünf-Elemente-Lehre nämlich bezieht sich der Wind auf Holz und somit auf Frühling und Osten, d. h.: Wenn im Frühling der Wind nicht aus Osten, im Sommer nicht aus Süden, im Herbst nicht aus Westen und im Winter nicht aus Norden bläst, entstehen genau jene Klimaprobleme, mit denen wir heute zu kämpfen haben und deren Ursprung wir in den vorangegangenen Kapiteln erklärt haben. Mit anderen Worten:

Der Wind hat heute kein Zuhause mehr, er ist ein vagabundierendes, heimatloses Element geworden, vertrieben von jenen, deren Leben er einst bestimmte.

Pseudo-Sieg über die Natur

Seit der Mensch nicht mehr Teil der Natur ist und damit begonnen hat, »sich die Erde untertan zu machen«, hat er seinen ursprünglichen Bezug zu ihr verloren. Dennoch ist er nie müde geworden, intuitiv oder unbewußt, ein Teil dieser Natur zu bleiben, wovon Garten- und Parkanlagen Zeugnis ablegen.

- In dem Moment aber, da der Mensch einen »Naturschutz« erfindet, gibt es keine Natur mehr, denn diese ist per se nicht etwas, das es zu schützen gilt.

Andererseits ist es jedoch verständlich und sinnvoll, wenn Menschen gerade dort, wo es so viele von ihnen gibt, daß sie sich einen gemeinsamen kleinen Naturraum teilen müssen, versuchen, ihren Bezug zur Natur auf jede erdenkliche Weise wiederherzustellen. Es kündet mehr von Sehnsucht nach wirklicher Natur als von ästhetischem Empfinden, wenn sich

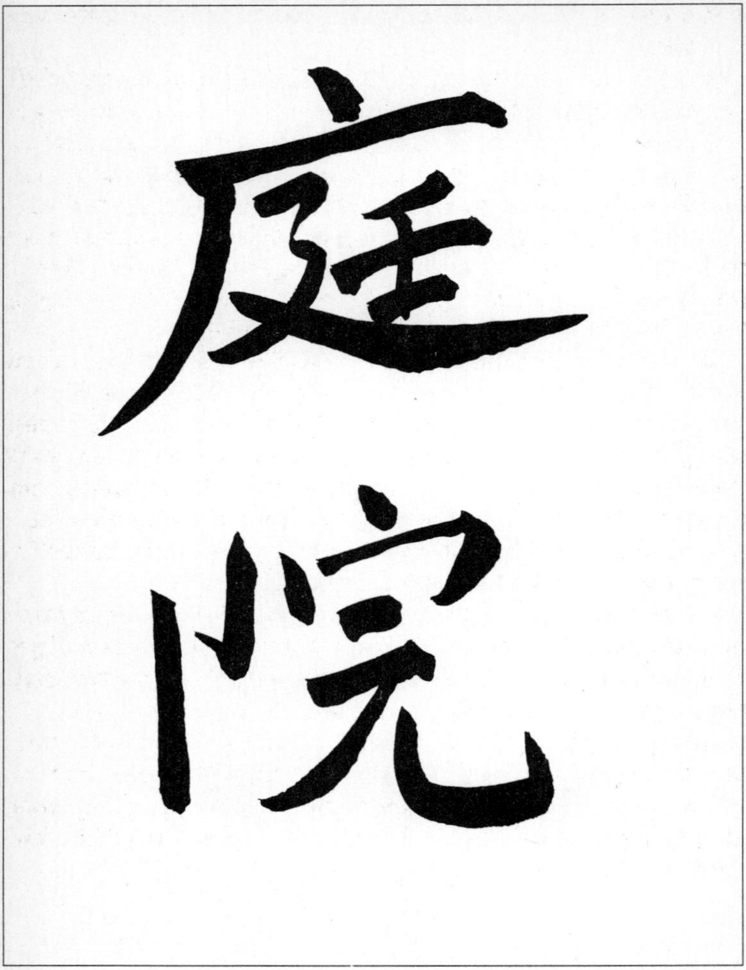

Abb. 19: Ting-Yüen; Garten

z. B. Europäer einen Strauß Schnittblumen in die »gute Stube« stellen.

Auch in Japan kann man dieses Gefühl gut beobachten: Seine Landfläche ist so klein, daß sie kaum für die Bevölkerung ausreicht, geschweige denn für die Möglichkeit, daß jeder Bewohner über einen Garten verfügt. Deshalb kam man auf die Idee, Miniaturgärten anzulegen, in denen jeder »Gegenstand« etwas aus der »großen Natur« symbolisiert; und so findet man in diesen Gärten kleine Felsen, die das Gebirge darstellen, Miniaturwasserfälle, kleine künstliche Seen, Bäche mit kleinen Brücken, Bonsai-Bäume etc.

Die neueste Errungenschaft, die aus diesem Verlangen nach »Naturbegegnung« resultiert, ist jener berühmte »Zen-Garten für Manager«, der zusammengeklappt jeden Morgen ins Büro im x-ten Stockwerk eines Hochhauses mitgenommen und dann aufgestellt werden kann, damit ein Konzernherr bei seinen täglichen Entscheidungen nicht vergißt, daß er und seine Mitarbeiter trotz aller technischer Errungenschaften von der Natur abhängig sind.

Diese Tatsache bringt sowohl der Feng-Shui-Lehre als auch den modernen Feng-Shui-Ratgebern nicht nur neue Aufgaben, sondern auch neue und weitere gute Möglichkeiten, ein lukratives Einkommen zu erzielen.

Trotz des Pseudo-Sieges der Menschen über die Natur wissen die Feng-Shui-Gelehrten, daß Wind und Wasser weiterhin existieren werden, weshalb ein vollständiger Sieg über unsere natürliche Lebensgrundlage niemals möglich sein wird.

Land- und Stadtlandschaft

Ein jedes Gebäude – und daher auch eine jede Stadt — stört die natürliche Harmonie der Erdoberflache, da alles, was in dieser Richtung erschaffen wurde, nicht von der Natur geplant war. Dennoch aber müssen Menschen in Häusern und in Städten leben.

Um nun das schlechte Chi, das durch diese Tatsache entsteht, zu vertreiben, haben die Feng-Shui-Gebildeten Methoden ersonnen, wie die ursprüngliche Harmonie wiederhergestellt werden kann. In den folgenden Kapiteln werden wir auf ihre Techniken und raffinierten Details eingehen. Das Zusammenleben vieler Menschen an einem Ort kreiert auch starkes Chi, wodurch das schlechte Chi des Landschaftsverlustes wieder ausgeglichen werden kann.

- Warum aber ist in allen größeren Städten eine prozentual höhere Kriminalitatsrate zu verzeichnen als z. B. in Dörfern? Der Grund dafür liegt darin, daß die meisten Menschen, die in einer Großstadt leben, von schlechtem Feng Shui umgeben sind.

Sie richten sich falsch ein, die Häuser selbst sind offenbar falsch konstruiert, die Straßen werden schlecht angelegt, selten orientiert man sich beim Bauen nach den Himmelsrichtungen, die Gebäude werden ungünstig aufgeteilt, die Maße stimmen nicht miteinander überein, die Formen passen nicht zueinander etc. Häuser, Gebäude oder Straßen tragen daran selbst keine Schuld, die Fehler werden von den Menschen begangen.

Feng Shui lehrt nun, daß ein Platz für die Person X schlecht sein mag, für Person Y jedoch günstig; daß eine Lokalität für ein Restaurant nicht geeignet sein wird, dafür aber für ein Uhren- oder Schmuckgeschäft, daß der Beruf, den jemand

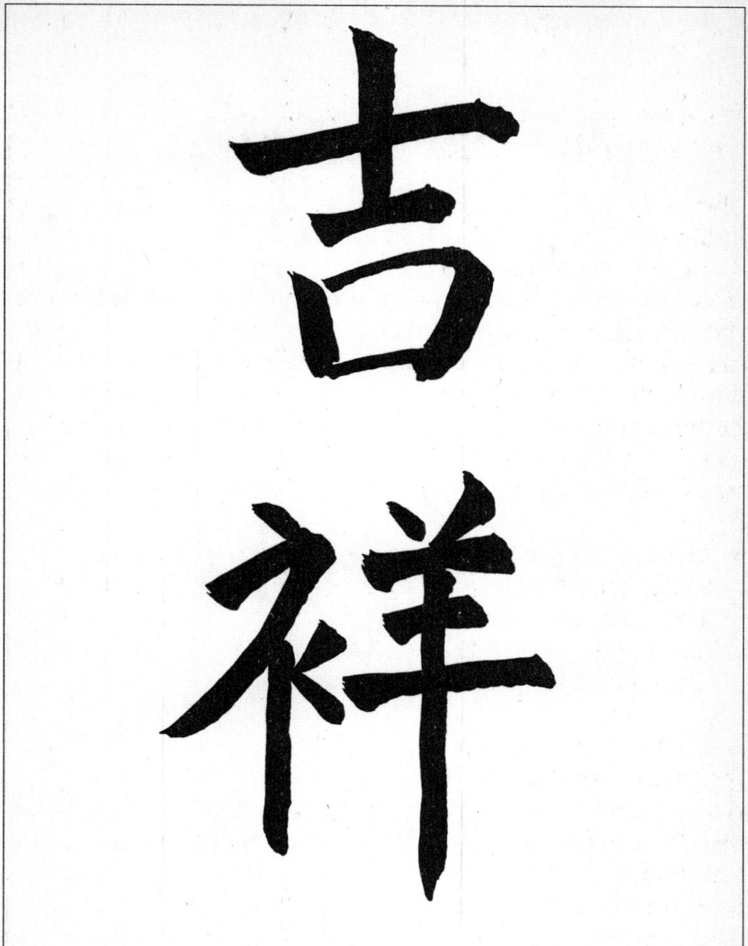

Abb. 20: Gi-Shan; Glück

erwählt hat, ihm nur kurze Zeit Befriedigung bringen wird und später geändert werden muß, wohingegen ein anderer ein Leben lang mit demselben Beruf glücklich sein kann.

Alles hängt von den Fünf Elementen und ihrer produktiven Reihenfolge ab sowie vom Fen Shui des Geburtsdatums und wird von Gelehrten mit dem Lo P'an berechnet.

Aber wie schon erwähnt, sind diese Berechnungen so kompliziert, daß man zwar das »Was« versteht, nicht aber das »Wie«. Im folgenden werden wir Ihnen daher zeigen, wie man auch ohne den chinesischen Kompaß ein gutes Feng Shui erzeugen kann.

Die Mitte ist noch nicht das Licht

Es spielt keine Rolle, wie groß oder wie prächtig ein Haus ist; wenn es seinen Bewohnern keine positiven Einflüsse zu vermitteln vermag, ist es ohnedies ohne Wert. Dabei verhält es sich so wie mit einem Designer-Kleidungsstück: Wenn Sie ein solches nur wegen des berühmten Herstellernamens kaufen, es Ihnen aber weder paßt noch steht, dann hat die ganze teure Investition ihren Sinn verloren.

Stellen Sie sich vor, ein Haus wäre ein Kleidungsstück: Wer in ihm lebt, trägt es auch. Egal, ob Haus oder Kleidungsstück – es muß der betreffenden Person passen und muß ihr stehen, während diese sich in der richtigen Weise um seine Erhaltung und Pflege kümmern muß. Dann erst wird das »Objekt« seinen wirklichen Wert offenbaren. Selbstverständlich unterscheiden wir uns alle voneinander, was den Charakter, den familiären Hintergrund, den Beruf, das Alter, die Träume und Zukunftserwartungen anbelangt.

- Es ist daher unmöglich, ein »Objekt« zu finden, das überall auf der Welt von jedermann gleich wertgeschätzt wird. Feng Shui beruht auf dieser Erkenntnis, und darum gibt es auch kein Haus, von dem man sagen könnte, es hätte das beste Feng Shui für jeden.
- Ob das Feng Shui gut ist oder schlecht, hängt auch davon ab, wer in dem Haus wohnt. Ein perfektes Feng-Shui-Haus existiert also nur in den Träumen. Aber seit eh und je waren die Menschen bemüht, ihre Träume zu verwirklichen, was in vielen Fällen auch gelang.

Abb. 21: Vom Gefängnis zur Harmonie

Wenn Sie darauf bestehen, sich Ihr Traumhaus zu schaffen, dann haben Sie auch die Chance, den Traum gegen die Realität einzutauschen. Für das Feng Shui ist es demnach von größter Wichtigkeit, wie Sie in Ihrem Haus oder in Ihrer Wohnung leben. Interessanterweise gibt uns die chinesische Kalligraphie bildhaften Aufschluß über diese Tatsache.

Das Zeichen für »Im Gefängnis sitzen«, für »Eingesperrt sein« wird durch ein Quadrat dargestellt, in dem sich das Schriftbild für »Mensch« befindet. Bringt man den »Gefangenen« aus dem Quadrat heraus und stellt dieses unter ihn, dann ergibt sich das Zeichen für »Harmonie.

Das Geheimnis einer Geburt

Allmählich erkennen die Menschen, welch großen Einfluß das Wohnambiente auf das allgemeine Wohlbehagen auszuüben in der Lage ist. Auch die Architekten kümmern sich mehr und mehr darum, eine neue Wohnqualität zu schaffen (obwohl ihnen Feng Shui meist noch fremd ist). Es ist erstaunlich, daß die alten Feng-Shui-Lehrer bereits vor Jahrtausenden um das wußten, was heute offenbar wiederentdeckt wird und das schon damals die tägliche Lebenspraxis ausmachte. Zu dieser Praxis gehört auch die Interpretation eines Geburtsdatums.

Jeder Mensch wird unter besonderen Umständen geboren und bedarf daher für sein »Glück« auch verschiedener »Dinge«, deren Feng Shui von den Meistern festgestellt wird.

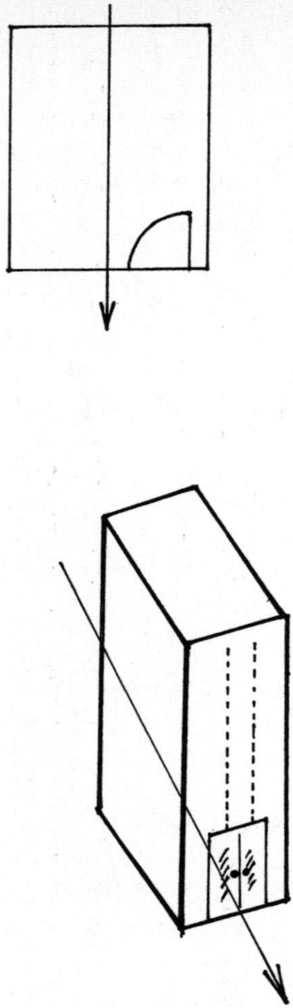

Abb. 22: Wie man die Lage der Eingangstür feststellt

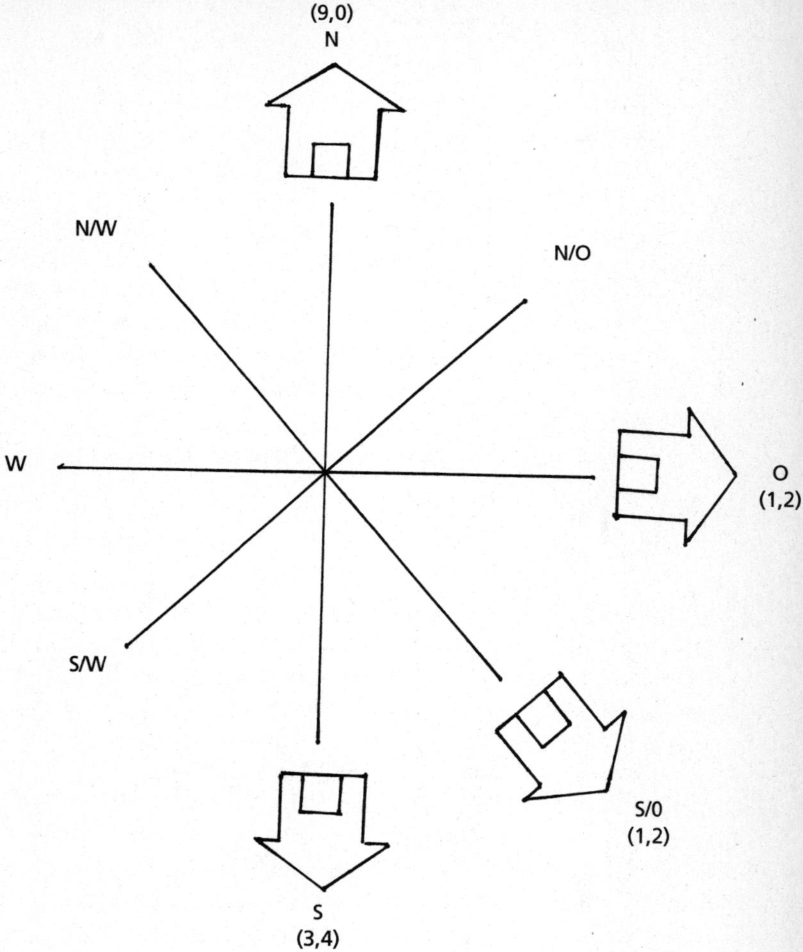

Abb. 23: Geburtszahl, Himmelsrichtung und Eingangstür I

Dabei handelt es sich nicht nur um die »Dinge« des Lebensraums, sondern auch und vor allem um die Beziehung des Geburtsdatums zu den Fünf Elementen, da diese, wie wir mittlerweile wissen, mit den Himmelsrichtungen in Relation stehen. Bei der Feststellung der Geburtszahl wird zwischen Männern und Frauen unterschieden.

- Für *Männer* gilt: Man zieht von der Zahl 100 die letzten beiden Ziffern seines Geburtsjahres ab und dividiert die Zahl, die man dabei erhält, durch 9. Das Ergebnis weist meist eine Kommastelle auf, wobei für die Feng-Shui-Interpretation alleine die Zahl *hinter* dem Komma (wenn man ohne Kalkulator rechnet, der »Rest«) von Bedeutung ist. Sollte das Ergebnis eine »glatte« Zahl sein, verwendet man die hinter dem Komma gedachte Null.
  Beispiel: 100 – 57 = 43 : 9 = 4,7; hier ist also die 7 wichtig; oder : 100 – 28 = 72 : 9 = 8,0; hier ist die 0 von Bedeutung;

- Für *Frauen* gilt: Man zieht von den letzten beiden Ziffern des Geburtsjahres die 4 ab und dividiert die Zahl, die man dabei erhält, durch 9. Das Ergebnis weist ebenfalls meist eine Kommastelle auf. Für die Feng-Shui-Interpretation ist wiederum die Zahl *hinter* dem Komma (wenn man ohne Kalkulator rechnet, der »Rest«) von Bedeutung. Sollte das Ergebnis eine »glatte« Zahl sein, verwendet man die hinter dem Komma gedachte Null.
  Beispiel: 59 – 4 = 55 : 9 = 6,1; hier ist die 1 von Bedeutung oder: 28 – 4 = 24 : 9 = 2,6; hier ist die 6 von Bedeutung.

Haben Sie also Ihre persönliche »Geburtszahl« festgestellt, können Sie anhand ihrer Beziehung zu den Fünf Elementen herausfinden, welche Himmelsrichtung Sie an besten beeinflussen wird. Da es in diesem Buch um die Kunst des Wohnens geht, bezieht sich dieser Einfluß natürlich auf die Lage

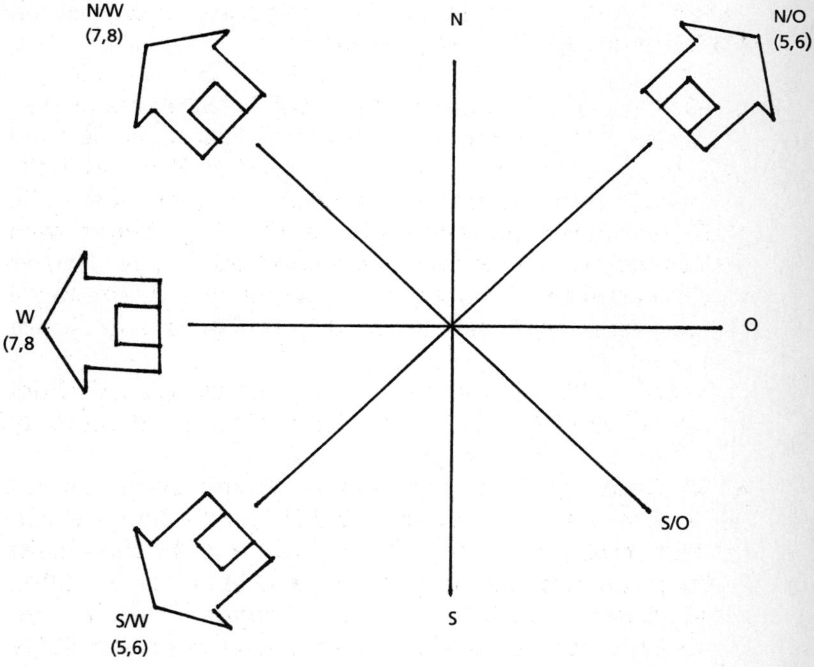

Abb. 24: Geburtszahl, Himmelsrichtung und Eingangstür II

der Eingangstür zu Ihrem Haus bzw. Ihrer Wohnung. Anhand der nachstehenden Tabelle können Sie »Ihre« Hiimmelsrichtung leicht feststellen.

1	2	Holz	Osten, Südosten
3	4	Feuer	Süden
5	6	Erde	Nordosten, Südwesten
7	8	Metall	Nordwesten, Westen
9	0	Wasser	Norden

Beabsichtigen nun aber mehrere Personen, in einem Haus oder in einer Wohnung gemeinsam zu leben, wer soll dann bestimmen, wie die Eingangstür ausgerichtet wird? Nun, da Feng Shui aus China stammt, natürlich das männliche Familienoberhaupt. Aber vielleicht ändert sich das auch noch im Lauf der Geschichte.

Wo das Glück wurzelt

Die zu Ihnen passende Ästhetik eines Hauses oder einer Wohnung, die Übereinstimmung Ihrer Geburtszahl mit »Ihrer« Himmelsrichtung, eine gute Wohnraumaufteilung – all dies kann Ihnen jene Energie verleihen, die Sie bislang vermißt haben.

- Aber das ist noch nicht genug, denn es ist ebenso wichtig, *wo* ein Haus errichtet ist bzw. auf *welchem* Grund es steht oder stehen wird.

Wie schon erwähnt, besitzt ein Haus, das auf einem ehemaligen Friedhof oder in der Nähe davon steht oder auf einem Gebiet, das einst ein Wald war oder eine Mülldeponie, verständlicherweise kein gutes Feng Shui; ebenso auch ein

Abb. 25: Tschi; Basis

Grundstück, das unterhalb des normalen Bebauungsniveaus liegt oder aber direkt am Meeresstrand. Im Falle eines mäandernden Flusses oder Baches sollte man in der konkaven Biegung bauen, niemals in der konvexen. Weist nun ein Fluß überhaupt keine Biegung oder Krümmung auf, sondern fließt schnurgerade, so ergibt dies normalerweise kein besonders gutes Feng Shui; allerdings kann es durch gute Wasserqualität, durch die Ruhe des Dahinströmens oder die positive Beschaffenheit des Uferbodens verbessert werden.

Wer also ein Haus bauen möchte, sollte nicht die Mühe scheuen, sich intensiv mit der Vorgeschichte und der geologischen Qualität seines Grundstücks zu beschäftigen. Er wird dabei Dinge in Erfahrung bringen, die ihn überraschen könnten, und wird auch später merken, wie wichtig es war, diese Studien zu betreiben, um dadurch das »Glück« bewußt herbeizuholen.

Jeder Bauwillige sucht normalerweise nach einem möglichst preiswerten Grundstück mit angenehmer Umgebung und problemloser Verkehrsanbindung; selten aber gelingt es, all diese Vorteile auf einmal zu bekommen.

- Deshalb ist es besser, sich *vor* dem Erwerb eines Grundstücks oder eines Hauses bzw. *vor* dem Bezug einer Mietswohnung darüber im klaren zu sein, *weshalb* man gerade hier leben möchte; und deshalb ist es auch wichtig, ein Feng Shui zu finden, das mit dem Leben, das man führen möchte, im Einklang steht.

Das Spiel der Formen

Für ein positives, günstiges Feng Shui ist nicht nur das »Wo« eines Grundstücks oder Hauses ausschlaggebend, sondern auch das »Wie«, seine geometrische Form. Dabei ist folgendes zu beachten:

- Der Teil, auf dem sich der Zugang befindet, sollte von der Basis her geringfügig niedriger liegen. Dadurch wird der Chi-Fluß begünstigt, und man verfügt dann über einen besseren Rückhalt.
- Das Grundstück sollte möglichst quadratisch sein, denn gleiche Seiten bedeuten Harmonie.
- Auch ein rechteckiges Grundstück kann sich positiv auswirken, wenn es harmonische Proportionen aufweist und der Zugang sich auf der Breitseite befindet. (Bedarf ein Grundstück einer mehr als geringfügigen Ergänzung zu einem Quadrat oder Rechteck, ist das Feng Shui nicht besonders günstig.)
- Für die Trapezform eines Grundstücks gilt: Liegt der Zugang an der kürzeren Längsseite, handelt es sich dabei um einen »Tigerkopf«, wie die Chinesen es bezeichnen. Diese Form ist günstig und wird für Wohlstand sorgen. Liegt der Zugang aber an der längeren Längsseite, handelt es sich um eine »Kehricht-Schaufel«, die ihrer Bestimmung entsprechend nur Abfall aufnehmen kann; daraus schließt man, daß diese Form »schlecht« ist.
- Die Dreiecksform eines Grundstücks ist immer »schlecht«, egal wie es ausgerichtet ist, da jede Ecke einem »Messer« ähnlich ist. Für die Feng-Shui-Lehre bedeutet dies, daß hier Krankheit und Unfälle zu Hause sein werden.
- Das Achteck weist neben der Kreisform (die bei einem Grundstück aber nicht vorkommt) das beste Feng Shui auf. Diese Erkenntnis bezieht sich einerseits auf das

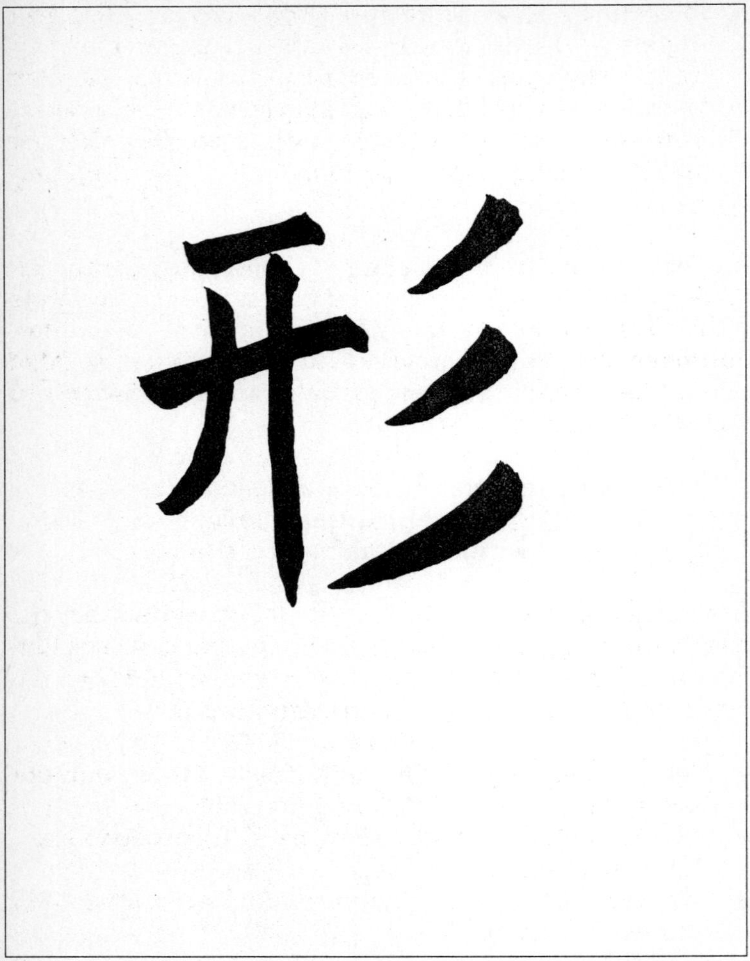

Abb. 26: Shin; Form

Spinnennetz, andererseits auf die Anordnung der acht Trigramme um das Yin-Yang-Symbol. Hier wird die Energie von Himmel und Erde so stark gebündelt, daß sie den Menschen in allerbester Weise zu beeinflussen vermag. Interessanterweise haben die Anthroposophen sich vor ca. 130 Jahren gerade diese Form als ihre Grundfigur erwählt.

Nun haben wir also das für uns am besten geeignete Grundstück gefunden. Aber deshalb können wir uns noch lange nicht ausruhen. Wir müssen nämlich jetzt erst einmal herausfinden, wie das Haus (und alles, was dazugehört) auf ihm plaziert werden soll, um das optimale Feng-Shui-Erlebnis zu erzielen.

Das Spiel mit dem Raum

Auch die Fläche, also das Grundstück, auf dem das Haus gebaut werden soll, muß in ihrer Einteilung einer gewissen harmonischen Ordnung unterstellt sein, um den künftigen Bewohnern Erfolg, Gesundheit und Glück zu sichern.

- Soll z. B. das Haus direkt an der Straße stehen und der Garten dahinterliegen oder umgekehrt?
- Soll die Garage links oder rechts vom Hauptgebäude errichtet werden?
- Wie sollen sich die Proportionen von Haus und Garten zueinander verhalten etc.?

Auf den nächsten Seiten zeigen wir die besten Möglichkeiten anschaulich auf.

Wie man sieht, basiert die Feng-Shui-Grundaufteilung auch auf der Proportionslehre. Die Ausgeglichenheit der

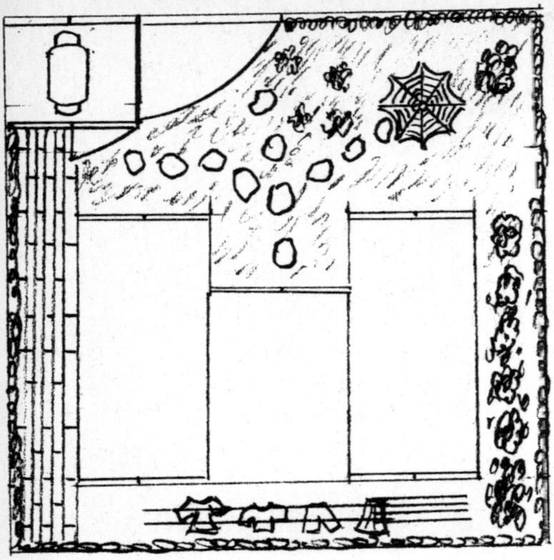

Abb. 27: Die traditionelle chinesische Gradaufteilung

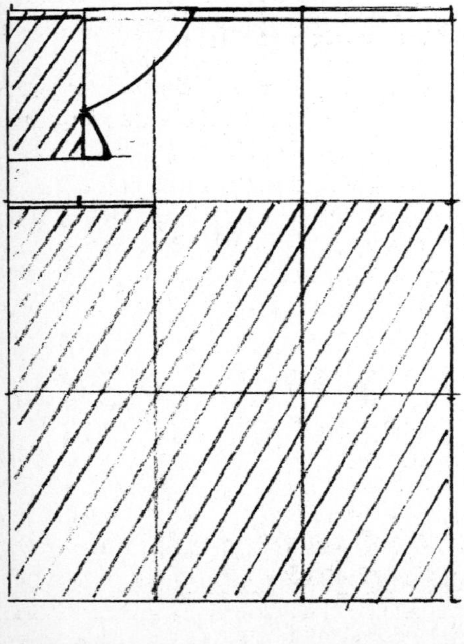

Abb. 28: Die 1 : 2-Proportion

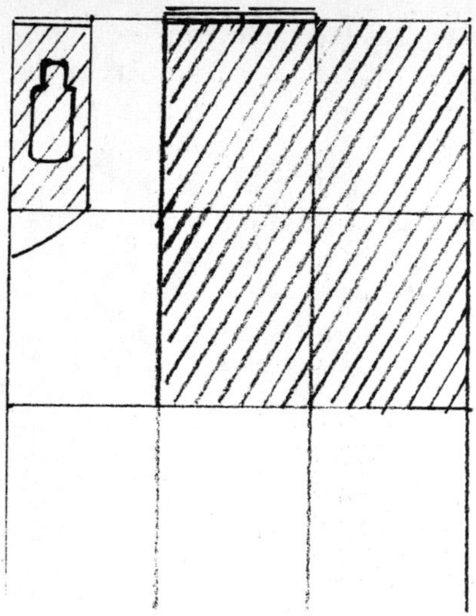

Abb. 29:
Die 4 : 5-Proportion

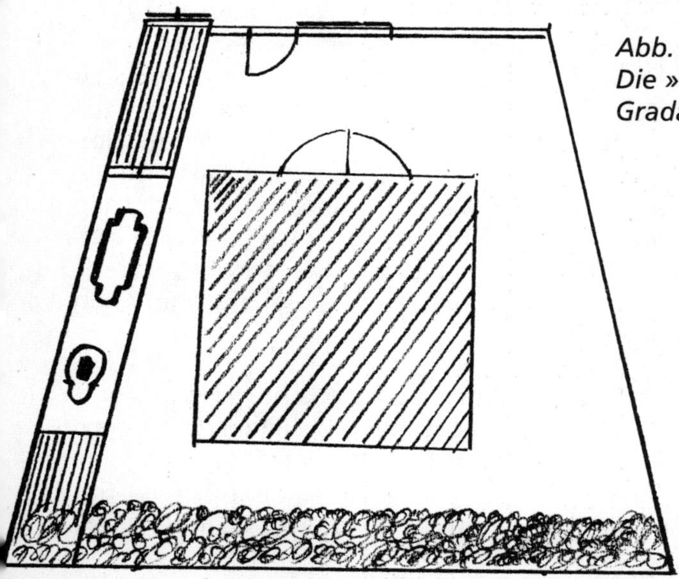

Abb. 30:
Die »Tigerkopf«-Gradaufteilung

einzelnen Grundstücksobjekte aber spiegelt nur die kosmische Balance wider. Deshalb gehört der Garten auch in die Yin-Chi-Rubrik und das Haus in die des Yang.

Wir haben festgestellt, daß Yin und Yang in Harmonie zueinander stehen müssen, weshalb nun auch deutlich geworden sein dürfte, warum sich dies ebenfalls auf das Verhältnis der einzelnen »Flächenteile« bezieht. »Wie oben, so unten«, lehrt der Taosismus und greift damit indirekt all jene an, die diese kosmische Gesetze mit Füßen treten.

»My home is my castle«

Die meisten Mensch suchen in ihrem Zuhause jene Privatsphäre zu schaffen, die sie im alltäglichen Leben entbehren müssen. Die »eigenen vier Wände« gehören nach wie vor zu den am meisten erstrebten Zielen in einem Leben, das zusätzlich zu diesen »Schutz« (denn natürlich bieten Haus bzw. Wohnung zunächst einmal Sicherheit) aber offenbar doppelt abgesichert sein will; deshalb entstehen Gartenzäune, Mauern und Schutzwälle(-wände). Man kann darüber philosophieren, ob mit der Errichtung des ersten Zauns der Neid in die Welt kam – uns jedoch interessiert hier eher die Frage, wie man diesen »Zweitschutz« in die richtige Feng-Shui-Harmonie bringt.

- Eine Mauer ist grundsäzlich abschreckend; das soll ja auch ihr Sinn sein. Aber um es nicht so »schlimm« werden zu lassen wie in manchen noblen Villenvororten, ist es angebracht, darauf zu achten, daß die Höhe einer Gartenmauer ein Drittel der Haushöhe nicht übersteigt (wobei sich die Relation nicht nur auf die Haushöhe, sondern

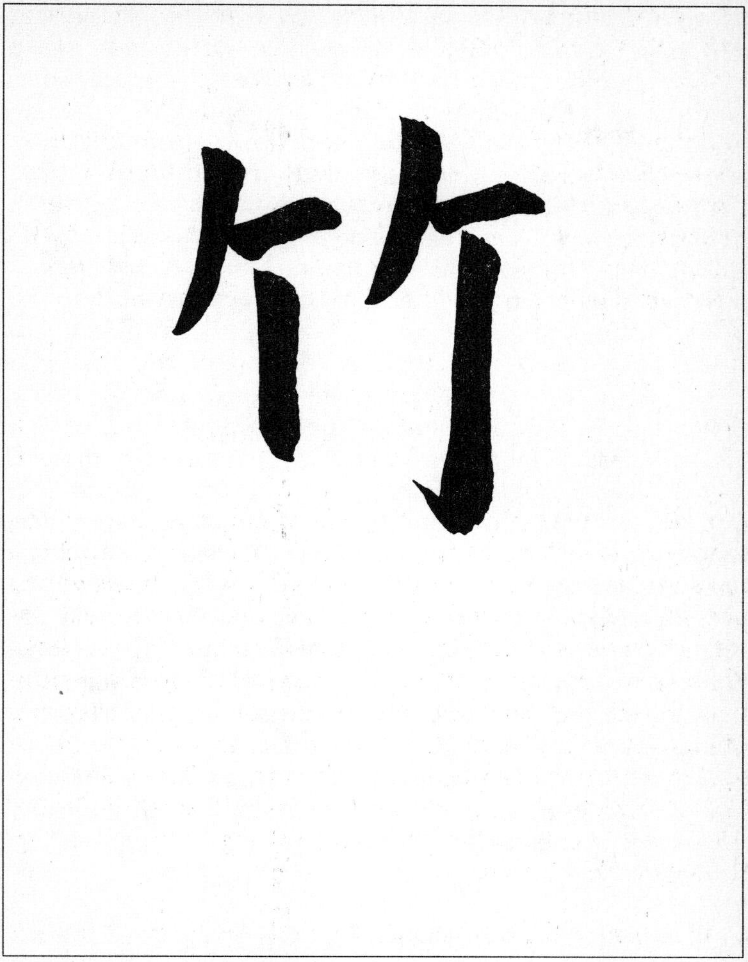

Abb. 31: Chou; Bambus

auch auf die Gesamtgröße beziehen soll: je kleiner das Haus, um so niedriger die Mauer, je »gewaltiger, um so höher). Eine »nackte« Mauer hat indes kein besonders gutes Chi. Man kann aber das Feng Shui durch das Anpflanzen einer Hecke hinter der Mauer »verbessern«, wobei die Hecke die Mauer um die Hälfte überragen sollte. Bei Mauern ab zwei Metern Höhe muß man die Hecke durch einige Bäume ersetzen.

- Ein Zaun ist »menschlicher« als eine Mauer, transparenter, offener. Allerdings hält er den Lärm weniger ab. Um das Feng Shui eines Zauns zu verbessern, pflanzt man ebenfalls eine Hecke, und zwar im Höhenverhältnis 1 (Zaun) : 2 (Hecke). Es stellt sich auch die Frage, ob der Zaun aus Holz, aus Metall oder aus Maschendraht sein soll. Die Antwort darauf hängt davon ab, was sich hinter dem Zaun befindet, d. h. wie das Haus beschaffen ist, das er umgibt. Da Sie in der Fünf-Elemente-Lehre nun schon geübt sind, dürfte es Ihnen keine Schwierigkeit bereiten, »Ihren« Zaun zu finden.
- Wenn Sie eine Hecke anlegen, hier ein Tip: Am besten dafür eignet sich Bambus. Er schießt schnell in die Höhe, wird im unteren Bereich nicht kahl, muß nicht zweimal im Jahr mit der Heckenschere gestutzt werden, hält Lärm hervorragend ab und bricht nicht unter der Schneelast. Dazu kommt noch, daß »Bambus« eine wundervolle Kalligraphie ergibt, wie Sie aus der Abbildung auf der vorangegangenen Seite ersehen können.

Straßen-Feng-Shui

Jedes Grundstück, jedes Ein- oder Mehrfamilienhaus ist von einer oder mehreren Straßen begrenzt. Schon im alten China bezogen die Feng-Shui-Gelehrten die Straßen in ihre

Abb. 32: Straße der Zukunft (Ch'an-Methode)

Überlegungen und Berechnungen ein, um für jedes Haus das beste Ambiente zu finden bzw. zu schaffen. Die Philosophie einer Straße besteht darin, jemanden oder etwas von A nach B zu transportieren.

Eine Straße, ein Weg, ein Pfad gleicht einem Fluß, auf dem es ebenfalls niemals Stillstand gibt. Zwar ist die Straße an sich nicht aktiv, doch beinahe jede Aktivität findet auf ihr statt. Da Aktivität Chi erzeugt und das Chi in der Lage ist, zu den einzelnen Häusern zu fließen, muß der Feng-Shui-Meister herausfinden, wie das Verhältnis Straße/Haus beschaffen ist, um den »Anwohnern« möglichst gutes Chi zuzuführen.

Im folgenden werden Beispiele aufgezeigt, die darauf schließen lassen, daß es besser ist, gewisse Wohnlagen zu meiden.

- Ein Haus sollte niemals an einer Straßen- oder Weggabelung liegen.
- Eine Kreuzung ist demgemäß auch nicht gesundheits- oder glückförderlich.
- »Sie werden erfolglos bleiben, wenn Ihr Haus an einer Straße liegt, die schnurgerade verläuft. (Erinnern Sie sich an den Fluß, der S-förmig geschwungen ein gutes Feng Shui besitzt?)
- Häuser am Ende einer Sackgasse liegen ebenfalls nicht günstig.
- Häuser an Straßenecken verfügen über kein besonders gutes Feng Shui.
- Ein Haus, das auf jeder Seite von einer Straße begrenzt ist, weist ein besonders schlechtes Feng Shui auf.

Bei einer S-förmig oder Z-förmig verlaufenden Straße sollte das Haus in der konkaven Biegung liegen.

Hier herrscht das beste Chi und somit das günstigste Feng Shui.

Da der Straßenlärm und die Abgase das Chi aber immer mehr beeinträchtigen, ist die richtige »Straßenlage« des Wohnobjekts von größter Wichtigkeit. Wenn nämlich zum ohnedies geschädigten Chi noch ein schlechtes Feng Shui tritt, kann man sicher sein, daß man ohne Glück und Erfolg bleibt.

Nicht umsonst suchen alle, die es sich leisten können, für ihr Domizil eine Gegend, in der es so wenig Autos (und somit auch Straßen) wie möglich gibt.

Die Zukunftsplaner sollten deshalb auch eine Welt in Betracht ziehen, in der die Straßen nach Feng-Shui-Gesichtspunkten angelegt werden.

Der Eingang zum Himmel

Jedes Haus erreicht man von einer Straße her, und jedes Haus weist eine Garten- oder eine Eingangstür auf, durch die man zu seiner Wohnungstür gelangt. Dieses erste »Hindernis« ist das wichtigste »Schlupfloch« für das Chi, das ja bekanntlich für ein gutes oder ein negatives Feng Shui sorgt. Deshalb sollte eine »offizielle« Eingangstür folgende Eigenschaften aufweisen:

- Jeweils links und rechts von ihr sollten die Eingangslampen angebracht sein.
- Ist das Ihnen gegenüberliegende Gebäude höher als Ihr Wohnhaus, kann diese Tatsache das Chi an Ihrer Eingangstür stören. Abhilfe schafft hier entweder eine Markise (Schutzdach!) oder ein Spalier, an dem sich Kletterrosen oder Schlingpflanzen emporranken können und somit für einen Feng-Shui-Ausgleich sorgen.

- In unmittelbarer Nähe des Eingangs sollte kein großer Baum stehen.
- Dasselbe gilt für Telegraphen- und Strommasten (Elektrosmog!).
- Die Eingangstür sollte nicht auf eine gegenüberliegende Hausecke weisen. Nach der Feng-Shui-Theorie symbolisiert alles Spitze ein Messer, das die kosmische Harmonie durchschneidet; aus diesen Grund sind übrigens bei asiatischen Tempel- und Pagodendächern die Spitzen geschwungen.)
- Die Eingangstür sollte nicht auf das Ende einer Sackgasse führen (keine Fluchtmöglichkeit!) und auch nicht auf eine Kreuzung zeigen (Messer!).
- Sie sollte auf keinen Fluß hinführen (schlechtes Yin-Chi, Feuchtigkeit, Krankheit!).
- Sie sollte auch auf keine Kirche zeigen (in einer Kirche *lebt* niemand!).

Das Wichtigste, das es hinsichtlich der Eingangstür zu sagen gibt, wurde schon bereits in anderem Zusammenhang erwähnt:

- Die Tür sollte immer in die Himmelsrichtung weisen, die mit Ihrer Geburtszahl in Verbindung steht.

Bei Mietshäusern ist natürlich die Wohnungstür von größerer Bedeutung als die Hauseingangstür.

Der Schlüssel zum Selbst

Für die Wohnungstür gilt:

- Die Treppe sollte nicht geradewegs auf die Wohnungstür hinführen (das Chi innerhalb des Hauses kann nicht zirkulieren!).
- Öffnet man die Wohnungstür, sollte man sich möglichst nicht gleich in einem gegenüberhängenden Spiegel erblicken!
- Die Wohnungstür sollte nicht auf die Küchentür zeigen. Läßt sich das aber nicht vermeiden, sollte wenigstens der Herd nicht in gerader Blicklinie stehen.
- Dasselbe gilt für das Badezimmer. Ist es aber nicht anders möglich, sollte das WC nicht in Blicklinie stehen.
- Für das Schlafzimmer gilt, daß das Bett nach Möglichkeit nicht von der Wohnungstür her sichtbar sein sollte.
- Nach dem Öffnen der Wohnungstür sollte man auch nicht sogleich im Wohnzimmer stehen. Gegebenenfalls könnte man durch Anbringen eines Vorhangs oder durch die Gestaltung eines »künstlichen« Flurs (z. B. mit einem Paravent) für Abhilfe sorgen.

Die Wohnungstür stellt den Schlüssel zum Selbst, zum eigenen inneren Bereich dar, aus dem heraus man sich entfaltet. Deshalb ist sie für die Feng-Shui-Lehre von großer Bedeutung. Schließlich möchte diese ja, daß *jeder* das Glück findet, das er verdient. Das »Studium von Wind und Wasser« präsentiert sich somit als eine Lehre, die – obwohl sie auf die Allgemeinheit angewendet wird – in höchstem Maße individuell wirksam ist und es als ihr Ziel ansieht, die Persönlichkeit zu vervollständigen. Da aber »die Mitte noch nicht das Licht ist«, erweist es sich als notwendig, dieses Licht aufzuspüren. Deshalb wollen wir uns nun in eine Wohnung begeben, um dort festzustellen, wie ein richtiges Feng Shui »auszusehen« hat.

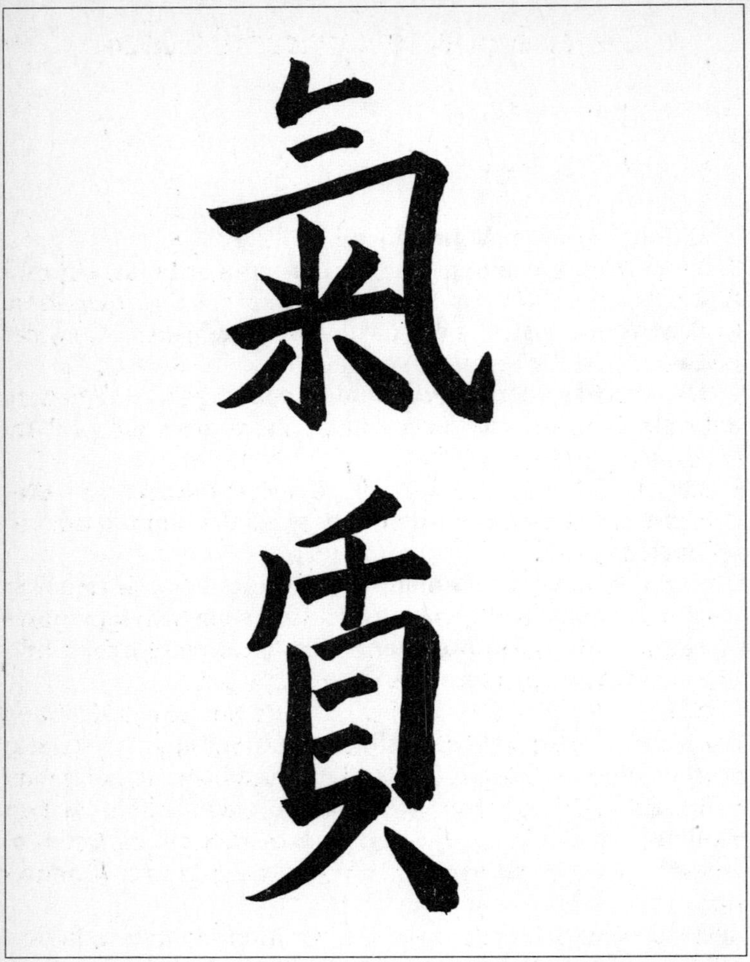

Abb. 33: Chi-Che; Persönlichkeit (= Chi-Qualität)

Bescheidenheit schafft Glück

Sie haben sicher schon gemerkt, wie schwer es ist, ein perfektes Feng Shui sowohl zu finden als auch zu gestalten. Dennoch kann gewiß ein jeder das Wohnobjekt finden, das ihm zusagt.

Wenn Sie es einmal erworben oder angemietet haben, dann ist es nötig, sich darauf zu konzentrieren, ein »vollendetes« Zuhause zu kreieren.

Das geht aber nur, wenn man sein Heim »liebt«. Ein altes chinesisches Sprichwort sagt: »Wer etwas liebt, dem erscheint es schön.«

Wendet man diese Philosophie auf sein Zuhause an, dann wird auch ein Objekt, das ursprünglich ein weniger gutes Feng Shui aufwies, durch Ihre (Liebes-)Energie so beeinflußt, daß sich »Wind und Wasser« positiv wandeln.

Wenn z. B. ein Haus nicht genügend Sonne erhält, kann man immer argumentieren: »Ja, aber im Sommer ist es dafür innen frischer!« Oder wenn der Garten zu klein ist, kann man sich darüber freuen, daß man weniger Arbeit mit ihm haben wird. Wenn Sie Ihre Wohnung nur über mühsames Treppensteigen erreichen können, so mögen Sie sich sagen: »Das hält mich fit!«

Ein Sprichwort, das man nicht nur in China kennt, lautet: »Ein Hund ähnelt immer seinem Besitzer.« Ebenso verhält es sich auch mit den Wohnobjekten: Sie sehen meist so aus wie ihre Bewohner und reflektieren deren Persönlichkeit und Charakter.

Abb. 34: Che Chon Chang Lo; Bescheidenheit schafft Glück

Wenn Sie also Ihr Haus (Ihre Wohnung) »lieben« und dann beginnen, sich mit der Feng-Shui-Lehre zu beschäftigen, wird Ihnen dieses Studium nur Positives bescheren.

Im folgenden werden Sie unterrichtet, wie Sie Ihre Wohnung so gestalten können, daß sie Ihnen nicht nur zur Freude gereicht, sondern für Sie auch das bringt, was man sich von einem guten Wohnort erwartet. Gleichzeitig werden Sie sehen, wie man ein schlechtes Feng Shui korrigieren kann. Betreten wir also Ihr Haus/Ihre Wohnung und sehen uns einmal im Flur um.

Bevor wir die Wohnungstüre öffnen, müssen wir wissen, daß sich diese (wie überhaupt alle Türen) stets zur Linken befinden sollte. Den Grund dafür liefert uns die alte chinesische Astrologie, die den Himmel in vier Tierfiguren einteilte: Im Osten saß der Grüne Drache, im Süden der Rote Vogel, im Westen der Weiße Tiger und im Norden die Schwarze Schildkröte.

Die Tür eines Hauses oder eines Zimmers sollte sich (von innen betrachtet) immer links befinden, da sie vom Chi des Drachen beeinflußt wird.

Der Drache saß – wie bereits erwähnt – im Osten, also nach der alten Astrologie-Auffassung links. Da nun die rechte Seite, der Westen, mit dem Tiger in Verbindung gebracht wurde, darf die Türe dort *nicht sein* (weil der Tiger, sobald er sich zu bewegen beginnt, Schaden anrichtet). Wie sich die einzelnen Türen in einer Wohnung (einem Haus) zueinander verhalten sollen, werden wir jeweils dann erläutern, wenn wir zu den betreffenden Örtlichkeiten gelangen.

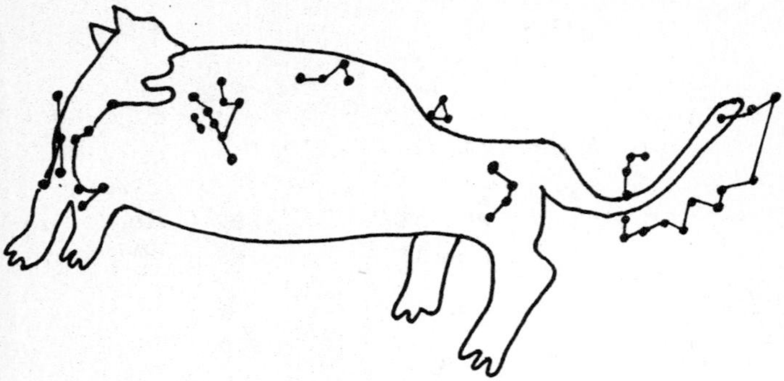

Abb. 35: Bai Hu; Der Weiße Tiger des Westens

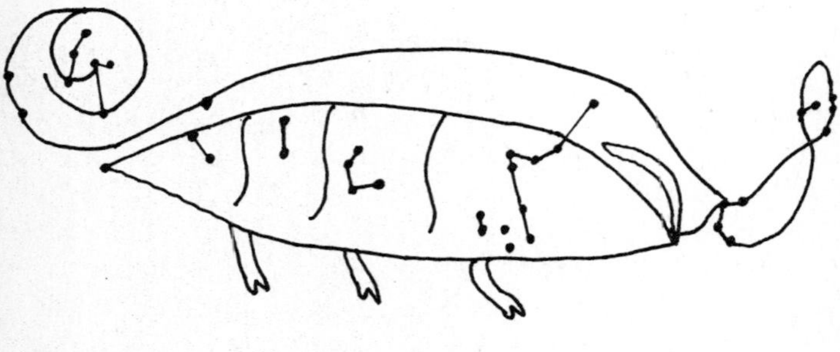

Abb. 36: Shüen Wu; Die Schwarze Schildkröte des Nordens

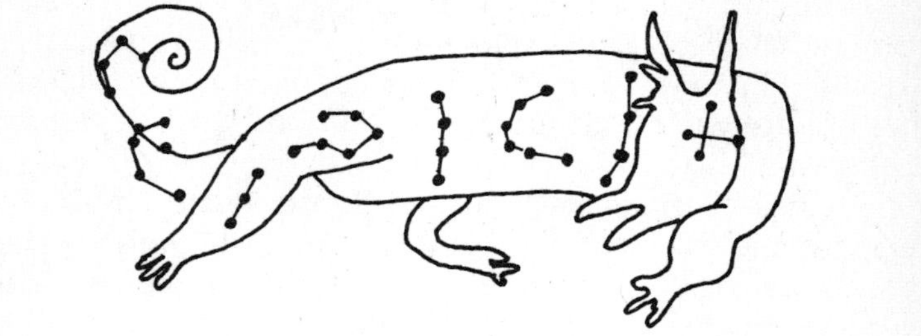

Abb. 37: Tsang-Long; Der Grüne Drache des Ostens

Abb. 38: Tsou-Chüe; Der Rote Vogel des Südens

Der erste Blick: Flur, Korridor

Das erste, mit dem wir beim Betreten einer Wohnung konfrontiert werden, ist der Flur (auch Korridor). Egal, ob er groß oder klein ist, er ist der Ort, an dem jeder, der Bewohner genauso wie der Besucher, dem Gesamt-Chi des Objekts begegnet.

Es ist nicht unbedingt jener berühmte »erste Eindruck«, der uns anzieht oder abstößt, sondern die geheimnisvolle Lebensessenz, die wir unbewußt zu spüren bekommen und der wir dann in unserem Urteil folgen. Im Flur kommt außerdem auch Ihr Familienhintergrund und Ihre Persönlichkeit zum Tragen. Auch der Lebensstandard eines Bewohners oder einer Familie wird hier sogleich offenkundig.

- Wenn Sie das Gefühl haben, daß das Feng Shui dieses Ortes ungünstig ist (weil Sie z. B. die Wohnung nur ungern betreten oder weil Sie im Flur immer schlechte Laune haben), dann können Sie diese negativen Stromungen ausgleichen, indem Sie zuerst einmal hier Ordnung schaffen.

Viele Menschen verstauen im Flur alles, was sie nicht mehr brauchen, also Abgelebtes. Das Chi dieser Dinge kann nicht gut sein. Entfernen Sie daher alles Unnötige, befreien Sie sich von der Vergangenheit, eröffnen Sie sich eine neu Zukunft!

Denken Sie einmal nach: Was soll als erstes zu sehen sein, wenn Sie Ihr Haus/Ihre Wohnung betreten? Ihre staubigen Mäntel etwa? Ihre abgetragenen Schuhe? Wasser-, Bier- oder Limonadekisten? Ihre Skiausrüstung? Ihr Regenschirmständer? Der Kinderwagen? Der Einkaufskorb? Möchten Sie nicht lieber auf eine schöne antike Kommode, auf ein modernes Bild, auf ein kleines gemütliches Sofa, auf eine dekorative Vase etc. blicken?

Abb. 39: Chuen (»Frühling«);
Das chinesische Glückszeichen für den Eingang

Natürlich ist es sinnvoll, im Korridor Schuhe und Mäntel aufzubewahren, doch dies sollte so geschehen, daß das Erscheinungsbild des Raums trotzdem möglichst angenehm ist und seinen Hauptzweck nicht unbedingt sichtbar macht. Kleine Mobel, Vorhänge, Regale mit Schiebetüren usw. helfen dabei.

Der erste Blick in eine Wohnung ist so entscheidend, weil – wie gesagt – das dort befindliche Chi sich sofort auf den überträgt, der das Objekt betritt. Und das Chi ist bekanntlich für positives oder negatives Feng Shui verantwortlich. Wenn Sie wollen, daß das Glück Sie aufsucht, schaffen Sie die Möglichkeit(en), daß es sich bei Ihnen wohl fühlt. Oder möchten Sie, daß es vor Schreck gleich wieder an der Eingangstür kehrtmacht?

Feng-Shui-Empfehlung

- Die Eingangstür sollte sich (von innen her gesehen) links befinden.
- Kein Spiegel gegenüber der Eingangstür (innen und außen).
- Die Treppe sollte nicht direkt auf die Eingangstür hinführen.

Die alte Kraft des Feuers: Küche, Eßbereich

Physische Gesundheit ist hauptsächlich vom Schlafquantum und von der richtigen Ernährung abhängig. »Essen« bedeutet nicht nur das Zusichnehmen von Nahrungsmitteln, sondern bezieht sich auch auf die Frage, wer das Essen zubereitet und wo und was gekocht wird, denn hier beeinflussen drei verschiedene Arten von Chi gemeinsam die Speisen.

Da die Küche jener Ort ist, an dem die Mahlzeiten zubereitet werden, kann man weder Wasser noch Feuer hier vermeiden. Schon das I-Ging berichtet darüber, daß die Kunst, Wasser und Feuer zu vereinen, ein gutes Schicksal beschert. Allerdings hat dies in der produktiven Reihenfolge der Fünf-Elemente zu geschehen (s. »Die Fünf Elemente, Seite 25). Die »Feuerstelle« (die Öffnung des Herdes, das Backrohr) hat demzufolge nach Osten oder Süden zu zeigen, denn Holz (das ursprüngliche Brennmaterial) ist auf den Osten bezogen und das Feuer auf den Süden. Der Grund hierfür liegt (aus antiker Sicht betrachtet) darin, daß der Wind, wenn er aus Osten oder Süden weht, weniger Kraft besitzt, als wenn er von Westen oder Norden kommt, und daher das Feuer im ersteren Fall besser brennt.

In den modernen Küchen ist das Windproblem nicht mehr zu berücksichtigen, dennoch ist die Ost- oder Südausrichtung des Herdes (und somit der gesamten Küche) am besten geeignet, ein gutes Feng Shui zu kreieren, da die Küche jener Platz des Hauses ist, an dem die meiste Aktivität stattfindet. Diese verstärkt das dort vorhandene natürliche Chi, was sich wiederum auf die Qualität der Nahrung auswirkt. Alles, was in einer Küche mit Wasser zusammenhängt (Abwaschbecken, Spülmaschine, Waschmaschine), sollte nach Westen oder Norden ausgerichtet sein, weil erst dann die produktive Reihenfolge der Fünf Elemente aktiviert wird. Leider ist nach wie vor die Unsitte verbreitet, Feuer-

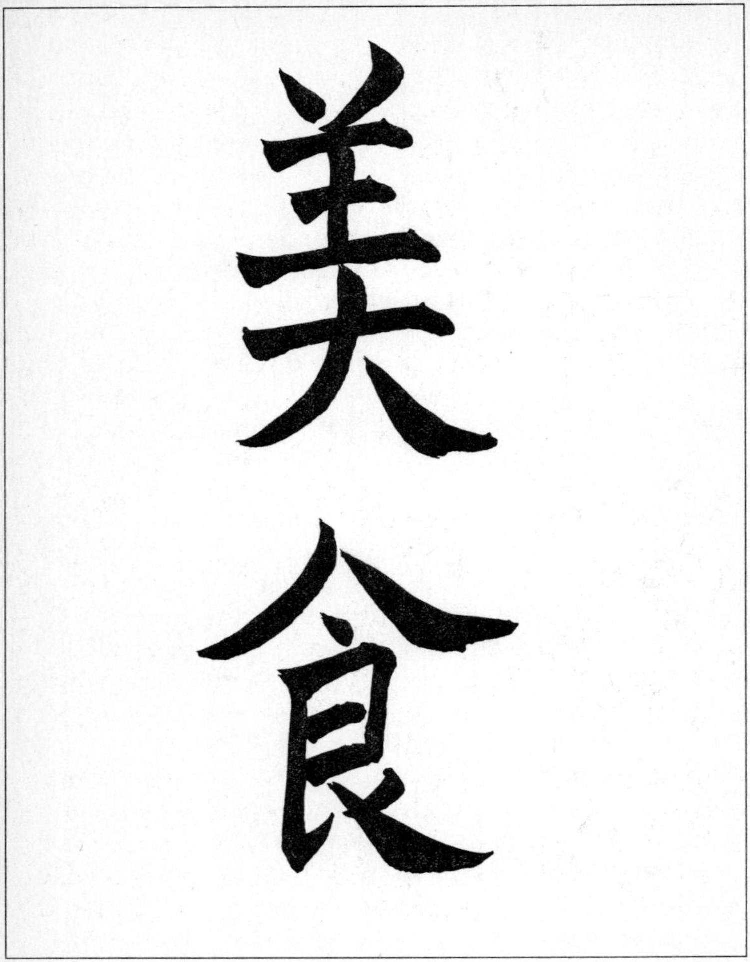

Abb. 40: Mei She; Ein leckeres Mahl

und Wasserstellen nicht voneinander zu trennen, und so befindet sich oft z. B. die Spülmaschine direkt neben dem Herd. Da Feuer und Wasser aber Feinde sind, dürfte klar sein, daß die mit ihnen verbundenen Geräte getrennt gehören, um ihre jeweiligen Aufgaben perfekt erfüllen zu können. Das Essen, das wir täglich zu uns nehmen, trägt sowohl das Chi der Himmelsrichtung als das des Lebensmittels sowie dasjenige der Person, die kocht. Um gesund zu bleiben, ist es daher nötig, »harmonische« Nahrung zu sich zu nehmen.

Feng-Shui-Empfehlung

- Die Küchentür sollte sich nicht gegenüber der Badezimmer-, WC-, Schlafzimmer- oder Eingangstür befinden.
- Die Küche sollte nicht direkt neben dem Schlafzimmer lokalisiert sein.
- Der Herd sollte in Ost- oder Südrichtung stehen.
- Die »Wasseranlagen« sollten nach Westen oder Norden zeigen.
- Die Küche sollte im Gesamtplan des Hauses entweder im Osten oder im Süden liegen.

In manchen Häusern/Wohnungen sind Küche und Eßzimmer zur sogenannten »Wohnküche« zusammengelegt. Für ein positives Feng Shui ist in einem solchen Fall eine gut funktionierende Abzugshaube über dem Herd unerläßlich, denn niemand sollte in einer von Küchengerüchen geschwängerten Luft essen.

Es ist schon schon eigenartig: Das Essen selbst duftet verführerisch, aber seine Zubereitung verursacht oft üble Gerüche. Das hat seinen Grund darin, daß die Herstellung von warmem Essen einem Verbrennungsprozeß unterliegt; und alles, was verbrannt wird, riecht nicht besonders gut.

Auch das Verdauen der Speisen ist ein Verbrennungsprozeß, weshalb die dabei entstehenden Gase ebenfalls die Nase beleidigen. (Wir meinen, die Gerüche, die vom Holzfeuer – Barbecue – stammen, würden gut »schmecken«. Diese Annahme ist falsch; sie lösen nur jahrtausendealte physiologische Reaktionen aus, die uns bzw. das Erinnerungsvermögen unserer Zellen in die Zeit am urzeitlichen Lagerfeuer zurückversetzen.)

- Wenn Sie also über eine »Wohnküche« verfügen, ist es sinnvoll, Eß- und Kochbereich so gut es geht zu trennen. Dies kann z. B. durch einen Paravent oder ein raumteilendes Möbel geschehen.

Leider lassen moderne Wohnungen selten genügend Platz für den wichtigen Bereich eines abgetrennten Eßzimmers. Meistens wird es mit der Küche, mit dem Wohnzimmer oder sogar mit dem Korridor kombiniert. Wo immer der Eßbereich sich auch befinden mag, für ein gutes Feng Shui ist es nötig, daß man ihn nicht sogleich sieht, wenn man das Haus oder die Wohnung betritt. Ist ein Eßzimmer als »Eßecke« in einem anderen Raum integriert, sollte dieser nicht allzuweit von von der Küche entfernt sein, allein schon aus praktischen Gründen.

Manche Leser werden sich nun fragen, wie der Eßtisch ausgerichtet sein soll. Eine generelle Antwort darauf kann nicht einmal ein uralter Feng-Shui-Meister geben; denn sie würde davon abhängen, wie viele Personen an dem bestimmten Tisch Platz nehmen werden, aus welchem Material der Tisch besteht, wo der Eßbereich gegenwärtig plaziert ist etc. Eines aber ist sicher: Ein gutes Feng Shui duldet keinerlei Nippes auf dem Eßtisch. Dessen Chi stört nämlich das Chi der Nahrung, welches zudem um so stärker ist, je freudiger der Koch seine Arbeit verrichtet.

Feng-Shui-Empfehlung

- Keine Küchendüfte beim Essen!
- Trennen Sie, wenn möglich, den Koch- vom Eßbereich.
- Keine allzu große Entfernung zwischen Küche und Eßplatz.
- Keine Nippes auf dem Eßtisch!
- Lesen Sie nicht beim Essen und schauen Sie dabei auch nicht in den Fernseher!

Der Weg ins Innere: das Wohnzimmer

Das Wohnzimmer ist jener Raum, in dem die Familie/die Wohngemeinschaft sich versammelt und wo sie ihre Gäste empfängt. Es repräsentiert also das »Aktionszentrum«, jenen Ort, an dem alles gedankliche Geschehen gebündelt wird. Das ist auch der Grund dafür, weshalb sich dieses Zimmer meist in der Mitte eines Hauses oder einer Wohnung befindet.

Es ist gewissermaßen der Lebensmittelpunkt und weist deshalb ein gutes Feng Shui auf. Kann aber das Wohnzimmer nur über umständliche Wege und mehrere Ecken erreicht werden, ändert sich der günstige Einfluß des Chi, und das Feng Shui wird negativ.

- Das »Herz« eines Hauses muß nicht unbedingt mit dem Wohnzimmer identisch sein, ausschlaggebend ist allein, daß dieser Ort eine wichtige Funktion erfüllt. Das Herz des Hauses kann auch das Schlafzimmer, das Arbeitszimmer oder das Eßzimmer sein, wenn sich dort positives Feng Shui bildet.

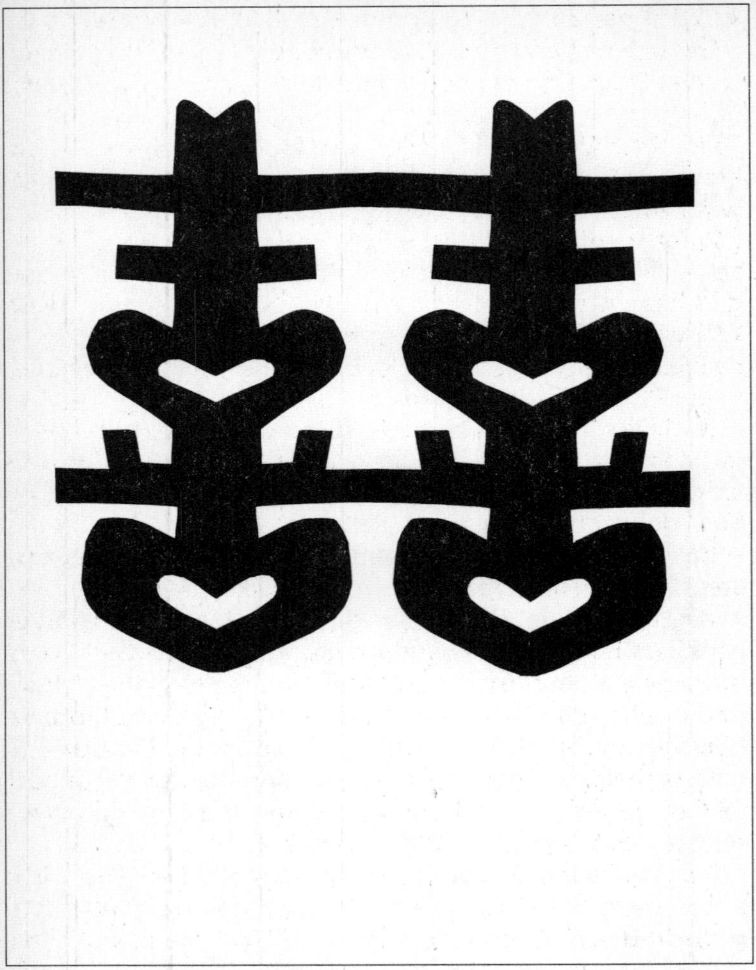

Abb. 41: Shi; Wonne (Scherenschnitt)

- Wird das Zentrum aber von einem Flur, einem Korridor oder einer anderen Zugangsmöglichkeit zu den einzelnen Zimmern gebildet, kann sich dort kein Chi entfalten.

Sollte Ihr Zuhause solche negative Eigenschaften aufweisen, brauchen Sie aber nicht zu bangen, denn Sie können mit etwas Fantasie das Feng Shui an dieser Stelle verbessern. Dies gelingt, wenn Sie den »Hohlraum«, also die scheinbar unnütze Leerfläche so gestalten, daß sie einen Zweck erfüllt und gleichzeitig einen ästhetischen Blickfang bildet. Auf diese Weise kann sich ein ursprünglich »sinnloser« Platz z. B. in eine kleine Sitzecke verwandeln, in eine kleine Bibliothek oder in eine schmucke Privatgalerie.

Nach einer solchen Korrektur sollte dieser Raum aber nicht mit dem Wohnzimmer konkurrieren, welches übrigens stets möglichst hell sein sollte, sowohl was die Farbgebung als auch den Lichteinfall anbelangt.

Dazu später mehr (s. Abschnitt »Lampen: Leben und Licht«, Seite 121, und »Die-Fünf-Elemente-Farben«, Seite 147).

Wenn das Wohnzimmer das Herz des »Heims« bildet, ist es nötig, daß dort jener Rhythmus herrscht, der auch ein Herz ausgeglichen schlagen läßt. Mit anderen Worten: Dieser Raum sollte den Bewohnern das Gefühl der Gemütlichkeit, der Ruhe (nicht des Schlafens!) und gleichzeitig das des aktiven Handelns vermitteln. Auch Gästen muß dieser Raum das Gefühl geben, sich hier zu Hause zu fühlen. Deshalb sagt man ja: »Fühlen Sie sich wie zu Hause!«

Ein Wohnzimmer sollte auch repräsentativ sein, aber nicht übertrieben. Sie leben in einer Wohnung, einem Haus, und nicht in einem Schloß! Es sollte soviel Wärme ausströmen, daß man es ungern wieder verlassen möchte.

Ein Wohnzimmer ist, wie der Name sagt, zum Wohnen da. Was aber bedeutet »wohnen«?

Heutzutage offenbar Fernsehen! Wenn jedoch der einzige Zweck eines Wohnzimmers nur darin liegt, in ihm fernzusehen, warum wird dieser Ort dann nicht gleich Fernsehzimmer genannt?

Das englische Wort für Wohnzimmer lautet »Livingroom«, der »Raum zum Leben«. Wohnen bedeutet also (auch) leben. Da das Fernsehen aber über das Leben berichtet, ist es irgendwie schon sinnvoll, daß ein Aspekt des Wohnzimmers darin besteht, mit dem Leben via TV (oder mittels anderer Medien) Kontakt aufzunehmen. Über gewisse Themen mit anderen zu diskutieren oder über sie nachzudenken, macht den unmittelbaren Sinn eines Wohnzimmers aus, da man solche Gespräche hier besser führen kann als sonstwo. Für die Qualität derselben ist aber wiederum ein gutes Feng Shui entscheidend, und dieses kann dadurch erzielt werden, indem man (generell) darauf achtet, daß alle Gegenstände im Raum miteinander harmonieren. (Darüber kann man im Kapitel »Die Wahrheit wirkt im Kleinen«, Seite 119 nachlesen.)

Feng-Shui-Empfehlung

- Das Wohnzimmer sollte im »Herzen des Hauses« liegen.
- Es sollte vom Eingang aus leicht zu erreichen sein.
- Es sollte möglichst hell sein.
- Die Einrichtungsgegenstände sollten nicht übertrieben prunkvoll sein (Bescheidenheit schafft Glück!).
- Alle 0bjekte im Raum sollten miteinander harmonieren.

Wo zwei Welten aufeinander treffen: das Arbeitszimmer

Jeder träumt von einer schnellen und möglichst problemlosen Karriere. In der Politik oder im Geschäftsleben treffen wir oft auf außerordentlich talentierte Menschen, die weniger erfolgreich sind als solche, deren Begabung vielleicht geringer ist, die aber dennoch erstaunliche Erfolge aufweisen können. Die einen werden das Schicksal dafür verantwortlich machen, die anderen das Glück.

Ersterem kann man nicht entgehen, letzteres aber läßt sich »manipulieren«, denn das Feng Shui Ihres Arbeitszimmers kann Ihre Karriere beeinflussen.

Der wichtigste Gegenstand in diesem Zimmer ist naturgemäß der Schreibtisch. Gemäß der Fünf-Elemente-Lehre soll er, damit er das Feng Shui positiv zu gestalten in der Lage ist, nach der Himmelsrichtung aufgestellt sein, die sich auf Ihre Geburtszahl bezieht (s. Seite 65).

Daraus folgt:

1	2 :	Osten, Südosten
3	4 :	Süden
5	6 :	Nordosten, Südwesten
7	8 :	Nordwesten, Westen
9	0 :	Norden

Die Himmelsrichtungen ergeben sich aus der Blickrichtung, in der Sie sitzen. Ist Ihre Zahl z. B. die 3, sollten Ihre Augen nach Süden blicken, und Ihr Rücken sollte nach Norden gerichtet sein.

Hinter Ihnen darf sich niemals eine Türe oder ein Fenster befinden, sondern etwas, das Sie »stärkt«, z. B. ein Bücherregal oder eine durchgehende Wand. Ein Spiegel hinter Ihnen erzeugt schlechtes Chi und somit negatives Feng Shui.

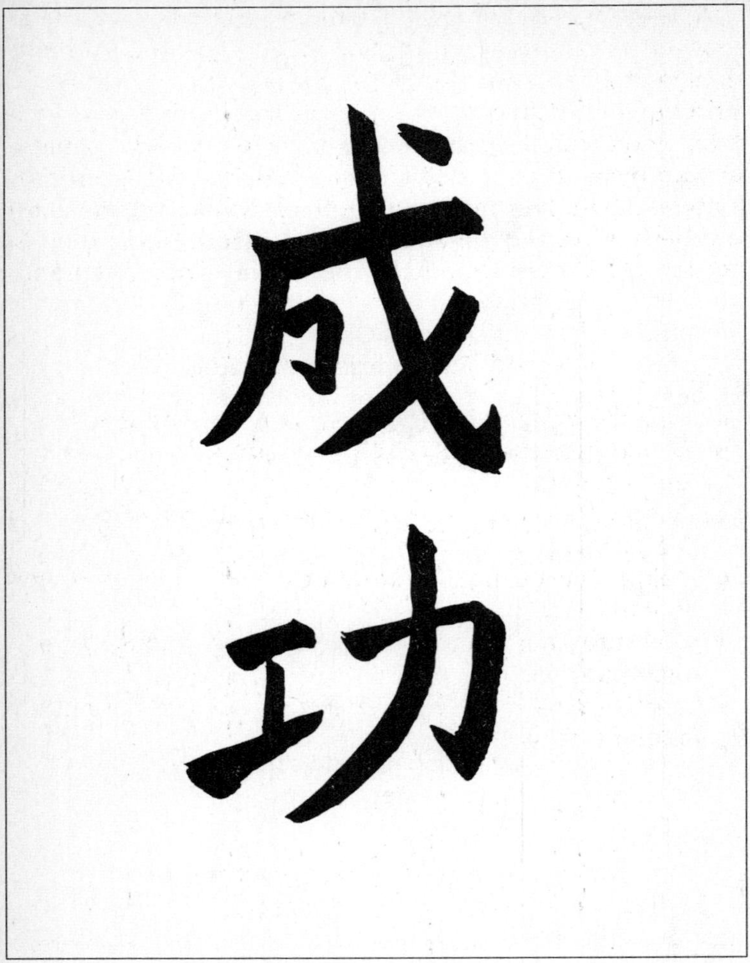

Abb. 42: Chang Gong; Erfolg

Jede Art von Dekoration in diesem Raum sollte irgend etwas mit Ihrem Beruf zu tun haben, denn in Ihrem Arbeitszimmer treffen zwei Welten aufeinander: die Ihres Berufs und die Ihres Alltags. Damit aber letztere die erstere nicht stört und damit Sie sich wirklich auf Ihre Arbeit konzentrieren können, ist es unerläßlich, das Chi, das für Ihre Arbeit notwendig ist, zu kultivieren und zu verstärken. Dies gelingt am besten, wenn Sie zusätzlich zur idealen Ausrichtung Ihres Schreibtischts auch mit sich selbst in Harmonie stehen.

Feng-Shui-Empfehlung

- Ihr Arbeitszimmer sollte ein separater Raum sein.
- Die Position Ihres Schreibtischs ergibt sich aus Ihrer Geburtszahl.
- Achten Sie darauf, hinter sich etwas zu haben, das Sie »stärkt«.
- Keine überflüssige Dekoration! Kein Spiegel hinter Ihnen!
- Der Stuhl, auf dem Sie sitzen, sollte mit dem Schreibtisch harmonieren.
- Arbeiten Sie an einem Schreibtisch, der Ihrer Position angemessen ist.

Seelenreinigung: Badezimmer/WC

Das Bad (die Toilette) ist der einzige Ort in einem Haus oder einer Wohnung, den zu betreten sich nicht vermeiden läßt. Kein anderer Raum ist so sehr mit unserem täglichen Leben verbunden wie dieser. Man kann sich jedem einzelnen Zimmer entziehen, beim Bad gelingt das nicht auch nicht für einen halben Tag. Feng Shui lehrt, daß das hier befindliche Chi zur Yin-Rubrik gehört, also zu Wasser, Tod und Dunkelheit.

In China nennt man alles, was Unglück bringt, Sha. Es ist der Feind des positiven Chi und somit vorwiegend an Orten anzutreffen, an denen Schmutz und Fäulnis vorherrschend sind.

Ein solcher Ort ist – auch wenn wir es nicht gerne wahrhaben wollen – das Badezimmer. Ohne daß wir es bemerken, spült das Wasser im Bad auch unser Glück, unseren Erfolg oder unseren Reichtum fort. Viele Menschen meinen, Bad oder Toilette dienen nur der Reinigung des Körpers. Diese Ansicht ist nicht ganz richtig, denn sie vergißt, daß wir auch eine Seele haben. Wann immer wir uns äußerlich reinigen, machen wir uns auch innerlich sauber, freilich ohne uns dessen bewußt zu werden. Schließlich fühlt man sich doch nach einem Bad/Stuhlgang erfrischt/erleichtert. Dies hat aber nicht nur äußere Gründe, sondern auch innere, da ein gutes Feng Shui auch für eine heitere Seele sorgt.

Obwohl das Badezimmer/WC meist klein ist, muß man ihm mehr Aufmerksamkeit schenken als allen anderen Zimmern, um eben jenes Sha zu vertreiben. In früheren Zeiten war dies weniger schwierig, weil sich zumindest die Toilette außerhalb des Hauses befand (unsere Ahnen wußten schon, warum!). Heute aber ist schon aufgrund des Platzmangels und infolge des modernen Leitungs- und Kanalsystems das Bade-

Abb. 43: Ching; Reinheit

zimmer/WC in das Haus/die Wohnung integriert, so daß wir dem Sha nur schwer entgehen konnen. Feng Shui aber lehrt uns auch, wie man dieses »böse« Sha aus dem Haus treiben kann:

Feng-Shui-Empfehlung

- Das Bad sollte möglichst im Nordteil des Hauses (der Wohnung) gelegen sein (Norden bezieht sich auf Wasser).
- Auf keinen Fall darf sich das Bad in der Mitte des Wohnobjekts befinden (kein Fenster, keine Luftzirkulation).
- Das Wasserleitungssystem im Bad sollte von dem der Küche möglichst unabhängig sein und andere Räume nicht »unterwandern«.
- Das Bad sollte möglichst »versteckt« sein.
- Seine Türe sollte nicht auf die Küche, das Schlafzimmer oder auf den Eingang zeigen. Wenn es aber doch so ist, dann können Sie Sha vermeiden und ein gutes Chi erhalten, indem Sie z. B. einen Paravent oder eine Pflanze dazwischen stellen.
- Das Badezimmer/WC sollte mit Marmor, Emaille oder Porzellan ausgestattet sein. Vermeiden Sie Holz- und Teppichböden!

Der Eingang zum Unsichtbaren: das Schlafzimmer

Außer den Pferden legen sich alle Säugetiere zum Schlafen nieder, also auch der Mensch. Und wenn er »Schlafzimmer« denkt, denkt er zugleich »Bett«. Tagsüber hält er sich stets in vertikaler Position zur Erde, und sein Blutkreislauf zirkuliert von oben nach unten, weshalb der Druck des Bluts (nicht der Blutdruck!) auf die Füße stärker ist als auf den Kopf. Legt sich der Mensch aber zur Ruhe, befindet er sich in der Horizontalen, und der Druck des Bluts ist ausgeglichen. Das Herz muß dann weniger hart arbeiten, und das Gehirn wird besser durchblutet.

Ein Drittel seines Lebens verbringt der Mensch mit Schlafen, und jeder weiß mittlerweile um den Einfluß des erdmagnetischen Energiefeldes auf den menschlichen Körper. Deshalb ist das Schlafzimmer nicht nur zum Ausruhen da, sondern vor allem auch dafür, daß Körper, Geist und Seele einen Ort haben, wo sie neue Energie »tanken« können. Feng Shui lehrt nun, daß die Position des Betts die Gesundheit, das Glück sowie das Liebesvermögen beeinflußt.

Die Alten meinten, es sei ungünstig, in West-Ost-Richtung zu schlafen, denn sie nahmen an, hinter dem Westen liege das Reich der Toten. Aber für Menschen, die mit Schlafproblemen zu kämpfen haben, erweist sich diese Position als günstig.

- Generell ist zu sagen, daß zwei Richtungen zu bevorzugen sind: Ost-West sowie Süd-Nord, denn hier ist das Chi am aktivsten.

Da die Menschen aber zu verschiedenen Zeiten des Jahres geboren werden, lautet die Empfehlung der Fünf-Elemente-Lehre: Wer im Winter geboren wurde, sollte in Süd-Nord-Richtung schlafen, im Sommer Geborene schlafen besser in Nord-Süd-Richtung. Für Frühling- oder Herbstgeborene gilt die Beziehung der Geburtszahl zum jeweiligen Element und somit zur jeweiligen Himmelsrichtung (s. Seite 65); alle Richtungsangaben beziehen sich auf die Position des Kopfes).

Des weiteren ist zu beachten: Zwischen Bett und Fußboden muß ein genügender Abstand sein, damit die Luft zirkulieren kann und Rückenschmerzen sowie Rheumatismus ver-

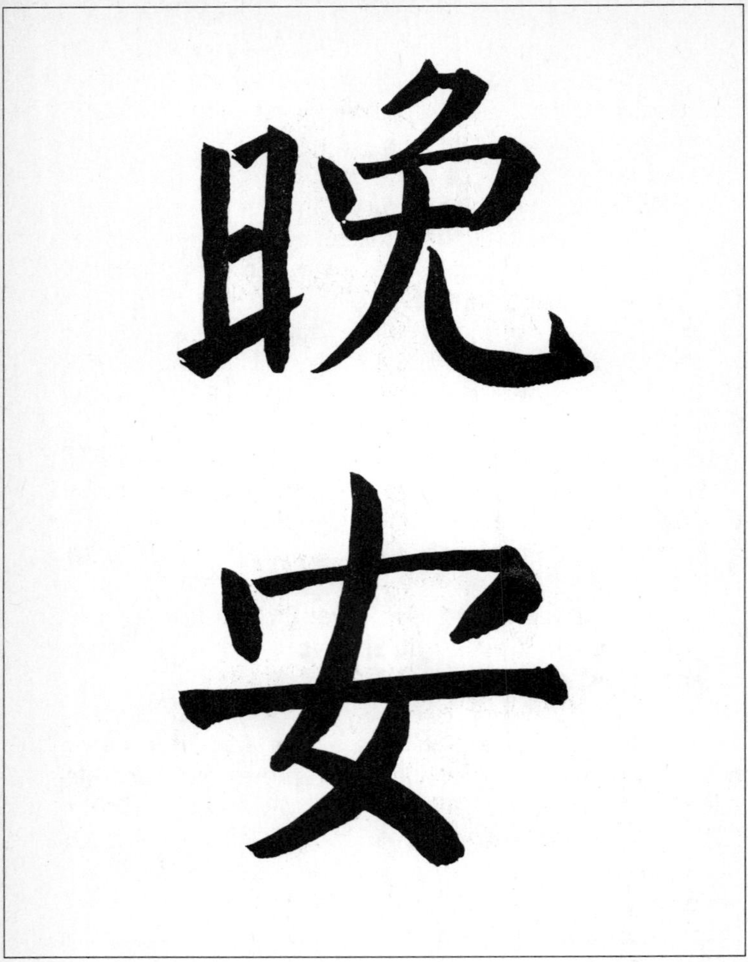

Abb. 44: Wan An; Gute Nacht!

Abb. 45: Tsau An; Guten Morgen!

hindert werden. Das Bett sollte weder zu hoch noch zu niedrig sein (ideal: 72 cm), damit das »Ein- und Aussteigen« nicht zu beschwerlich wird.

Vom Bett aus gesehen wäre die Schlafzimmertür entweder zur Linken oder zur Rechten zu legen, niemals aber davor oder dahinter. Das Bett sollte stets mit dem Kopfende an eine Wand anschließen. Wenn Sie einen Spiegel im Schlafzimmer für nötig erachten, darf dieser niemals gegenüber dem Bett aufgehängt sein. Man muß auch darauf achten, daß das Schlafzimmer nicht zu hell ist und daß über dem Bett keine Lampe hängt.

Des weiteren lehrt Feng Shui: Die Schlafzimmertür sollte nicht auf die Badtür, die Küchentür oder die Eingangstür schauen. Die Begründung dafür liegt – wie so oft – im Chi: Jedes Zimmer verfügt über sein eigenes Chi, das durch die Türen verstärkt ein- und austritt. Wenn nun aber verschiedenes Chi aufeinander trifft, dann »unterdrückt« das stärkere das schwächere, weshalb es die Aufgabe von Feng Shui ist, eine harmonische Balance zu schaffen.

Feng-Shui-Empfehlung

- Die Ausrichtung des Betts ist von der Jahreszeit, in der man geboren ist, abhängig.
- Das ideale Bett ist weder zu hoch noch zu niedrig und läßt die Luft zirkulieren.
- Das Kopfende sollte stets an eine Wand anschließen.
- Keine Tür vor oder hinter dem Bett, sondern entweder links oder rechts davon.
- Nur natürliche Materialen verwenden, auch für das Bettzeug! Keine weichen Matratzen!

Die Persönlichkeitsschmiede: das Kinderzimmer

Im alten China wurde jener Teil des kaiserlichen Palasts, in dem der Thronfolger lebte, »Dong Gong« genannt, was soviel bedeutet wie »östlicher Palast«. Der junge Prinz wurde gerade dort untergebracht, weil der Osten nicht nur die aufgehende Sonne symbolisierte, sondern auch mit dem ersten Sohn und dem Fortbestehen der Dynastie assoziiert wurde. Außerdem verhieß diese Himmelsrichtung »Glanz über der Familie«.

Dieses Feng Shui in bezug auf den Osten ist natürlich ebenso auch für andere Kinder günstig. Demnach sollte das Kinderzimmer stets im Osten des Hauses/der Wohnung liegen, da dort die Voraussetzungen gegeben sind, daß sie gesund aufwachsen und glücklich sein können. Da Kinder bekanntlich viel empfindsamer und sensibler sind als Erwachsene, nehmen sie alles in ihrer Umgebung wesentlich intensiver auf, so auch jede Form von Energie. Das wirkt sich dann auf ihr späteres Leben aus, weshalb ersichtlich sein sollte, daß die Energie (oder das Chi) stets positiv sein *muß*. Im folgenden sagen wir Ihnen, was Sie – gemäß der Feng-Shui-Lehre – tun können, um Ihren Kindern dieses Positivum nicht vorzuenthalten:

Feng-Shui-Empfehlung

- Der Schlafbereich und der Schreibbereich (für die Hausaufgaben) sollten voneinander getrennt sein, z. B. durch eine Spielzeugkiste oder ähnlichem. Kinder sollten bis zum Alter von 14 Jahren in Ost-West-Richtung schlafen, später so wie im vorigen Kapitel beschrieben.

Abb. 46: Meng Tse (Die »Mutter« des Konfuzianismus)

Der Schreibtisch, den sie spätestens dann brauchen, wenn sie zur Schule gehen, sollte so gestellt werden, daß das Kind nach Norden schaut, wenn es davor sitzt. Der Norden bezieht sich – wie wir bereits gelernt haben – auf das Wasser, und da zwei Drittel des menschlichen Körpers aus Wasser bestehen, beeinflußt das »Wasser« der Himmelsrichtung das des Körpers und gewährleistet dadurch eine Beruhigung während des Lernens. Es wäre auch der Westen günstig, da dieser sich auf Metall bezieht und somit eine gewisse Ausgeglichenheit herzustellen vermag. Da aber Westen mit Tod assoziiert wird und die Sonne im Westen untergeht, kann diese Beziehung das Kind zur Melancholie hinleiten, weshalb die Feng-Shui-Meister die nördliche Blickrichtung vorziehen.

- Im Kinderzimmer sollten folgende Farben vorherrschend sein: Weiß, Hellblau, Creme, wenn das Kind im Frühling oder im Sommer geboren wurde; Grün, Pink, Gelb, wenn es im Herbst oder im Winter zur Welt kam.
- Es sollte im Kinderzimmer keine Elektrogeräte geben, nicht einmal ein Game-Boy und schon gar keinen Computer. Der Elektrosmog wirkt sich bei Kindern noch viel stärker aus als bei Erwachsenen und kann sogar ihr normales Wachstum behindern.
- Waffen, egal aus welchem Material, sowie Horrorfiguren sind kein geeignetes Spielzeug, um einen glücklichen Erdenbürger heranzuziehen.
- Auch die Umgebung des Kinderzimmers – im weitesten Sinne – prägt die Seele des jungen Menschen. (Eine kleine Geschichte, die den Titel »Die drei Umzüge von Meng Tse's Mutter« trägt, gibt in Kurzform wieder, welche Bedeutung diesem Punkt zukommt: Vor ihrem ersten Umzug wohnte die Familie in der Nähe eines Friedhofs. Schon bald wußte der kleine Meng

über sämtliche Bestattungsmethoden Bescheid, und das gefiel seiner Mutter gar nicht. Später zog die Familie in die Nähe eines Marktplatzes, und dort lernte Meng, wie man Fisch, Gemüse und Fleisch verkauft. Auch dies gefiel der Mutter nicht, und so zog man schließlich in die Nähe einer Schule. Von da an lernte Meng, wie man sich Wissen aneignet. Er wurde später einer der größten Philosophen Chinas.

Das Nest des Kolibri: Ein-Zimmer-Appartement

Das Prinzip der Evolution, wonach sich alles positiv vorwärtsentwickelt, trifft leider nicht auf die Lebensqualität des modernen Menschen zu; das Gegenteil ist eher der Fall. Die Überbevölkerung hat uns deshalb die Erfindung des Ein-Zimmer-Appartements beschert, in dem man offenbar wie in einem Käfig sein Leben fristen soll.

Heißt das nun, daß man sich von Feng Shui und vom Glück zu verabschieden hat? Ein chinesisches Sprichwort sagt: »Ein Kolibri mag klein sein, dennoch gleicht er einem Adler.« Das bedeutet für unser Thema:

Wenn Ihr Wohnplatz auch nur aus einem Zimmer besteht, haben Sie dennoch die Möglichkeit, hier alle wesentlichen Funktionen zu bündeln und genauso erfolgreich, gesund und glücklich zu sein wie in einer großen Wohnung.

Um in einem Ein-Zimmer-Appartement ein günstiges Feng Shui herzustellen, ist folgendes zu beachten: Liegt die Küche bzw. die Kochnische gegenüber der Badezimmertür, sollte

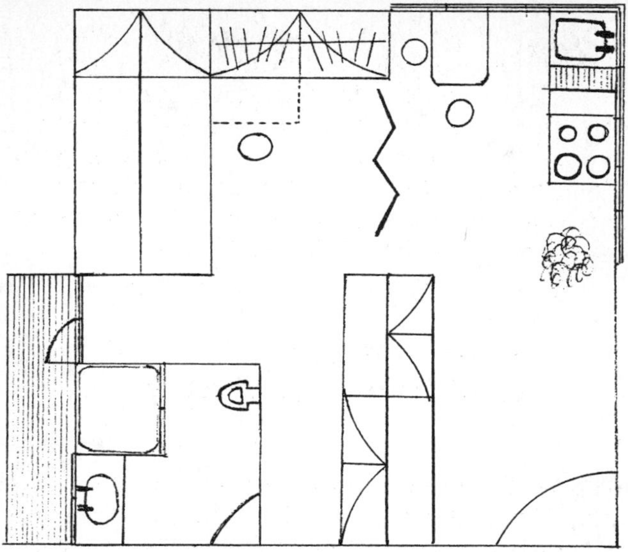

Abb. 47: Das Nest des Kolibri

ein Bücherregal dazwischen aufgestellt werden (Bücher absorbieren das schlechte Chi des Bades). Liegt der Küchenteil gegenüber dem Eingang oder gegenüber der Schlafecke, und Sie haben keinen Platz, hier eine Teilung per Regal vorzunehmen, so bringen Sie hier einen (Trenn-)Vorhang an oder stellen einen kleinen Paravent auf.

Das Bad sollte über eine gute Ventilation verfügen. Wenn Sie nur Platz für ein Sofabett haben, dann sollte dieses so stehen, daß Sie selbst sowie etwaige Besucher so selten wie möglich daran vorbeigehen müssen. Wenn Sie keine Möglichkeit sehen, Ihr Bett in die beste Position (nach der Fünf-Elemente-Lehre) zu rücken, versuchen Sie, wenigstens beim Schlafen sich dieser Richtung anzupassen.

Wenn Ihnen das alles aber zuviel wird, dann versuchen Sie, ein wie auf Abb. 47 gezeigtes ideales Ein-Zimmer-Appartement zu finden, das dem Nest des Kolibri gleicht und in dem der Spruch, daß Bescheidenheit Erfolg schafft, Wirklichkeit werden kann.

Feng-Shui-Empfehlung

- Die Eingangstür sollte sich (von innen her gesehen) auf der linken Seite befinden.
- Gegenüber der Eingangstür liegt die Kochnische.
- Zwischen »Küche« und Eingangstür steht eine Pflanze, damit die Kochstelle nicht gleich sichtbar ist.
- Links vom Eingang steht ein von beiden Seiten begehbarer Schrank. Der einen Schrankhälfte gegenüber befindet sich der Eßtisch mit zwei bis drei Stühlen.
- Gegenüber der anderen Hälfte trennt ein Paravent die rechte von der linken Seite und somit die beiden verschiedenen Arten des Ambientes.
- Am »Ende« des Paravents befindet sich eine Kombination aus Kleiderschrank, Bücherregal und ausklappbarem Schreibtisch.
- Links des Paravents steht ein Couchbett, dessen Kopfende in die Schrankwand ragt, solange das Bett nicht zum Schlafen verwendet wird.
- Gegenüber dem Bettende liegt das Bad.
- Zwischen Bett und Bad sollte eine Türe auf einen kleinen Balkon führen.
- Was die geeignetste Feng-Shui-Dekoration anbelangt, siehe Kapitel »Die Wahrheit wirkt im Kleinen«, Seite 119.

Die Wahrheit wirkt im Kleinen

Zwischen einem Haus und einem Kleid (Anzug) besteht kein Unterschied. Beide werden ihrer Bestimmung erst dann gerecht, wenn sie von Personen benutzt werden, die zu diesen an sich toten Objekten passen und die sie mit Leben und Persönlichkeit füllen. Erst dann vermag das »Ergebnis« zu überzeugen.

Wenn wir jetzt über Ausstattung eines Hauses (einer Wohnung) sprechen, dann verhält es sich dabei wie mit der Mode: Auch bei der Inneneinrichtung müssen die einzelnen Accessoires sowohl aufeinander als auch auf das gesamte Erscheinungsbild abgestimmt sein.

Ein gutes Feng Shui meint nämlich nicht nur die Position des Bades, des Schlafzimmers, die Beziehung zu den Himmelsrichtungen etc., es schließt auch sämtliche Gegenstände, die sich in einem Wohnobjekt befinden, mit ein. Hierbei generelle Regeln aufzustellen, ist fast nicht möglich. Deshalb ist es wichtig, die Macht von Himmel und Erde und die Kraft von Wasser und Feuer in Ihrem Heim willkommen zu heißen. In einem Gedicht heißt es: »Am gütigsten ist die Erde. / Sie läßt es zu, daß man sie mit Füßen tritt. / Und schenkt einem dennoch alles, was man für das Leben braucht.« Weshalb versuchen Sie nicht, mit dieser Güte Ihr Zuhause auszugestalten?

Abb. 48: Zē; Güte

Lampen:
Leben und Licht

Was die Sonne für die Erde ist, sind Beleuchtungskörper für ein Haus oder eine Wohnung. In der Feng-Shui-Lehre sind Lampen genauso wichtig wie Spiegel, denn sie sind ebenfalls in der Lage, negatives Chi, also das Sha, abzuwenden. Deshalb ist die Art einer Lampe, ihre Anbringung und ihre Leuchtkraft von besonderer Bedeutung. Allgemein gilt:

- Die *Gartentür* sollte stets von zwei Lampen erhellt sein (die zwei Augen des Wächterdrachen).
- Für die *Eingangstür* und den *Korridor* ist eine Lampe zu wählen, die nicht allzu groß ist, aber dennoch über eine starke Lichtabstrahlung verfügt.
- In der *Küche* ist indirekte Beleuchtung stets vorteilhaft, der Eßplatz dagegen sollte mit einer Deckenlampe versehen sein, die direkt über dem Eßtisch hängt.
- Im *Wohnzimmer* bringt ein runder Lüster, der genau in der Mitte der Decke angebracht ist, gutes Chi. Die heutige Mode verwendet allerdings lieber Deckenfluter oder Tischleuchten, wobei dazu zu sagen ist, daß das Licht dann immer von hinten (also meist aus den Ecken) kommen sollte. Dabei ist es natürlich wichtig, das Problem der ersten Lichtquelle zu lösen, sobald man den Raum betritt. Deshalb sollte eine dieser Raumleuchten mit dem Hauptlichtschalter verbunden sein.
- Die *Lampenschirme* sollten niemals schwarz sein, da sich Schwarz auf Wasser bezieht; dieses aber ist der Feind des Feuers und somit des Lichtes.
- Im *Arbeitszimmer* sollte die Deckenlampe niemals direkt über dem Schreibtisch hängen. Die Lampe auf dem Schreibtisch wird immer links plaziert (für Linkshänder gilt das Gegenteil).

Abb. 49: Lian; Glanz

- Im *Badezimmer* ist das Sha sehr stark, weshalb es hier einer besonders hellen Lichtquelle bedarf, die imstande ist, das Sha zu vertreiben. Verwenden Sie aber niemals Neon-Licht; dieses macht Sie nicht unbedingt schöner!
- Auch im *Schlafzimmer* sollte die Lampe niemals direkt über dem Bett hängen und auch nicht zu hell sein. Ein Dimmer mag dabei behilflich sein, die Raum-Atmosphäre zu verändern. Die Nachttischlampen sollten möglichst mildes Licht austrahlen. Nun werden Sie vielleicht sagen: »Aber dann kann ich ja gar nicht mehr im Bett lesen!« Richtig! Bücher gehören nicht ins Bett!
- Auch im *Kinderzimmer* ist ein Dimmer notwendig aus Gründen der Multifunktionalität dieses Raums. Die Leuchtkörper selbst sollten der kindlichen Phantasie entgegenkommen.

Die richtige Beleuchtung wird also von praktischen und ästhetischen Gesichtspunkten bestimmt. Die Qualität des Lichts sollte hell und gleichzeitig sanft sein. Verwenden Sie niemals farbige elektrische Birnen, sie erzeugen Unruhe. Sollten Sie dennoch gelegentlich Feststimmung zaubern wollen, (z. B. mit der Deckenlampe), dann könnte der Schirm farbig sein und nicht die Birne. Farbige Birnen erregen Ihr Gemüt, und dadurch verliert Ihr Zuhause seine ursprüngliche Schutz- und Beruhigungsfunktion. Ihr Heim ist keine Diskothek und kein Animierlokal, sondern Ihr persönliches »Schloß«!

Möbel: die Fülle in der Leere

Viele Menschen meinen, Möbel seien nichts anderes als Einrichtungsgegenstände. Diese Ansicht ist falsch. Nicht nur, weil unser Leben ohne Möbel kaum möglich wäre, sondern vor allem deshalb, weil sie unsere »Arme und Beine« darstellen (nachdem wir schon festgestellt haben, daß Lampen sich auf die Augen beziehen).

Möbel müssen mit dem »Körper« (Haus / Wohnung) harmonieren, sonst entsteht schlechtes Feng Shui.

Da die Harmonielehre sich auch um die richtigen Proportionen kümmert, sollten sich die Möbel stets im rechten Verhältnis zum Raum befinden. Die Wege, die man zwischen den einzelnen Objekten zurücklegt, müssen so verlaufen, daß man dabei auf keinerlei Hindernisse trifft. Somit kann sich das eigene Chi auch wesentlich freier bewegen.

Möbelstücke eignen sich auch dafür, Raumaufteilungen zu schaffen, wodurch das Chi wiederum verbessert wird – eine der magischen Eigenschaften des Feng-Shui-Wissens. »Platz ist in der kleinsten Hütte«, sagt ein berühmtes Zitat, aber es erklärt uns nicht, wie man diesen Platz nutzen soll. Deshalb ist es sinnvoll, sich mit »Wind und Wasser« zu beschäftigen.

- Wenn Sie z. B. für ein spezielles Möbelstück keinen Platz mehr haben, dann stellen Sie es auf keinen Fall so auf, daß es den Einfall des Lichts durch das Fenster behindert. Verzichten Sie lieber ganz auf diesen Gegenstand und suchen Sie nach einer kreativen Lösung des Problems.
- Ist ein Raum sehr klein, sollten die Möbelstücke niemals die Größe ihres Besitzers übersteigen. Dieser Fehler wird

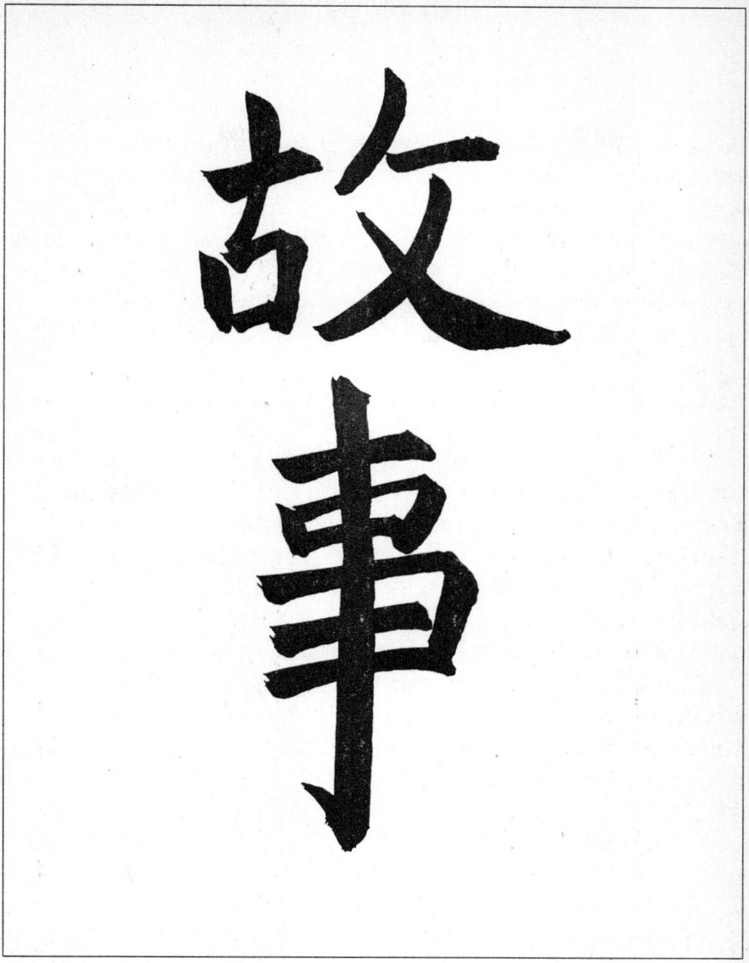

Abb. 50: Gu She; Geschichte

meist in Küchen gemacht; offenbar stimmt die Erkenntnis, daß oft »die Augen größer als der Magen sind«.

- Im Kinderzimmer sollte immer ein ganz besonderes Feng Shui herrschen, um die Entwicklung der jungen Menschen so positiv wie möglich zu beeinflussen. Deshalb – und nicht nur aus ökonomischen Gründen – sind Vielzweckmöbel hier speziell geeignet. Sie fördern die Fantasie und unterstützen das Kind bei der Formung seiner Persönlichkeit.
- Für Antiquitätenliebhaber gilt: Versuchen Sie immer, die Geschichte des Möbelstücks herauszufinden. Woher stammt es? In wessen Besitz befand es sich früher? Im Fachjargon nennt man dies die »Frage nach der Provenienz«. Jedes Objekt hat seine eigene Geschichte und trägt somit die gute oder die schlechte Energie seiner Vorbesitzer mit sich. Auch die Ihre wird es eines Tages aufnehmen. Möbel sind eben doch mehr als Einrichtungsgegenstände. Alle Menschen müssen eines Tages diese Erde verlassen; ihre Möbel aber bleiben zurück.

Die chinesische Küche ist weltweit berühmt – besonders die kantonesische. Man sagt, die Menschen in der Kanton-Region würden alles essen, was vier Beine hat – außer Tischen und Stühlen.

Vorhänge: Weltunabhängigkeit

Manche Menschen sparen am falschen Platz, wenn sie auf Vorhänge verzichten. Gerade diese sind für ein ausgeglichenes Leben von größter Wichtigkeit, wobei sie nicht nur vor dem Fenster hängen müssen, sondern auch – wie wir bereits erwähnt haben – als Raumaufteiler dienen können.

Fenster, die weder zu groß noch zu klein sein dürfen, haben die Funktion, das Chi kommen und gehen zu lassen, ähnlich den Türen! Sollte ein Fenster der Harmonie nicht entsprechen, kann man dieses Manko durch einen Vorhang ausgleichen, da er die »Öffnung nach außen« entweder vergrößert oder verkleinert.

Ein Vorhang bietet zudem die Möglichkeit, von der Welt (zumindest psychisch) völlig unabhängig zu sein. Wer mit dem Leben draußen für eine gewisse Zeit nichts zu tun haben will oder sich ganz auf sich selbst besinnen möchte, zieht einfach die Vorhänge zu. Auf diese Weise kann er sein Chi verbessern, ohne von außen gestört zu werden. Vorhänge bieten also auch Schutz vor der Außenwelt, abgesehen davon, daß die Geschehnisse in einem Raum von außen nicht beobachtet werden können, wenn die Vorhänge zugezogen sind.

Um ein gutes Feng Shui zu erzielen, ist aber eine gewisse Transparenz trotzdem unerläßlich. Deshalb eignen sich Stores oder Jalousetten bestens dafür, einerseits an den Geschehnissen außerhalb des Wohnung teilzunehmen, andererseits aber nicht direkt in die Aktionen involviert zu sein.

Auf diese Weise entsteht jene innere Harmonie, welche die Grundlage für die äußere bildet. Wenn die Welt eine

Abb. 51: Tze Yu; Freiheit

Bühne ist, so sind wir zum einen Mal die Schauspieler, zum anderen Mal das Publikum. Der Vorhang entscheidet, ob wir uns auf der Bühne befinden oder vor ihr. Wir aber entscheiden, welchen Vorhang wir wo verwenden.

Spiegel: das subjektive Auge

»Ursprünglich gab es keinen Bodhi-Baum. Ursprünglich gab es keinen Spiegel. Ursprünglich gab es nur das Nichts. Wie könnte ein glänzender Spiegel dann staubig werden?«

Dieser Koān des sechsten Zen-Meisters Huei Nen will sagen, daß es sinnlos ist, einen Spiegel ständig zu putzen, weil weder der glänzendste noch der matteste Spiegel in der Lage ist, die wahre Wirklichkeit abzubilden. Mit anderen Worten:

Es gibt keine objektive Wirklichkeit, sondern viele subjektive, wofür der Spiegel als Symbol steht.

In China versieht man den Spiegel meist mit dem Attribut »glänzend«. Das Schriftzeichen dafür setzt sich aus den Zeichen für Sonne und Mond zusammen. Ohne diese beiden Himmelskörper gibt es keinen Glanz.

Und ein Spiegel wird seiner Aufgabe nur durch die Reflexion des Lichts gerecht. Aufgrund dieser »Reflexions-Gabe« ist er innerhalb der Feng-Shui-Lehre der wichtigste Gegenstand, um schlechtes Chi (Sha) zu vertreiben. Seine Funktion besteht aber auch darin, gutes Chi zu bündeln.

Gemäß der Feng-Shui-Lehre sollten Spiegel, die für obige Aufgaben eingesetzt werden, stets rund sein. Die Chinesen verwenden demnach runde »normale«, also plane Spiegel wie auch »gekrümmte«, also konvexe und konkave Spiegel,

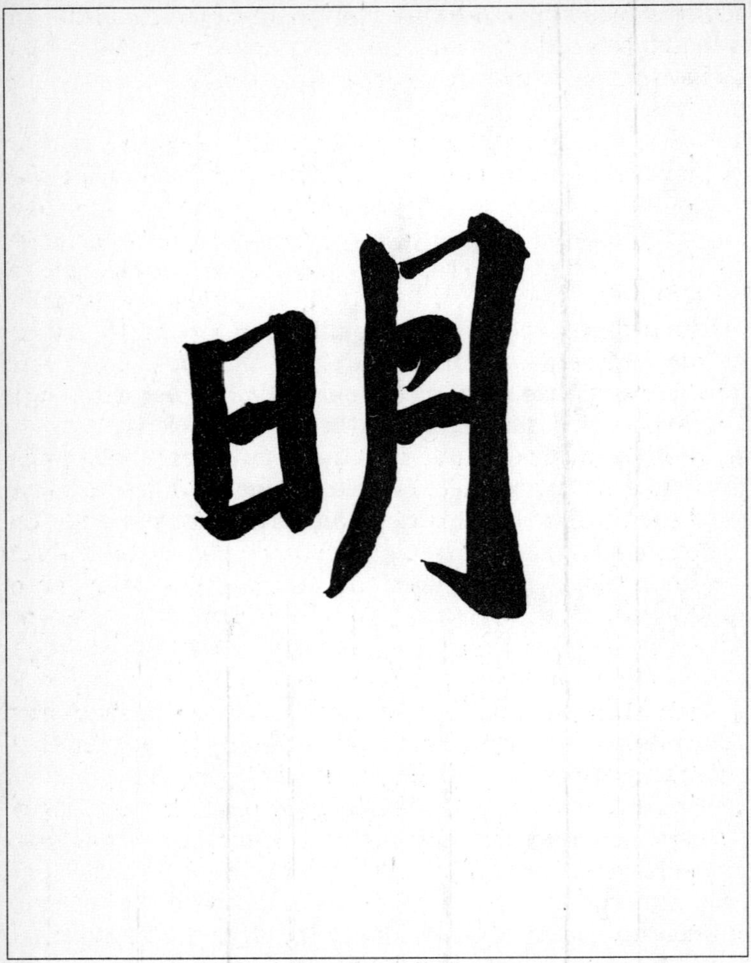

Abb. 52: Ming; Glänzend (Sonne und Mond)

wobei es wichtig ist, die exakte Anwendung einzuhalten, um sich selbst und anderen keinen Schaden zuzufügen. Wie sieht nun eine solche richtige Anwendung aus?

- Alles, was von außen schlechtes Chi in das Haus oder in die Wohnung trägt (z. B. gegenüberliegende Eckgebäude, Häuser, die höher als das eigene sind, Strom- und Telegrafenmasten) wird gebannt, indem man in seinem Heim einen Platz sucht, an dem man einen *konvexen* Spiegel aufhängt; dieser wird die Störfelder an ihren Ausgangspunkt zurücksenden. Auch wenn die Treppe direkt auf die Eingangstüre hinführt, hilft diese Art der Abwehr (über der Türe angebracht), das Feng Shui wieder auszugleichen.
- Alles, was Ihnen von außen positive Energie zufließen läßt, sollten Sie mit einem *konkaven* Spiegel einfangen und auf diese Weise in Ihr Heim leiten; das dort herrschende Chi wird dadurch entweder ausgeglichen oder verstärkt. Auch das bezieht sich wieder auf die Fünf-Elemente-Lehre: Wenn Ihre Geburtszahl z. B. die Eins ist, dann steht diese mit Holz in Zusammenhang und somit auch mit Wasser. Angenommen, vor Ihrem Haus wäre ein Fluß, ein Springbrunnen, ein Swimmingpool etc., dann würde es sich als günstig erweisen, die dort entstehende Wasserenergie mittels eines Konkavspiegels »nach Hause« zu holen.
- Ein *planer* Spiegel mag die Aufgabe eines konvexen Spiegels wohl auch erfüllen können, aber niemals die eines konkaven.

Was die Subjektivität der Spiegel anbelangt, so hilft uns auch hier ein chinesisches Sprichwort weiter: »Wenn du dich selbst im Spiegel betrachtest, dann kannst du deinen Anzug und deinen Hut verändern. Doch wenn ein Mensch dein Spiegel ist, dann kannst du deine guten und schlechten Eigenschaften feststellen.«

Bilder:
Märchen an der Wand

Bevor unsere Ahnen die Schrift erfanden, um sich mitzuteilen, kannten sie die Bildersprache zur Darstellung von Fakten und Visionen. Auch Kinder verwenden diese Sprache, ehe sie zu schreiben beginnen.

Bilder sind der früheste Ausdruck zur Äußerung von Gefühlen. Ein Bild ist somit der kleinste Raum, in dem man sein Inneres mit der allergrößten Vorstellungskraft sichtbar machen kann.

Vergleicht man hinsichtlich der Feng-Shui -Lehre Spiegel und Bilder, dann ähnelt der Einfluß, den ein Spiegel auszuüben vermag, einem Messer, das durch seine Stärke und Schnelligkeit das schlechte Chi wegschneiden kann.

Der Einfluß eines Bildes gleicht indes eher einer Quelle, deren Wasser sanft ist, deren Lauf aber in die Unendlichkeit führt. Ob man sich nun für das Messer oder für die Quelle entscheidet, steht im Ermessen jedes einzelnen.

Für Bilder aber gilt:

- Es muß die Größe stimmen; das bedeutet, man sollte seinen Augen und seinen Gedanken genügend Raum gewähren, das Bild zu »verdauen«. Dann kann es seine Kraft ausströmen, und man wird das Feng Shui nach seiner Erwartung beeinflussen.

Manche Leute hängen z. B. riesige Gemälde in ihren Korridor. Leider kann man wegen der räumlichen Enge und der fehlenden Distanz das Gesamtbild kaum wahrnehmen. Was ein solches Bild an Einfluß bewirkt, gleicht dem Ergebnis, das ein Blinder erzielt, wenn er versucht, einen Elefanten anzu-

Abb. 53: Bambuswald

langen. Ergreift er den Rüssel, meint er, er habe einen Wasserschlauch in den Händen. Packt er ihn an den Ohren, wird er denken, er habe ein Paar Tschinellen ergriffen. Betastet er den Körper, hält er den Elefanten für einen Schrank. Blinde sind blind, aber woher wollen Sie wissen, daß ein Elefant nur wie ein Elefant aussieht?!

- Eine weitere wichtige Voraussetzung beim Hängen eines Bildes ist, daß seine Mitte sich in Höhe Ihrer Augen befindet. Erst dann können Sie nämlich das Wesentlichste eines Bildes erkennen – sein Thema. Dieses sollte sich in jedem Fall auf Ihre Persönlichkeit oder auf Ihre Träume und Wünsche beziehen.

Ein Computerprogrammierer braucht sicher kein abstraktes Bild, sondern eher ein gegenständliches, für einen Manager ist eine Landschaft geeignet, und für jemanden, der zu Depressionen neigt, wäre ein Bild der Hoffnung, z. B. eine Aktstudie, das richtige. Bei einem abstrakten Bild sollte die vorherrschende Farbe auf jeden Fall mit Ihrer Geburtszahl aus der Fünf-Elemente-Lehre harmonieren.

Es gibt eine Darstellung aus der chinesischen Kunst, die man überall aufhängen kann, egal, wer man ist, was man tut oder wo man wohnt: Es ist das Bambusbild.

In Asien gilt der Bambus als das Symbol eines überlegenen Charakters. Bambus verfügt über Gelenke und ist innen hohl. Die Gelenke stellen die Persönlichkeit dar, und die Leere der Stengel die ständige Bereitschaft zu lernen. Der berühmte Dichter der Song-Dynastie (960 – 1279) Su Tung-Pot schrieb: »Ohne Nahrung wird man dünn, / ohne Bambus häßlich. / Ohne Essen kann man leben einen Tag, / ohne Bambus keinen.«

Wohnaccessoires: der Gipfel der Schönheit

»Passende« Accessoires erfreuen nicht nur Augen und Gedanken, sondern sind auch in der Lage, die Stimmung in einem Raum zu aktivieren, ihn also lebendig werden zu lassen. Somit wird auch die Person, die sich in diesem Raum aufhält, beeinflußt, und ihr Gefühlsleben sowie ihre Tatkraft werden ausgeglichen. Laut Feng-Shui-Lehre hängt die Verbindung zum Chi nicht von der Größe des Objektes ab, sondern von der Tatsache, wie es zu allen anderen Gegenständen oder Personen in dem betreffenden Raum paßt.

Welche Objekte aber bringen Glück? Selbstverständlich jene, zu denen der Besitzer ein persönliches Verhältnis hat, sei es aus ästhetischen Gründen, aus einer Erinnerung heraus oder aus einer freudigen Erwartung.

Was die sogenannten unnützen Objekte betrifft, wäre es ein leichtes, sie an dieser Stelle zu verdammen, doch wir wollen tolerant sein. Alles, was man in den »Partyshops« erwerben kann, mag für manche als Gipfel der Geschmacklosigkeit gelten. Andere aber erfreuen sich daran und halten es tatsächlich für schön. Nun liegt die Schönheit bekanntlich im Auge des Betrachters, und daher stellen Dinge, die für die einen wertlos sind, für andere die höchste Kostbarkeit dar. Bei letzteren vermögen solche Gegenstände auch tatsächlich ein gutes Feng Shui zu erzeugen, weil sie mit Liebe und Dankbarkeit behandelt werden; und somit sind sie nicht nur wertvoll, sondern auch von Nutzen.

Abb. 54: Mei; Schönheit

Planzen und Tiere: die Sehnsucht nach Natürlichkeit

Bevor wir dieses Thema ausführlicher behandeln, ist es notwendig, über Tsei Wei zu sprechen. In der Feng-Shui-Lehre bedeutet es jenes Zentrum im Haus, an dem das Chi so stark gebündelt ist, daß von ihm aus Erfolg (Reichtum), Gesundheit und Glück (Karriere) am meisten beeinflußt werden, wobei Tsei Wei von Haus zu Haus, von Wohnung zu Wohnung verschieden ist.

Allgemein kann man sagen, daß Tsei Wei meistens im Wohnzimmer zu lokalisieren ist, und zwar in der Ecke, die der Wohnzimmertür gegenüberliegt. Doch es findet sich nur dann, wenn dieser Platz möglichst »still« ist, d. h. wenn sich dort keinerlei Aktivitäten (auch nicht im Fernseher) abspielen.

Sollte an dieser Stelle noch eine weitere Tür sein, wird sich hier kein Tsei Wei entwickeln. Die Feng-Shui-Theorie lehrt, daß eine Pflanze im Wohnzimmer in der Lage ist (wenn sie am Tsei-Wei-Ort aufgestellt wird), den Geldfluß zu vermehren (»Tsei« bedeutet »Reichtum«, »Wei« meist »Position«).

- Die Blätter dieser Pflanze sollten möglichst rund sein, da spitze Blätter das Chi durchschneiden.
- Die Pflanze sollte etwas höher als die halbe Höhe der Wand sein und tägliche Pflege erhalten.
- Am günstigsten ist es natürlich, immergrüne Pflanzen) aufzustellen, weil dadurch das Tsei Wei permanent gewährleistet ist.
- Sie können aber auch die Pflanzen durch Zimmerblumen in Töpfen (aber keine Schnittblumen!) ersetzen, wobei

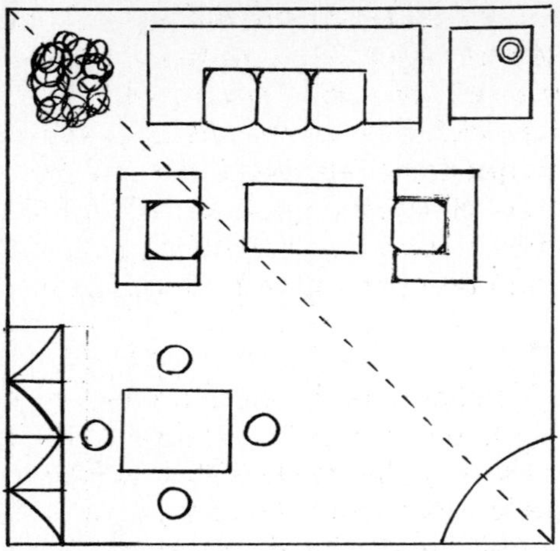

Abb. 55: Tsei Wei

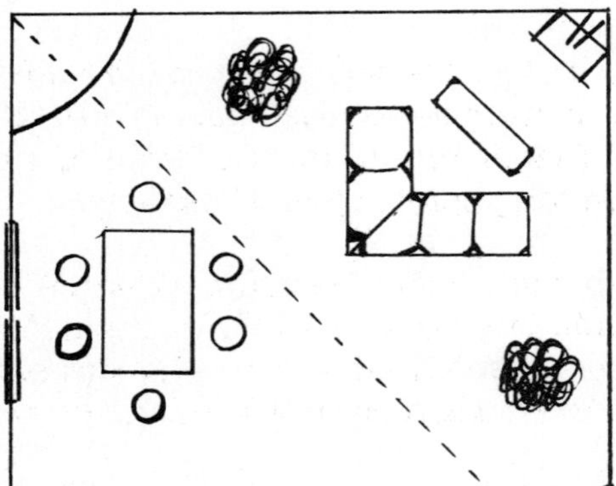

Abb. 56: Kein Tsei Wei

Sie darauf zu achten haben, daß es stets blühende sind; Sie müssen sie daher öfters austauschen.

- Wer keine Zeit hat, sich darum zu kümmern, sollte auf künstliche Gewächse ausweichen; dies ist immer noch besser, als gar keine Pflanzen aufzustellen.
- Getrocknete Blumen eignen sich allerdings überhaupt nicht dafür, Tsei Wei zu erzeugen, da sie »gestorbene« Blumen sind und der Tod nicht in der Lage ist, Chi zu erzeugen.

In der Feng-Shui-Lehre taucht auch immer wieder das Aquarium auf. Die Ursache hierfür liegt wohl darin, daß Fische und Wasser die »Quelle des Reichtums«, also das Chi, aktivieren, vor allem bei jenen Menschen, die aufgrund ihrer Fünf-Elemente-Kombination das Element Wasser benötigen. Deshalb ist es für solche Personen besonders günstig, am Tsei-Wei-Platz ein Aquarium anstatt einer Pflanze aufzustellen.

- Das Aquarium sollte aber niemals drei- oder mehreckig sein, sondern am besten rund oder quadratisch (siehe die »Messer-Theorie«), und die Zierfische, die darin leben, möglichst farbenprächtig und langlebig.

In fast allen chinesischen Restaurants findet man ein solches Aquarium. Ist das vielleicht der Grund dafür, daß der Lokalbesitzer oder Pächter – auch wenn das Essen nicht immer so schmeckt, wie man es sich wünscht – dennoch reich wird?

Das Chi eines Hauses/einer Wohnung muß mit dem seiner Bewohner harmonieren; das gilt nicht nur für die Menschen, sondern auch für deren »beste Freunde«, die Haustiere, deren Chi wiederum mit dem ihrer Besitzer in Einklang stehen sollte.

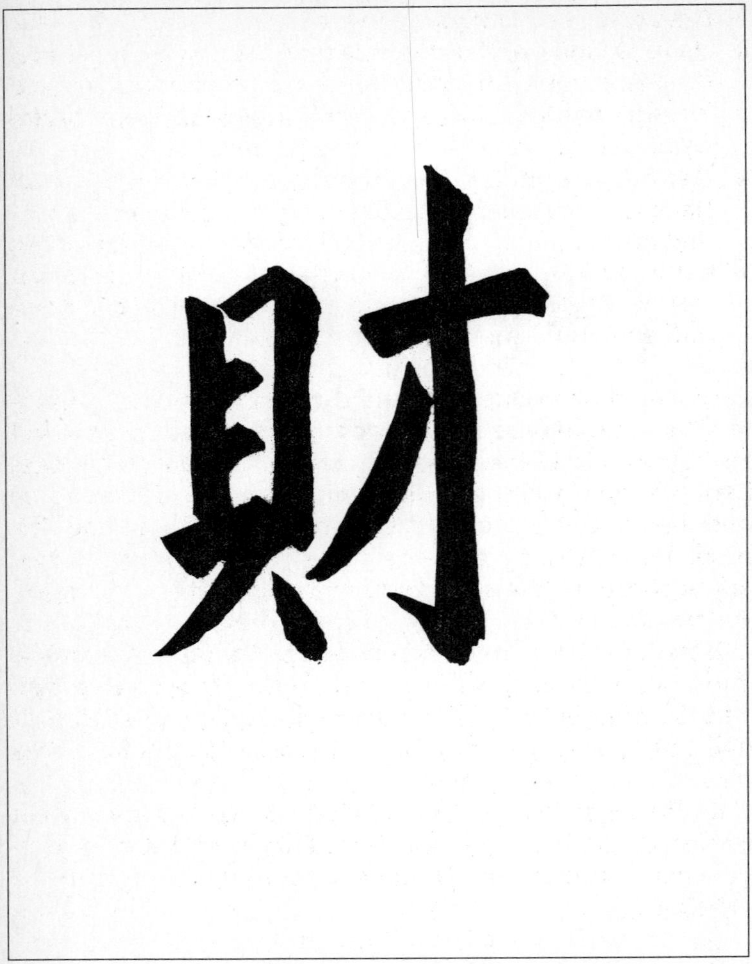

Abb. 57: Tsei; Reichtum

- Das beste Feng Shui bringen Hund und Katze.
- Hamster, Mäuse, Ratten, Hasen und alle weiteren Tiere, die nicht über Jahrtausende domestiziert wurden, sind weniger dafür geeignet (auch wenn Kinder darauf bestehen).
- Das gilt übrigens ebenso für Vögel, die man zwar als Haustiere hält, deren Bestimmung es aber niemals war und niemals sein wird, den Menschen zu unterhalten. Vögel »singen« nicht dem Menschen zuliebe, sondern aus Freude an der Fortpflanzung und zum Zweck der Kommunikation untereinander.

Europäer denken oft, Chinesen, die traditionell morgens ihre Vögel in Käfigen »spazieren« tragen und sie sogar in die Teehäuser mitnehmen, wo sie »an der Garderobe abgegeben« werden, täten dies aus Tierliebe. Diese Meinung ist aber falsch! Der Grund für diese Angewohnheit ist, daß Chinesen mit ihren Vögeln gerne angeben. Wessen Vogel singt am schönsten? Wessen Vogel hat das farbenprächtigste Federkleid?

Trotzdem aber haben Vögel mit Feng Shui zu tun, nämlich dann, wenn es sich um diejenigen in der freien Natur handelt. So bringen z. B. Pfau, Flamingo, Papagei oder Nachtigall Glück, wogegen der Rabe als absoluter Unglücksbote gilt.

Konfuzius sagt: »Der Himmel liebt alle Lebewesen. Wann immer ich die Stimme eines Tieres vernehme, kann ich dessen Fleisch nicht essen und habe Mitgefühl.«

Daher gilt:

Je weniger Fleisch man ißt, um mehr wird das Yin-Yang-Prinzip des Körpers ausgeglichen, was wiederum zu einem positiven Feng Shui führt.

Abb. 58: Tsen; Mitgefühl

Elektronische Geräte: das Phantom der Atmosphäre

Das Gehirn des modernen Menschen wird mehr und mehr vom Computer manipuliert. Bis heute aber kann ein Computer nur Fragen beantworten, niemals jedoch die Gründe für seine Antworten liefern, das »Warum« bleibt ihm fremd.

Ein Computer ist ein elektronisches Gerät und gibt unsichtbare Strahlen ab, die für das Yin-Yang-Gleichgewicht nicht günstig sind. Dasselbe gilt für Radio- und Fernsehapparat, Stereoanlage, Faxgerät, Anrufbeantworter, Telefon sowie sämtliche elektrische Haushaltsgeräte.

Jeder dieser Gegenstände erzeugt elektrostatische und elektromagnetische Spannungen, welche die Harmonie zwischen Natur und menschlichem Körper stören, auch wenn manche Wissenschaftler meinen, dafür gäbe es keine Beweise. Doch schon die Logik müßte uns sagen, daß diese Strahlen zumindest nicht völlig unschädlich sind.

Freilich können wir heutzutage ohne all diese Geräte nicht mehr auskommen. Deshalb ist es sinnvoll, die Berührung mit ihnen so gering wie möglich zu halten und sie, so gut es geht, getrennt voneinander zu verwenden.

- Damit der Energiefluß zwischen Erde (Mensch) und Universum in der Atmosphäre weniger Störungen erleidet und von positivem Chi genährt wird, hat man darauf zu achten, diese Störfelder durch Pflanzen auszuschalten oder zumindest weniger schädlich zu machen.

Dabei spielt es keine Rolle, wo diese Pflanzen stehen. Sie geben soviel Chi ab, daß dieses das Sha der Elektrogeräte auszugleichen in der Lage ist. Jede Wohnung beherbergt diverse Phantome dieser Art. Haben Sie schon einmal darüber nachgedacht, welche oder wie viele von ihnen sich vermeiden ließen?

Abb. 59: An Sang; Die Kraft der Pflanzen

Das Zarte bezwingt das Harte

Was bisher über Feng Shui gesagt wurde, läßt den Wunsch der Menschen, das richtige Ambiente zu finden, erkennen. Von diesem Mittelpunkt aus möchte man all das erreichen, was man sich erhofft. Dementsprechend besteht die Feng-Shui-Lehre aus uralten Überlegungen zur Landschaft, zur Lokalität, zu »Grund und Boden«, zur Kunst des Bauens und Gestaltens sowie zur Art und Weise, sich einzurichten.

All dies steht in Bezug zu den Fünf Elementen, die wiederum selbst durch ihre Relationen die Basis von Feng Shui ausmachen, dessen Ziel es auch ist, herauszufinden, welche Symbole, Zahlen und Namen geeignet sind, individuelles Glück zu fördern.

Es gibt Feng-Shui-Gelehrte, welche die Landschaft für das Wichtigste halten, manche meinen, Zahlen hätten die höchste Priorität, andere wieder schwören auf Namen. Und es gibt außerdem noch die Gegner von Feng Shui, die das Ganze für blanken Unsinn ansehen, weil sie selbst gar nichts davon verstehen.

Wer hat nun recht? Jeder? Keiner? Verhalten sich all diese Zeitgenossen nicht wie jener Verkäufer, der am Markt seine Melonen anbietet und behauptet, seine Früchte seien die besten und süßesten?

Für das Feng Shui müßte gelten:

- Wenn es das Leben positiv beeinflussen soll, ist es notwendig, keinen Teil der Gesamtlehre außer acht zu lassen, sondern allen Komponenten dieselbe Bedeutung zuzu-

Abb. 60: Yüen; Karma (sanskr.)

messen, da diese Wissenschaft mit allen Wissensgebieten, welche die Menschen entwickelt haben, in engster Verbindung steht.

Im folgenden wird all das behandelt, was noch nicht zur Sprache gekommen ist, sofern es für die Feng-Shui-Lehre von besonderer Wichtigkeit ist. Dabei sollte man einen Grundgedanken der taoistischen Philosophie nie außer acht lassen, der besagt, daß alles Feste dem Weichen unterlegen ist, daß das Zarte das Harte bezwingt.

Alles, worüber wir jetzt sprechen werden, hat eine winzige Ursache, aber eine außerordentliche Wirkung. Nach buddhistischer Auffassung sind Ursache und Wirkung eins (aber nicht gleich)...

Die Fünf-Elemente-Farben

Des Himmels Wolken jadegrün
Der Boden voll von gold'nem Laub
Des Wassers Wogen tragen Herbstes Farben
Und werden wieder jadegrün
Das rötliche Versteck der Sonne spiegelt nun der Berg
Und beide finden sich erneut im immergrünen See

Wenn man aus diesem Gedicht der Song-Dynastie die Farben »entfernt«, verliert es vollständig seine Schönheit. Auch wenn man aus Tschaikowskys Ballett »Schwanensee« den schwarzen und den weißen Schwan verbannen wollte, würde es seine gesamte Symbolkraft einbüßen. Der Einfluß der Farben offenbart sich nicht nur in der Kunst, sondern auch im täglichen Leben, wie man schon der Tatsache entnehmen kann, daß z. B. in Amerika Marketing-Experten die Geschäftsleute beraten, welche Kleidungsfarben sie tragen mussen, um in ihrem Beruf erfolgreicher zu sein.

Wir haben schon gehört, daß auch das I-Ging sich damit beschäftigt, welche Farbe zu welcher Himmelsrichtung, zu welchem Organ und zu welcher Sinnesempfindung »paßt«. Und da die Menschen zu verschiedenen Jahreszeiten geboren werden, gehören dazu auch verschiedene Farben, die in der Lage sind, positiven Einfluß auszuüben. Bevor Sie nun »Ihre« Farbe feststellen können, ist es notwendig herauszufinden, zu welchem der fünf Elemente Sie gehören. Wie das funktioniert, haben wir auf Seite 65 beschrieben. Das ergibt folgende Tabelle:

Holz	Frühling	Weiß
	Sommer	Hellblau, Hellgrün, Schwarz
	Herbst	Rot, Blau
	Winter	Braun, Lila
Feuer	Frühling	Hellgrün, Rosé
	Sommer	Scharz, Grau
	Herbst	Blau, Grün
	Winter	Grün, Rot
Erde	Frühling	Rosé, Creme
	Sommer	Schwarz, Weiß, Blau
	Herbst	Rot, Gelb, Braun
	Winter	Rot, Grün, Lila, Braun
Metall	Frühling	Gelb, Rosé, Weiß
	Sommer	Schwarz, Hellblau
	Herbst	Grün, Blau, Rot
	Winter	Rot, Grün
Wasser	Frühling	Grün, Rosé, Braun
	Sommer	Weiß, Schwarz, Grau, Hellblau
	Herbst	Grün, Gelb
	Winter	Rot, Rosé

Bitte beachten Sie: Die Jahreszeit bezieht sich ausschließlich auf Ihr Geburtsdatum!

Das »Warum« dieser Tabelle wollen wir Ihnen anhand des Elements »Holz« erklären:

- Im Frühling wächst das Holz (Bäume und Büsche) sehr schnell. Aufgrund dieser hektischen Aktivität bedarf es einer Gegenkraft, und zwar des Metalls. Dieses bezieht sich auf die weiße Farbe, und deshalb beeinflußt »Weiß« all jene, die im Frühling geboren sind, positiv.
- Im Sommer »trinkt« das Holz mehr Wasser als sonst. Wasser bezieht sich auf die Farben Hellblau, Hellgrün und Schwarz. Diese Farben beeinflussen also alle Sommer-Geborenen.
- Im Herbst wird das Holz allmählich trocken und kann verbrannt werden. Dafür bedarf es des Feuers, welches sich auf die Farbe Rot beziaht. Der Gegenspieler des Feuers ist das Wasser, das seine Beziehung zu Blau hat. Deshalb beeinflussen Rot und Blau alle, die im Herbst geboren sind.
- Im Winter ist das Holz so schwach wie nie im Jahr. Deshalb bedarf es eines starken Einflusses, damit es am Leben bleibt. Braun und Lila sind stärkere Farben als Rot und Blau, weshalb sie allen Wintergeborenen günstigen Einfluß verschaffen.

Die Feng-Shui-Farbenlehre bezieht sich übrigens nicht nur auf Kleidung, sondern auch auf alles andere, mit dem Sie täglich zu tun haben, also auch auf die Farbe Ihrer Wohnung, Ihres Autos etc. und – man möchte es fast nicht glauben – sogar auf die der Lebensmittel, die Sie verzehren (künstliche Farbstoffe sind natürlich ausgeschlossen).

Schattenspiele

Das chinesische und das japanische Leben sowie auch das der anderen asiatischen Länder ist untrennbar mit dem Reis verbunden. Daß das »Reispapier« aber seinen Namen trägt, ist seltsam, denn es wird aus Bambus hergestellt.

In meinem Elternhaus führten wir abends oft Schattenspiele auf, für die wir uns die absonderlichsten Geschichten ausdachten und diese dann mittels unserer Hände und einer Lichtquelle auf die Kassettentür warfen, die auf der Hinterseite mit »Reispapier« bespannt war.

Wenn ich an »Schatten« denke, steigen spontan diese Kindheitserinnerungen in mir auf. Westliche Menschen mögen den Schatten eher mit dem Sonnenschein assoziieren.

Nach meiner Auffassung fallen die Blätter von den Bäumen, weil sie auf der Suche nach dem Schatten des kommenden Jahres sind. Laufen nicht auch wir – so hektisch und geschäftig wie wir sind – jeden Tag um unseren eigenen Schatten? Da niemand sich von seinem Schatten trennen kann, weshalb kümmert man sich dann so selten um ihn?

Die Feng-Shui-Lehre übergeht ihn vollständig, obwohl er gerade für die Inneneinrichtung unerläßlich ist, vor allem in einem traditionellen japanischen Haus, dessen Schönheit und Schlichtheit ausschließlich aus der richtigen Anwendung des Schattens herrühren. Der Schatten bietet uns mehr Raum für Inspiration und Erholung.

Lieben Sie sich wirklich selbst oder ist es nicht eher Ihr Schatten, in den Sie verliebt sind?

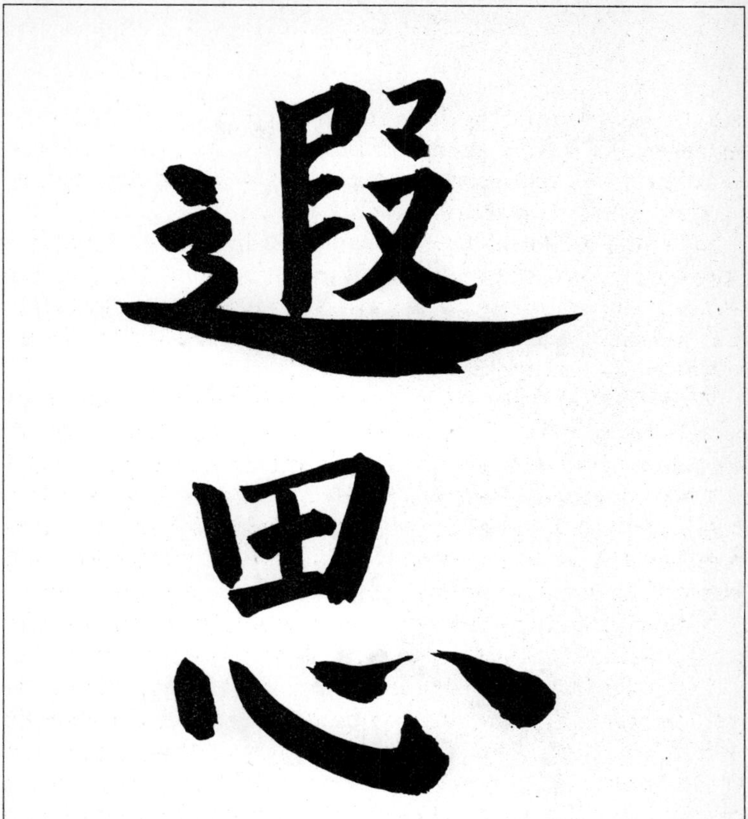

Abb. 61: Shā Se; Imagination

Abb. 62: Su Li; Geheimnis der Zahl

Zahlen-Spiele

Jedes chinesische Schriftzeichen trägt ein Zahlengeheimnis in sich. Dieses stammt aus den astronomischen Gegebenheiten sowie aus der produktiven bzw. destruktiven Reihenfolge der Fünf Elemente und beeinflußt somit das Leben eines jeden. Allgemein bedeuten diese Zahlen folgendes:

1: Beginn, Anfang, Führerschaft, Einheit, Einssein, das Beste
2: Trennung, Gleichheit, Paar, Einheit von Reichtum und Glück, das Bessere
3: Vielheit, Stabilität
4: Ausdehnung, Umgebung, Tod (der Klang der ausgesprochenen 4 ähnelt dem Klang des Wortes »Tod«; deshalb findet man in chinesischen Krankenhäusern, Hotels und Wohngebäuden niemals ein viertes Stockwerk; der Aufzug zeigt demnach nur 1, 2, 3, 5, 6… an)
5: Mitte, Komplexität
6: Reinheit, Friedfertigkeit (dies bezieht sich auf die buddhistische Auffassung, nach der die sechs Leidenschaften – Zorn, Trauer, Genußsucht, Habsucht, Haß, Erregung – die sechs »Wurzeln« des Menschen darstellen, die es zu Überwinden gilt, um den Zustand der Friedfertigkeit zu erreichen)
7: Ärger, Chaos, Unstetigkeit
8: Reichtum (der Klang der ausgesprochenen 8 ähnelt im kantonesischen Dialekt dem Klang des Wortes »Reichtum«), Glück und Friede (da nach der taoistischen Auffassung die »acht Geister« dafür verantwortlich sind, was wiederum aus der I-Ging-Lehre der acht Trigramme stammt)
9: Fülle, Erfüllung
0: Harmonie, Ergebnis, Wiederbeginn

Alles, was im Universum existiert, trägt sein spezielles Zahlengeheimnis mit sich. Aus den diversen möglichen Kombinationen rühren demnach die verschiedenen Ergebnisse menschlichen Handelns, wobei die Chinesen im Unterschied zu vielen anderen Kulturen bei Zahlenkombinationen nicht die Quersumme bilden, sondern wegen der Fünf-Elemente-Lehre nur jeweils die letzte Ziffer untersuchen. Ausnahmen bilden das Autonummernschild, bei dem jede Zahl positiv besetzt sein sollte, und die Telefonnummer, bei der die letzte Zahl stets größer sein sollte als die erste.

Namens-Spiele

Feng Shui beeinflußt auch die Lehre von der Wirkung und vom Einfluß der Namen. Wer ein Baby bekommen hat, wer ein Geschäft, eine Firma oder ein Restaurant eröffnen möchte, begibt sich zu einem Feng-Shui-Meister und bittet um einen Namen, welcher stets auf der Basis des Geburtsdatums herausgefunden wird und natürlich Glück bringen soll.

- Diesen Namen findet der Feng-Shui-Meister, indem er Zahlen, Töne (die vier Töne der chinesischen Aussprache), Daten, die Fünf Elemente und (im zweiten Fall) die Art der geschäftlichen Unternehmung miteinander kombiniert.

Die Vorgangsweise ist dabei mitunter etwas kompliziert, doch wir wollen sie nun an einem Beispiel erläutern: Nehmen wir an, die Familie Chen hat 1991 eine Tochter bekommen. Nun sucht der Vater einen Feng-Shui-Experten auf, um von ihm einen Vornamen genannt zu erhalten, der seiner Tochter lebenslang Glück gewährt. Der Feng-Shui-Mei-

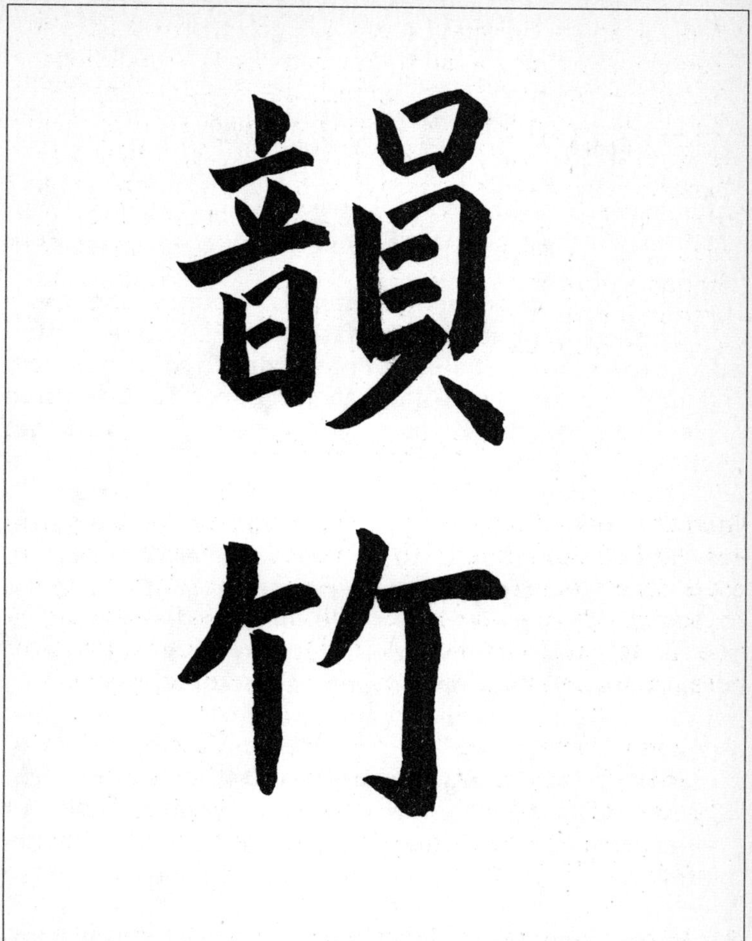

Abb. 63: Yün-Tsou; Des Bambus schöne Melodie

ster stellt als erstes die Geburtszahl fest: 6. Nach der Fünf-Elemente-Lehre bedeutet dies »Erde«. Da das Leben eines Menschen gleichzeitig von vier verschiedenen Perioden beeinflußt wird (1. Periode: Himmelseinfluß, 1–14; 2. Periode: Menschheitseinfluß, 14 –35; 3. Periode: Erdeinfluß, 35–56; 4. Periode: Gesamteinfluß, 56 –...), sollte der zu findende Name auf alle diese Abschnitte positiv wirken. Die ersten drei Perioden beziehen sich auf das Element »Erde«, die letzte Periode auf die Zahlen.

Da die Tochter der Familie Chen als Geburtselement »Erde« aufweist, bedeutet dies, daß sich der Einfluß der ersten drei Perioden auf Metall oder Erde beziehen sollte. Mit dem Lo'Pan findet der Feng-Shui-Experte nun die günstigsten Zahlen für einen Vornamen, die wiederum zur Zahl des Nachnamens passen sollen. Der Nachname hat den Zahlenwert 16, deshalb sind für den Vornamen die Zahlenwerte 19 und 6 günstig. 16 +19 + 6 ergibt 41, wodurch die vierte Lebensperiode beeinflußt wird. Wie wir schon erwähnt haben, trägt jedes Schriftzeichen eine geheime Zahl mit sich. In der 41 sind die 19 und die 6 enthalten, die nun den gewünschten Vornamen erleben werden. Aus den ca. 50 000 Schriftzeichen werden daraufhin diejenigen ausgewählt, die sich auf 19 und 6 sowie auf die Sprachtöne und Bedeutungen beziehen.

Von den sich dabei ergebenden ca. 15 Möglichkeiten sucht nun die Familie diejenige aus, von der sie meint, sie wäre für ihre Tochter die beste; in unserem Beispiel: Yün, Tsou, das bedeutet soviel wie »Des Bambus schöne Melodie«; und so heißt sie nun.

Wie Sie sehen, bereitet Namens-Feng-Shui wirklich Kopfzerbrechen. Probieren Sie es daher lieber nicht selbst aus, sondern vertrauen Sie sich einem Experten an.

Ein weiteres Beispiel zeigt die Bedeutung von Namen besonders drastisch: Bruce Lee, der berühmte Kung-Fu-Star, hieß mit seinem chinesischen Vornamen Shan-Long, was

»Kleiner Drache« bedeutet. Eines Tages bezog er in Hongkong eine Villa in der besten Wohngegend. Dieses Areal wird Gio-Long-Tang genannt, was »See der neun Drachen« heißt. Sowohl »neun« als auch »Drachen« bringen gutes Feng Shui; aber wenn man »Kleiner Drache« heißt und mit dem »See der neun Drachen« in Berührung kommt, wird man nicht glücklich enden. Und so geschah es auch: Eines Tages fand man Bruce Lee tot in seinem Bett. Bis heute weiß man nicht, was die Todesursache war.

Europäer meinen, Namen seien »Schall und Rauch«. Auf China trifft das Sicherheit nicht zu.

Kleine Straße, große Straße

Wird eine Straße angelegt, so hofft ein jeder, daß sie dem Verkehr gerecht wird, sauber bleibt und nicht allzu häßlich anzusehen ist. Je breiter sie ausfällt, desto günstiger ist dies für den Verkehr, aber um so ungünstiger für das Chi, das mit zunehmender Breite schwächer wird.

Der Grund dafür liegt darin, daß die Distanz zwischen den Häusern auf beiden Seiten zu groß ist, um positives Chi entstehen zu lassen. Ein weiterer Grund findet sich in der Straßenbauweise selbst: Je mehr Erde umgegraben wird, desto mehr Chi geht verloren.

Deshalb haben auch Geschäfte, die an einer breiten Straße liegen, weniger Kunden als die Läden in schmäleren. Hier kommen stets viele Menschen zusammen, die wiederum andere »anlocken«, während für die ersteren gar keine Chance besteht, daß sich in ihnen viele Kunden treffen – eben aus Gründen der Chi-Anziehung. Geschäfte in schmäleren Straßen wirken wie ein anziehender Magnet. Geschäfte in ganz schmalen Straßen oder in Sackgassen haben dagegen

Abb. 64: Tao; Tao (auch Straße, Weg, Pfad)

ein schlechtes Feng Shui, weil hier das Chi nicht zirkulieren kann.

- Die einzige Möglichkeit, das Geschäftsleben in einer breiten Straße zu verbessern, besteht darin, das Straßenbauamt zu veranlassen, für bepflanzte Verkehrsinseln zu sorgen oder die Straße in eine Fußgängerzone umzuwandeln. Aber wie zur Genüge bekannt ist, geschieht in dieser Richtung viel zu wenig, und die Ladenbesitzer gehen bankrott.

Deshalb ist es vorteilhafter, rechtzeitig in eine schmälere Straße umzuziehen. Dort kann man das Feng Shui durch das Aufstellen von Pflanzen immer noch weiter verbessern.

Geschäfts-Feng-Shui

Der Erfolg jeden Geschäfts (auch der eines Restaurants, einer Diskothek etc.) hängt natürlich von der Art und Weise ab, wie es geführt wird, ebenso von der Qualität der Waren und deren Preisgestaltung.

Doch das Wichtigste ist – wie könnte es anders sein – das Feng Shui. Am Beispiel McDonald's kann man das feststellen: Bevor eine Filiale dieser Ketten-Restaurants eröffnet wird, prüft man, welcher Stadtteil und welche Straße dort die größte Attraktivität aufweisen. Sodann wird das Gebäude gekauft oder das Lokal gemietet, mit entsprechendem Aufwand und der Gegend angemessen umgebaut, und der Erfolg läßt nicht lange auf sich warten.

In Asien befragt man in solchen Fällen tatsächlich Feng-Shui-Experten, möglicherweise aber auch in Amerika und Europa. Man sieht, mit Feng Shui läßt sich selbst aus »Fast Food« »Fast Money« machen.

Wenn ein »Kunde zur Tür kommt«, besteht bereits die Gelegenheit, ein Geschäft zu machen.

Wie aber muß diese Türe geartet sein, damit in einer schnellebigen Welt überhaupt jemand von ihr Notiz nimmt? Und wie ihr Chi? Feng Shui lehrt, daß man die natürliche Kraft von Wind und Wasser nutzen soll, um sein Geschäftsziel zu erreichen.

Deshalb ist es nötig, auf die Größe, die Himmelsrichtungen und die negativen Einflüsse zu achten. Daraus ergibt sich folgendes:

- Eingangstür zur Linken (von innen her betrachtet).
- Eine zu große Eingangstür ist besser als eine zu kleine.
- Die Tür sollte nicht auf die Ecke des gegenüberliegenden Gebäudes zeigen. Wenn es sich aber nicht vermeiden läßt, hilft ein konvexer Spiegel im Geschäft, der so angebracht ist, daß er die störende Ecke reflektiert.
- Auf den Lift, eine Treppe, eine Toilette oder auf die »Teeküche« eines Betriebs (manchmal auch »Sozialraum« genannt) sollte die Eingangstür auf keinen Fall hinführen. Handelt es sich um ein Restaurant, darf sie niemals auf die Küchentür zeigen.
- Sie sollte auch auf keinen Fall kleiner sein als die Tür auf der gegenüberliegenden Straßenseite. Läßt sich dies aber nicht vermeiden, so verhilft das Anbringen einer Markise oder das Aufstellen von Pflanzenkübeln links und rechts neben der Tür zu einem besseren Chi.
- Ein Geschäft sollte nicht mehrere Eingangstüren haben.
- Das gut lesbare Firmenschild sollte in seiner Farbgebung mit einer der Fünf-Elemente-Farben (das Geschäftsleben betreffend) übereinstimmen:

Holz	Grün	Baumarkt, Blumengeschäft, Bäcker, Buchhandlung, Schreibwarengeschäft, Möbelhaus
Feuer	Rot Lila	Restaurant, Porzellengeschäft, Lampengeschäft, Metzger
Erde	Gelb Braun	Bekleidungsgeschäft, Partyshop, Baumarkt, Schuhgeschäft, Blumengeschäft
Metall	Weiß Gold	Schmuck- und Uhrengeschäft, Eisenwarengeschäft, Bank, Unterhaltungs- und Elektroindustrie, Haushaltswaren
Wasser	Schwarz Grau Hellblau	Obst- und Gemüseladen, Fischgeschäft, Getränkemarkt, Friseur, Reisebüro, Autohaus

- Die Kasse sollte sich immer auf der rechten Seite (von innen her betrachtet) befinden. Diese Seite ist die »Tigerseite«, d. h. die stabile, weniger aktive, was bedeutet, daß das Geld langsamer hinaus- als hereinfließt. Im Rücken des Kassierers muß eine abschließende feste Wand sein, niemals eine Glastür, ein Fenster oder ein Spiegel.
- Die Kassentheke sollte möglichst keine Ecken aufweisen; am besten eignet sich eine U- oder Halbmondform.
- Auf der Kassentheke sollten möglichst wenige Gegenstände stehen oder liegen.
- Der »Sozialraum« eines Betriebs muß im Nord- oder Westteil untergebracht sein.
- Sehr wichtig ist die gute Zugänglichkeit der Verkaufsflächen.

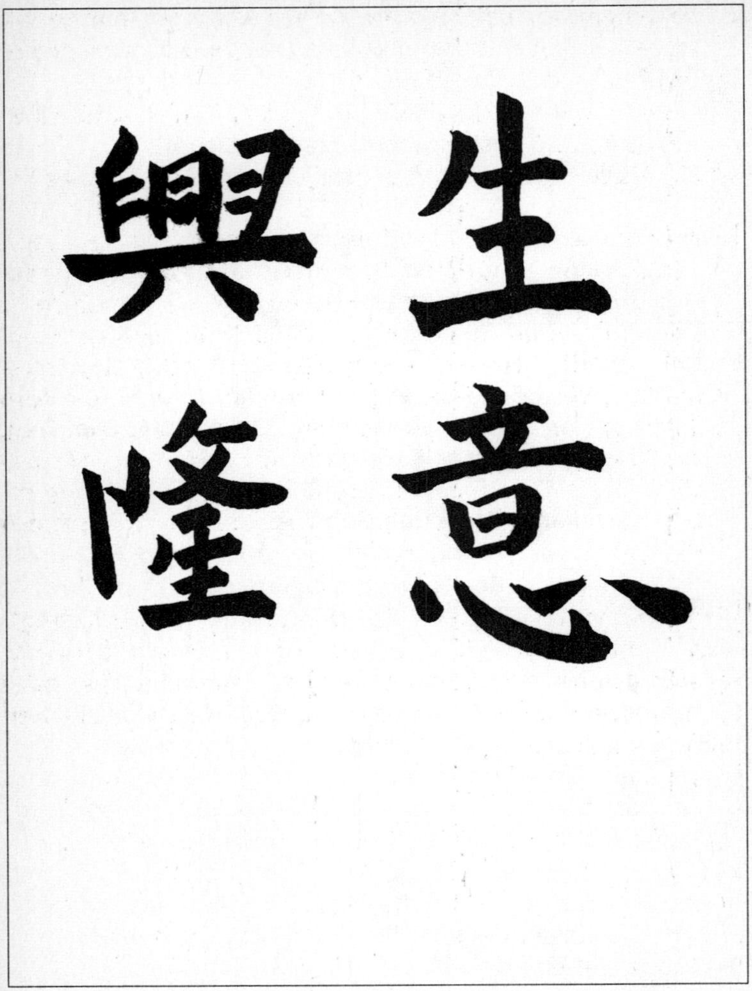

Abb. 65: She-i-Shin-Lon; »Big Business«

- Bei einem Geschäft, das mehrere Stockwerke einbezieht, sollte die Treppe stets links sein (von innen her betrachtet).
- Außer Imbißläden darf sich in unmittelbarer Nähe einer Kirche kein Geschäft befinden.
- Ein Geschäft sollte über dem Niveau des Bürgersteigs liegen.
- Zum besten Feng Shui verhilft der richtige Nachbar, wenn nämlich sein Hauptelement (nach der Fünf-Elemente-Lehre) passend ist, sollte ein Schmuck- und Uhrengeschäft (Metall) niemals neben einem Möbelhaus (Holz) lokalisiert sein, da Metall und Holz Gegner sind. Ein Getränkemarkt (Wasser) kann nicht unmittelbar neben einem Schuhgeschäft (Erde) auf zahlreiche Kundschaft hoffen, da Wasser und Erde Gegner sind. Ein Restaurant (Feuer) sollte nicht neben einem Friseur (Wasser) seine Gäste erwarten. Feuer und Wasser vertragen sich bekanntlich nicht etc.

Vielleicht haben auch Sie sich des öfteren schon gefragt, warum manche Restaurants oder Geschäfte einfach nicht »laufen«, auch wenn sie von einem neuen Besitzer oder Pächter übernommen wurden. Die Gründe dafür dürften nunmehr klar sein.

Berufs-Feng-Shui

Wenn sich jemand in seinem Beruf nicht wohl fühlt, dann mag das an schlechter Bezahlung, an neidischen Kollegen, an Problemen mit den Vorgesetzten, an mangelnder Freizeit usw. liegen.

Was immer es auch sein mag, der tatsächliche Grund ist der, daß der Beruf, den man gewählt hat (oder wählen mußte), nicht zu einem paßt, egal, welche Entschuldigung man für sich selbst erfindet.

Die Fünf-Elemente-Lehre ist besser als jede Berufsberatung geeignet, jemand den richtigen Lebensweg einschlagen zu lassen.

Welcher Beruf paßt also zu wem? Hier die Antwort, die sich jeweils auf die Jahreszeit, in der man geboren wurde, bezieht.

Frühling	Holz	Juwelier, Unterhaltungsbranche (Medien)
	Feuer	Beamter im öffentlichen Dienst, Krankenpfleger, Arzt, Wissenschaftler, Agronom, Rechtsanwalt, Sportler, Bäcker, Koch, Programmierer
	Erde	Ingenieur, Architekt, Agronom, Hausfrau
	Metall	Sportler, Koch, Ingenieur, Architekt, Agronom, Immobilienhändler, Hausfrau
	Wasser	Beamter, Krankenpfleger, Arzt, Wissenschaftler, Agronom, Rechtsanwalt, Bäcker, Sportler, Koch, Programmierer

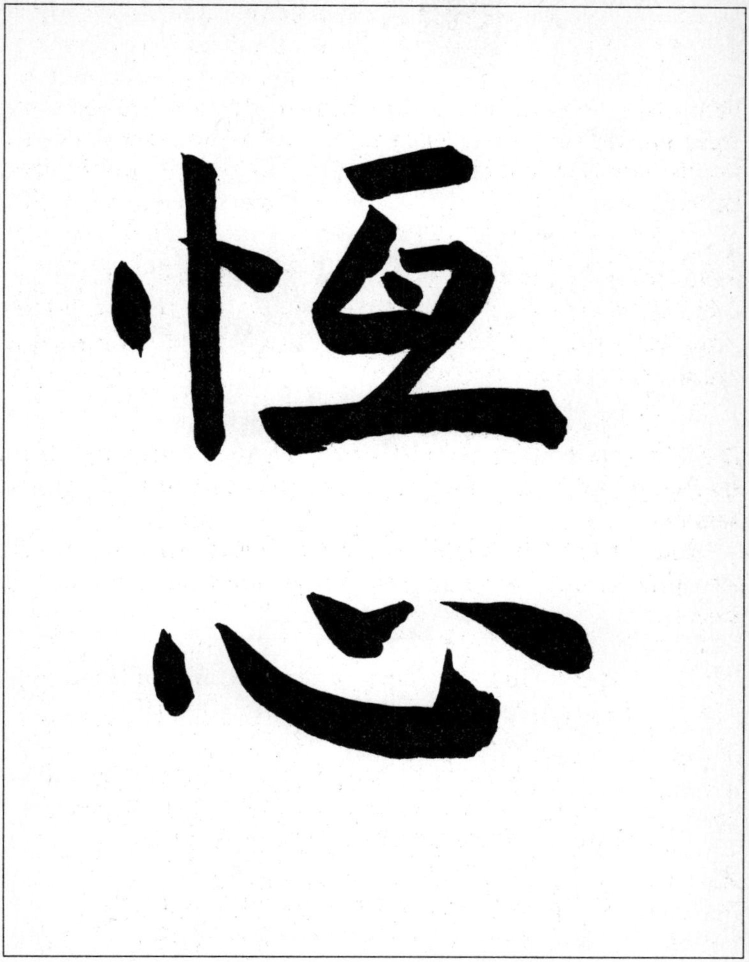

Abb. 66: Hen Shin; Geduld

Bitte nicht vergessen: Zuerst ist die Geburtszahl zu ermitteln (s. Seite 65), dann das Element, schließlich die Jahreszeit. Bei dieser Tabelle sind gewisse Berufe zusammengefaßt (z. B. beinhaltet »Beamter«: Lehrer, Richter, Verwaltungsangestellte etc.)

Sommer	Holz	Journalist, Diplomat, Verkäufer, Händler, Politiker, Rechtsanwalt
	Feuer	Journalist, Diplomat, Verkäufer, Händler, Politiker
	Erde	Journalist, Diplomat, Verkäufer, Händler, Politiker, Rechtsanwalt, Juwelier, Uhrmacher, Unterhaltungsbranche (Medien), Hausfrau
	Metall	Journalist, Diplomat, Verkäufer, Händler, Politiker, Rechtsanwalt
	Wasser	Journalist, Diplomat, Verkäufer, Händler, Politiker, Rechtsanwalt, Juwelier, Uhrmacher, Unterhaltungsbranche (Medien)
Herbst	Holz	Sportler, Koch, Journalist, Diplomat, Verkäufer , Händler, Politiker, Rechtsanwalt
	Feuer	Beamter, Krankenpfleger, Arzt, Wissenschaftler, Agronom, Rechtsanwalt, Bäcker, Programmierer
	Erde	Ingenieur, Architekt, Agronom, Immobilienhändler
	Metall	Sportler, Koch
	Wasser	Beamter, Krankenpfleger, Arzt, Wissenschaftler, Agronom, Rechtsanwalt, Bäcker, Programmierer, Sportler, Koch

Winter	Holz	Sportler, Koch, Rechtsanwalt, Politiker, Diplomat, Verkäufer, Händler, Journalist
	Feuer	Beamter, Krankenpfleger, Arzt, Agronom, Rechtsanwalt, Bäcker, Sportler, Koch, Programmierer
	Erde	Beamter, Krankenpfleger, Arzt, Agronom, Rechtsanwalt, Bäcker, Sportler, Koch, Programmierer
	Metall	Sportler, Koch, Ingenieur, Architekt, Agronom, Immobilienhändler
	Wasser	Sportler, Koch

Wie wichtig die Feng-Shui-Berufswahl ist, läßt sich ermessen, wenn man bedenkt, daß der Beruf jenen Lebensmittelpunkt darstellt, durch den man das nötige Geld verdient, um all die Dinge erwerben zu können (Haus, Inneneinrichtung etc.), deren positiven Einfluß sich durch die Feng-Shui-Lehre feststellen läßt. Der Kreis beginnt sich zu schließen …

Produktiver Parteienverkehr

Alle Gebäude, in denen »Parteienverkehr« stattfindet, auch solche mit Anwaltskanzleien und Arztpraxen, sind voll von schlechtem Chi, weil jeder, der diese Lokalitäten betritt, seine Probleme mit hineinträgt. Von außen wird also Negatives (und dazu zählt alles, was man hier geregelt haben möchte) an einen eigentlich neutralen Ort gebracht.

Wer in solch einem Ort arbeitet, ist für Jahre, wenn nicht für Jahrzehnte dem schlechten Chi, das durch Probleme erzeugt wird, ausgesetzt und sollte sich dagegen schützen, damit diese Probleme seine ursprüngliche Lebensfreude nicht »auffressen«.

Abb. 67: Shao Ko Tschang Kai; Bitte lächeln!

Man fragt sich oft, warum z. B. Beamte vorwiegend konservative Anzüge tragen. Die Antwort hierauf kann nur lauten: weil sie über eine lange Zeit schutzlos dem schlechten Chi ausgesetzt waren und weiterhin sind.

Wie kann man nun diesen ungünstigen Einfluß abwehren? Zuerst einmal durch farbige, lebensfrohe Kleidung, die zu den Fünf Elementen paßt (s. Seite 147). Ferner sollen die Büroräume selbst so eingerichtet werden, daß sie das negative Chi ausbalancieren und wenn möglich sogar gutes Chi erzeugen. Dies kann auf folgende Weise geschehen:

- Der Schreibtisch sollte so stehen, daß hinter ihm weder Tür noch Fenster ist, sondern nur genügend Platz für den, der an ihm sitzt.
- Der Schreibtisch sollte nicht zur Eingangstür hin ausgerichtet sein.
- Er darf niemals in einem spitzen Winkel zur Wand stehen.
- Am besten ist es, ihn so aufzustellen, wie es die jeweilige Fünf-Elemente-Himmelsrichtung vorschlägt (s. Seite 65). Daraus ergibt sich folgendes:

1, 2	Holz	Osten, Südosten
3, 4	Feuer	Süden
5, 6	Erde	Nordosten, Südwesten
7, 8	Metall	Nordwesten, Westen
9, 0	Wasser	Norden

- Auf dem Schreibtisch sollte immer Ordnung herrschen! Unordnung bringt schlechtes Chi, weil dadurch Zeit und Energie verlorengehen.
- Mut zur Farbe bei den Vorhängen! Alltägliches Einerlei macht die Seele stumpf. Die Farben findet man wie in auf Seite 147 beschrieben.
- Mut auch zu Bildern, Postern etc. an der Wand, und zwar möglichst zu solchen, die nichts mit dem Beruf zu tun ha-

ben; natürlich ebenso zu Pflanzen, die alles schlechte Chi absorbieren und es in positives umwandeln. Dafür wird sich nicht nur die Psyche bedanken, sondern auch Kunden, Klienten, Bittsteller, Ratsuchende etc. Angestellte und Mitarbeiter werden sich ebenfalls darüber freuen. Warum soll man sich nicht auch in einem Büro wie zu Hause fühlen?

Sha, der Prinz der Finsternis, und wie man ihn vertreibt

Wenn in einem Haus / einer Wohnung etwas Unangenehmes geschehen ist oder wenn man spürt, daß sich darin Unheil zusammenbraut, dann weiß der Feng-Shui-Meister, hier ist Sha, der Prinz der Finsternis, am Werk und treibt sein übles Spiel.

Sha ist nichts anderes als schlechtes Chi, das aber mit Hilfe von Fen-Shui-Methoden »gereinigt« werden kann, so daß es möglich ist, der drohenden Gefahr zu entgehen.

In alter Zeit sagte man: »Um die Geister in einem Haus ruhig zu halten, braucht man Steine; kommen sie aber von außen, bedarf es eines Spiegels, um sie zu vertreiben.« Diese antike Feng-Shui-Anweisung zeigt gleich zwei Möglichkeiten, wie man mit dem Sha fertig werden kann: Steine gehören wie Pflanzen so gesetzt, daß sie negative Angriffe abwehren, und dasselbe gilt auch für Spiegel; darüber haben wir ja schon früher berichtet.

Die weiteren, von chinesischen Feng-Shui-Meistern verwendeten Methoden wollen wir nun ausführlich darstellen, damit der Leser in die Lage versetzt wird, alles Schlechte aus seinem Umfeld zu verbannen und das zu erlangen, was den Sinn und Zweck von Feng Shui ausmacht: Glück, Gesundheit und Erfolg.

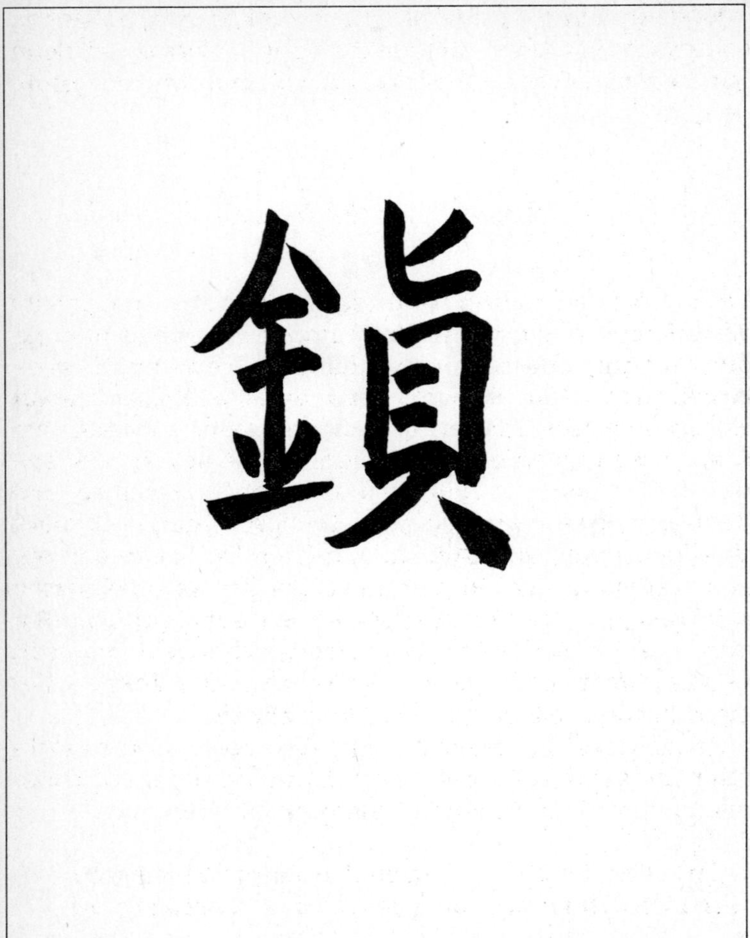

Abb. 68: Tschön; Beschwichtigen

Künftig muß man sich also nicht mehr fragen, was denn die Ursache von Unglück, Krankheit und Mißerfolg sei, denn nun ist klar, daß es an Sha liegt, der einem nicht wohlgesonnen ist.

Zeichen an der Wand

Das in China am häufigsten angewandte Mittel, um Sha zu eliminieren, ist die Fu-Tschön-Methode (»Beschwichtigung durch Zeichen«). Dabei verwendet man Holz von Pfirsich-, Birnen- oder Mandelbäumen bzw. ein Blatt Papier. Darauf werden spezielle Zeichen gemalt und dann entweder am Körper (wenn man gesundheitliche Probleme hat oder solche, die mit Liebe zu tun haben), am Haus (bei Familien- und Berufsproblemen) oder an der Eingangstür (gegen Unglück im allgemeinen) angebracht. Im letzten Fall kann man seinen »Talisman« auch im Garten vergraben. Natürlich lassen sich diese Schutz- und Abwehrzeichen auf psychische Bedürfnisse zurückführen, doch erstaunlicherweise hat sich herausgestellt, daß speziell die chinesischen Zeichen der menschlichen Zellstruktur auffallend ähneln.

Handelt es sich hier um Aberglauben oder steckt tatsächlich mehr dahinter? Die Antwort darauf harrt der Entschlüsselung durch kommende Forschergenerationen.

Alle Fu-Tschön-Zeichen setzen sich aus drei Elementen zusammen: dem Alpha, dem Beta und der geraden Linie.

Die folgende Abbildung zeigt die Konsistenz dieser Zeichen sowie ihren Bezug zur Molekularstruktur.

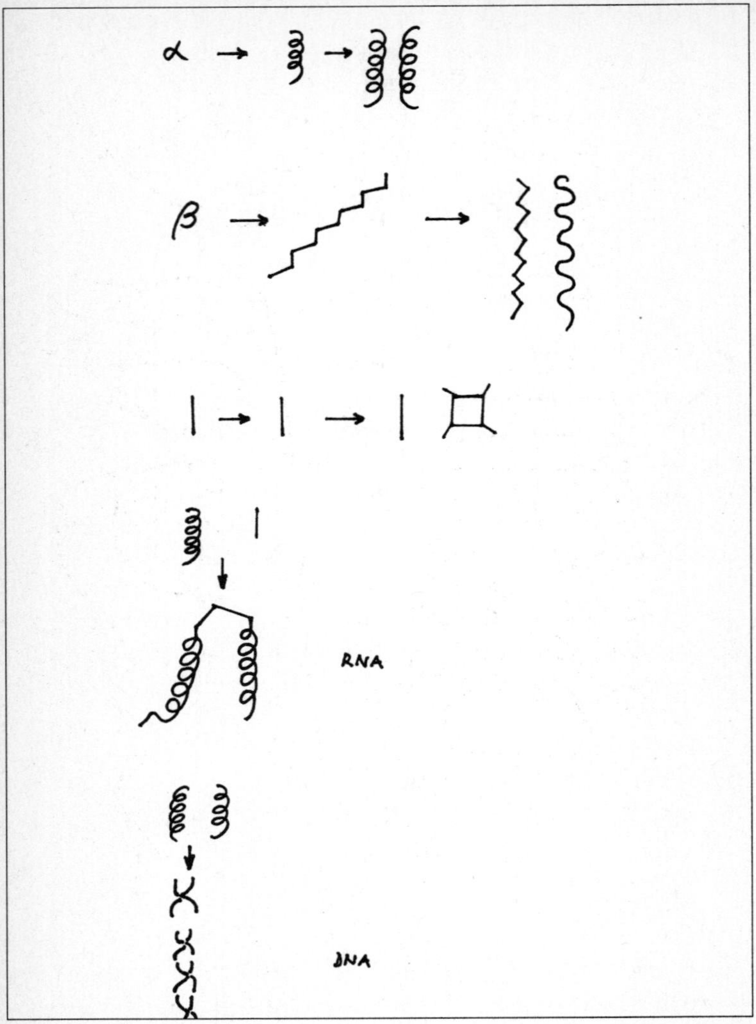

Abb. 69: Die Entwicklungsstufen der Fu-Tschön-Zeichen

Abb. 70: Zwei voll entwickelte Fu-Tschön-Zeichen
a) Gegen Unglück; b) Gegen Gesundheits- und Schlafprobleme

Die Kraft der Steine

Wenn das Haus / die Wohnung so lokalisiert ist, daß es / sie dem schlechten Chi der gegenüberliegenden Gebäude oder der vorbeiführenden Straße ausgesetzt wird, verwenden die Feng-Shui-Meister große Steine oder Felsbrocken, die sie mit Li-Schö-Zeichen versehen, um das Sha zu bannen.

- Natürlich werden diese Steine außerhalb der betroffenen Objekte, also im Garten oder an der Wohnungseingangstür usw. plaziert.

Nachfolgend einige Beispiele gegen diverse schlechte Einflüsse:

Abb. 71: Li-Schö-Zeichen »Ü-Di« (gegen Einbrecher)

Abb. 72: Li-Schö-Zeichen »Tai-Shan« (gegen schlechten Einfluß der Straße)

Abb. 73: Li-Schö-Zeichen »Chien-Yüen« (gegen schlechten Einfluß gegenüberliegender Gebäude)

Guerillakrieg

Ist jemand der Meinung, das Unglück, das ihn permanent verfolgt, stamme von einer gewissen feindlich gesinnten Person, dann empfehlen Feng-Shui-Experten die chinesische Variante von Woodoo.

- Es wird eine Tonfigur dieser Person hergestellt, mit ihrem Geburtsdatum versehen und irgendwo in der Erde vergraben. Diese Methode nennt man »Mai Wu«.
- Meint aber jemand, das Unglück verfolge ihn generell und sei nicht auf eine bestimmte Person zurückzuführen, dann raten die Feng-Shui-Meister dazu, entweder eine tote Maus, ein Hufeisen, eine Schlangenhaut, einen Behälter mit Schweineblut oder einen Tigerknochen zu vergraben. Diese Art von »Kampf im Untergrund« wird mit Sicherheit jeden »Prinzen der Finsternis« vertreiben …

Abb. 74: Shu; Magischer Zauber

Die Magie der Spiegel

Diese Methode ist die einfachste von allen. Man bedarf dabei nicht einmal eines Feng-Shui-Meisters, und wir haben ihre Anwendung in diesem Buch schon des öfteren erläutert.

- Der Grund dafür, daß sie so wirksam ist, mag in der tatsächlichen Rückstrahlung schlechten Chis liegen, vielleicht aber auch nur in der dadurch erzielten seelischen Befriedigung.

Ist letzteres der Fall, wird mit Sicherheit gutes Feng Shui erzeugt, denn Geist, Seele und Körper erreichen damit jene Harmonie, die für jedes wirkliche Glück unerläßlich ist.

Abb. 75 An; Seelenruhe

Kaktus-Geld

Liegt ein Haus, eine Wohnung oder ein einzelner Raum in einer ungünstigen Feng-Shui-Position, dann ist es tatsächlich oft kaum möglich, das Objekt selbst umzubauen. In solchen Fällen empfehlen Feng-Shui-Experten den Gebrauch von Kakteen. Der Grund dafür liegt im Wesen dieser Gewächse: Sie speichern Wasser und haben Stacheln.

- Die Fähigkeit, Wasser zu speichern, symbolisiert die Wichtigkeit, Geld (das Metall-Element) nicht »fortfließen« zu lassen, also nicht auf den Erfolg zu verzichten oder wegen Geldnot seelisch und körperlich krank zu werden.
- Die Stacheln wiederum stellen das Messer-Prinzip dar, das in der Lage ist, schlechtes Chi umzuleiten.

Die Kakteen müssen dort aufgestellt werden, wo sie eine Verbindung zwischen außen und innen schaffen, also am besten an den Fenstern. Genauso wie der Kaktus in der Wüste in der Lage ist, Verdurstende mit dem nötigen Element zum Überleben zu versorgen, hat der Kaktus in der Wohnung / im Haus die Aufgabe, das Überleben insofern zu sichern, daß das Sha nicht imstande ist, sich des Daseins des Bewohners zu bemächtigen.

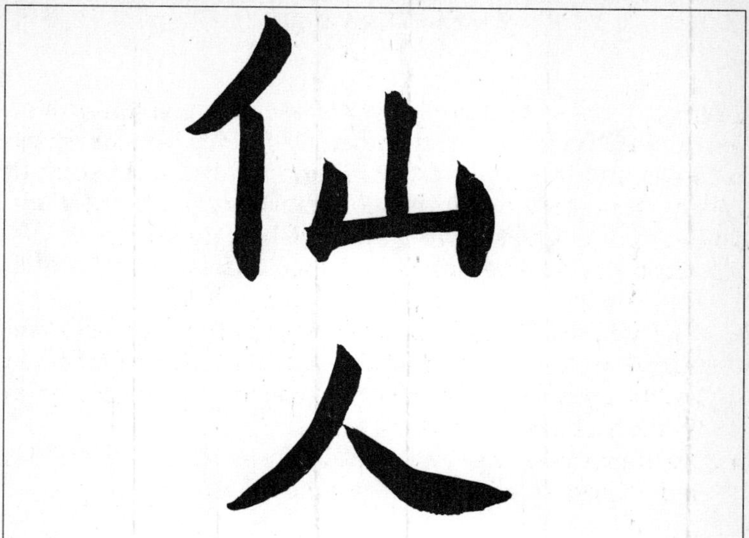

Abb. 76: Shien-Dschen-Chang; »Die Hand der Schutzgottheit« (chines. Bezeichnung für Kaktus)

Das Charakterbett

Solange eine Liegestatt im Möbelhaus steht, entbehrt sie jedweder Eigenschaft. Erst in dem Moment, in dem sie ein Zuhause erhält, entwickelt sie Charakter. Dieser beeinflußt nun auch den Charakter dessen, der sich darauf niederläßt. Aus diesem Grund kann man mit Recht behaupten, Berufs- oder Liebesprobleme stammten vom »Charakter« des Betts.

Das klingt lustiger, als es in Wirklichkeit ist, denn die Bettposition ist tatsächlich sehr entscheidend für ein gelungenes Dasein, vor allem deshalb, weil es genügenden Schlafes bedarf, um jene Energie zu erhalten, die notwendig ist, das Glück nie mehr entfliehen zu lassen.

Aus dieser Sicht würde der Bettcharakter – je nach Aufstellung – folgende Eigenschaften entwickeln:

- Ost-West: frischer, aktiver Charakter; Erfolg schon in jungen Jahren möglich.
- Südost-Nordwest: klarer, mutiger Charakter; hier wird oft unerwartete Hilfe zuteil.
- Süd-Nord: sensitiver, kreativer Charakter; gut für alle Künstler, die während der Nacht arbeiten.
- Südwest-Nordost: geduldiger, sanftmütiger Charakter; hier können gute Eltern entstehen.
- West-Ost: sanfter, verschwiegener Charakter; kann große Zufriedenheit hervorrufen.
- Nordwest-Südost: mitfühlender, überlegener Charakter; gut für Liebe und Geld.
- Nord-Süd: stiller, korrekter Charakter; erzeugt Gesundheit und oftmaliges Lächeln.

Abb. 77: Chün-Tse; Ein vortrefflicher Mensch

Kinderglück

Je glücklicher Kinder aufwachsen, um so mehr werden sie eines Tages dieser Welt das geben, was diese so oft vermißt ehat und auch heute nach wie vor entbehrt: ein tiefes Verständnis für alles Lebendige, gepaart mit dem Wissen, daß es sinnlos ist, einander ständig zu verletzen. Um das Glück ihrer Kinder schon frühzeitig zu fördern, sollten die Eltern ihnen nicht nur die beste Erziehung angedeihen lassen, sondern auch das Kinderzimmer nach Feng-Shui-Prinzipien gestalten. Wie bereits erwähnt, ist es am günstigsten, dieses Zimmer im Ostteil des Hauses / der Wohnung unterzubringen. Ist dies jedoch nicht möglich und schlafen, lernen und spielen die Kinder in einem anders gelegenen Raum, gilt es, im Hinblick auf das Sha folgendes zu bedenken:

- Liegt das Zimmer im südostlichen Teil, so ist dies dem Wachstum, der Gesundheit und der Befähigung zur Geselligkeit förderlich. Das Konzentrationsvermögen wird allerdings negativ beeinflußt. Ein grüner Vorhang oder elfenbeinfarbene Wände (bzw. umgekehrt) könnten für Abhilfe sorgen.
- Liegt das Zimmer im nordwestlichen Teil, begünstigt dies die Bildung von Verantwortungsgefühl und fördert die Lernbereitschaft. Allerdings kann das Kind hier auch gewisse frühreife Eigenschaften entwickeln, so daß es um seine ursprüngliche Lebensfreude gebracht wird. Für Jungen mag hier eine grüne oder gelbe, für Mädchen eine rosa Farbgebung angebracht sein.
- Liegt das Zimmer im südlichen Teil, kann dies einem ungestümen Charakter Vorschub leisten; auch Reizbarkeit und Hyperaktivität könnten auftreten. Ein solches Zimmer bedarf vieler Pflanzen, und der Schreibtisch sollte so aufgestellt werden, daß seine Stirnseite nach Norden

Abb. 78: Guan; Licht

zeigt. Für das Bett wäre Nord-Süd- oder West-Ost-Ausrichtung vorteilhaft.

- Liegt das Zimmer im nördlichen Teil, kann dies einem freundlichen und liebenswerten Charakter dienlich sein. Zu Hause sind solche Kinder meist sehr ruhig, kaum sind sie aber anderswo, werden sie übermütig. Geselligkeit liegt ihnen weniger, sie neigen zu Einzelgängertum. Das Chi eines solchen Zimmers kann verbessert werden, wenn das Bett in Ost-West- oder Süd-Nord-Richtung aufgestellt wird.
- Liegt das Zimmer im südwestlichen Teil, fördert dies unter Umständen übertriebene Ängstlichkeit und unterdrückten Ehrgeiz. Die Position des Schreibtischs in ost-westlicher Richtung mag hier Abhilfe schaffen. Anstelle von Vorhängen sollten Jalousetten in sehr hellen Farben angebracht werden
- Liegt das Zimmer im nordöstlichen Teil, kann diese Lage Unaufmerksamkeit und Unordentlichkeit verstärken. Ausgleichend wirkt hier die Position des Betts in Ost-West-Richtung.
- Liegt das Zimmer im westlichen Teil, könnte dies die Melancholie fördern und die Lernbereitschaft mindern. Hier helfen Zimmerpflanzen sowie helle Vorhänge. Der Schreibtisch sollte in Nord-Süd- oder Ost-West-Richtung aufgestellt werden, das Bett sollte ebenfalls ost-westlich ausgerichtet sein.

Spiel mit dem Wind

Ein Zen-Meister ließ zwei seiner Schüler wochenlang dem Klang des Windspiels lauschen. Dann fragte er sie: »Was ist der Grund für diesen Klang?« Der eine Schüler meinte: »Das Aneinanderschlagen der Röhren.« Der andere sagte: »Der Wind.« Darauf der Meister: »Nein, es ist euer Herz.«

Eine andere Geschichte berichtet von einer Zen-Tempelanlage in Japan. Dort gab es einen herrlichen Garten, der immer wieder von Besuchern beschädigt wurde. Um dies zu vermeiden, stellte ein Schuler ein Schild mit der Aufschrift »Betreten verboten« auf, aber niemand beachtete es. Ein anderer Schüler versuchte es mit einem anderen Schild: »Hier wohnt Gras«, stand darauf; doch auch dieser Hinweis wurde ignoriert. Bis der Meister kam und ein Windspiel aufhängte. Von da an wagte kein Besucher mehr, den Garten zu betreten.

Gegen das Sha ist ein Windspiel ein »Mittel für alle Fälle«. Man kann es überall anbringen, es zaubert angenehme Töne hervor und beruhigt; es vertreibt schlechtes und erzeugt gutes Chi; es ist günstig zu erwerben und bietet ein Höchstmaß an Ästhetik. Durch seinen Klang wird das Sha aufgelöst und in alle Richtungen verstreut. Nun hat es keine Kraft mehr und kann kein Unheil mehr anrichten.

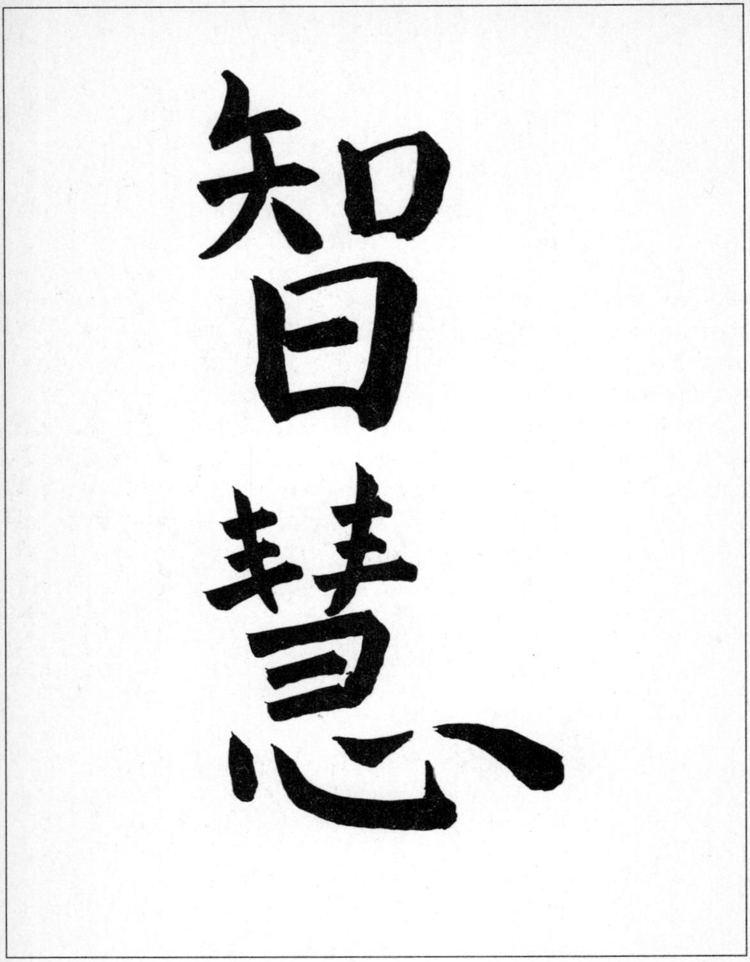

Abb. 79: Chö-Hwei; Die richtige Einstellung

Chi, die Prinzessin des Lichts

Lao Tse lehrt, daß alles Existierende aus Yin und Yang zusammengesetzt ist und daß es das Chi ist, welches beide harmonisch miteinander verbindet. Men Tse sagt, daß im Himmel und auf Erden alles von Chi erfüllt ist. Dieses ist die größte und stärkste Kraft und beeinflußt Raum und Zeit.

Die alten Philosophen waren in zwei Gruppen gespalten: Die eine Schule war materialistisch ausgerichtet, die andere idealistisch. Letztere lehrte, daß das Chi eine rein geistige Angelegenheit sei, während erstere es für den Ursprung allen Seins hielt. Die Kombination von beiden spiegelt das moderne Bild der Wissenschaft wider, nach welchem die Materie letzten Endes ein stofflicher Ausdruck des unstofflichen Geistes ist. Für die Feng-Shui-Lehre gilt, daß das Chi der Beginn allen Seins ist, daß es aber nicht unbewegt bleibt, sondern sich ständig verändert.

Das Chi ist verantwortlich für das Sein des Menschen und somit für sein Glück oder Unglück. Und da es stets in Bewegung ist, gibt es auch kein ewiges Glück oder Unglück an sich, sondern nur den Wechsel von beiden.

Dennoch kann man dem Unglück entgehen, wenn man den Feng-Shui-Grundsätzen folgt. In diesen wird das Chi als lebendiges, totes, Yang-, Yin-, gutes und schlechtes Chi klassifiziert. Zudem gibt es ein Erdball- und ein Erdboden-Chi sowie eines, das unter dem Erdboden wirksam ist. Für die

Abb. 80: Chi

Menschen gilt es, dem toten Chi zu entfliehen und dem lebendigen zu folgen.

Um nun herauszufinden, welches Chi »tot« und welches »lebendig« ist, bedarf es eines »Eingeweihten«, eines Feng-Shui-Meisters, der das Chi, von dem man umgeben ist, regulieren und ausgleichen kann. Dieser Vorgang ist äußerst kompliziert: Yin-Yang, die Fünf Elemente und das gesamte persönliche Umfeld müssen herangezogen werden, um das lebendige Chi herauszufiltern. Hat man es aber einmal gefunden, bringt es auch beständiges Glück. Die Feng-Shui-Lehre ist dem nach hauptsächlich die Lehre vom rechten Chi.

Der Atem des Lebens

Kein Mensch vermag ohne Luft zu leben. Für die antike chinesische Tradition sind Luft und Chi weder vollständig miteinander identisch, noch sind sie voneinander zu trennen. Luft und Chi kann man weder sehen noch berühren, und dennoch sind sie stets anwesend.

Die alten Philosophen meinten zudem, daß sich das Chi verstofflichen könne und daß jede Form in der Lage sei, sich in Chi aufzulösen. Daraus resultieren die Reinkarnationstheorie sowie das Gesetz von der Erhaltung der Energie. Diese ist der »Atem des Lebens«, den die Inder »prana«, die Japaner »ki«, die Griechen »pneuma« und die Germanen »odem« nannten. Sie wurde oft als »göttlich« bezeichnet und galt als Veranschaulichung der Lebensgesetze.

Letzlich basieren alle Religionen auf irgendeiner Art der Vorstellung von Energie, die alles durchdringt und alles bewirkt. Manchmal wird sie personifiziert, manchmal bleibt sie im Dunkel der Transzendenz verborgen.

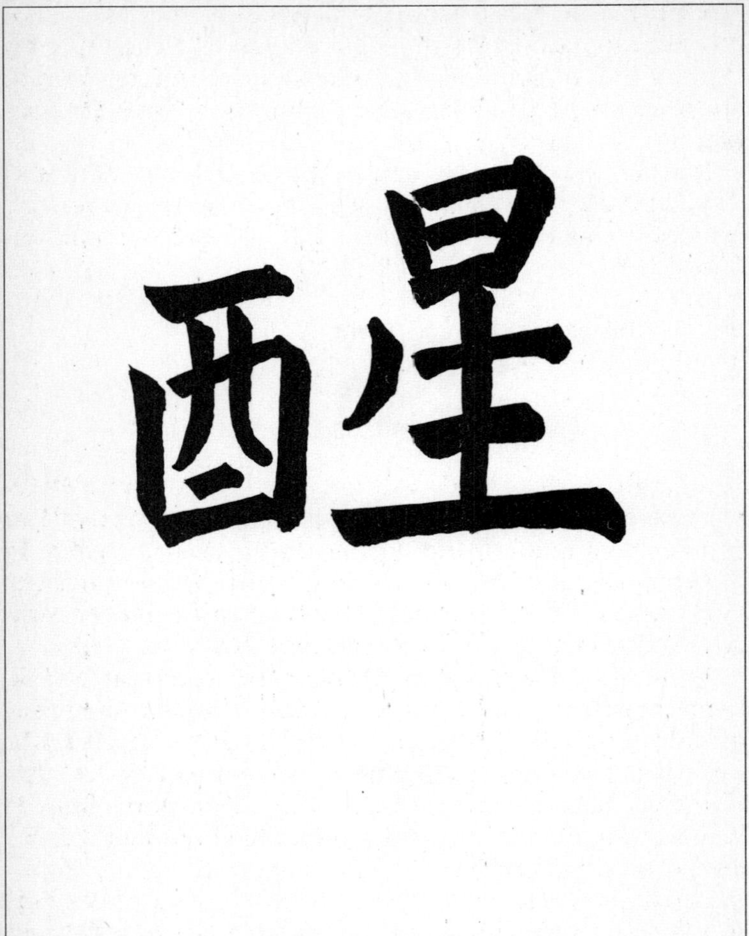

Abb. 81: Shinn; Erwachen

Alle Religionen verehren somit das Chi auf grandiose Weise, nur der Buddhismus (der eine Religion ist, die keine Religion ist) hält Chi für das Natürlichste und Einfachste, das es gibt und dem man im täglichen Leben auf Schritt und Tritt begegnet.

Deshalb kann im Buddhismus auch ein jeder den Zustand der Buddhaschaft erlangen. »Wer sein Schwert niederlegt, wird zum Buddha«, sagte der historische Siddhartha Gautama.

Chi-Fluß

»Panta rhei«, »alles fließt«, erkannte der griechische Philosoph Heraklit um 500 v. Chr. Etwa zur selben Zeit entstand Lao Tses Lehre vom Tao, die das Wissen um das Chi beinhaltet. In der Folgezeit entwickelte sich daraus auch die Kenntnis der Chakren (chin. Shüe-Tao), jener Energiepforten, die entlang der Wirbelsäule im menschlichen Körper lokalisiert sind.

Damit das Chi sie passieren kann, ist es erforderlich, daß sie geöffnet werden. Im »normalen« Leben findet dies bedauerlicherweise nicht statt, sondern kann nur durch Meditation erreicht werden. Durch richtiges Üben gelingt es, den Körper ruhigzustellen und den Geist zu »entleeren«. Danach kann das Chi so fließen, daß es den Meditierenden zur Erleuchtung führt.

Das Chi vermag alles zu durchfließen, und es verfügt offenbar über magnetische Eigenschaften. Aufgrund dieser Tatsache können Menschen, einer Antenne gleich, die Energien des Universums aufnehmen und abstrahlen.

Die Feng-Shui-Lehre macht sich diese Eigenschaft zunutze, um die beste Position, an der jene Antenne aufgestellt gehört, herauszufinden.

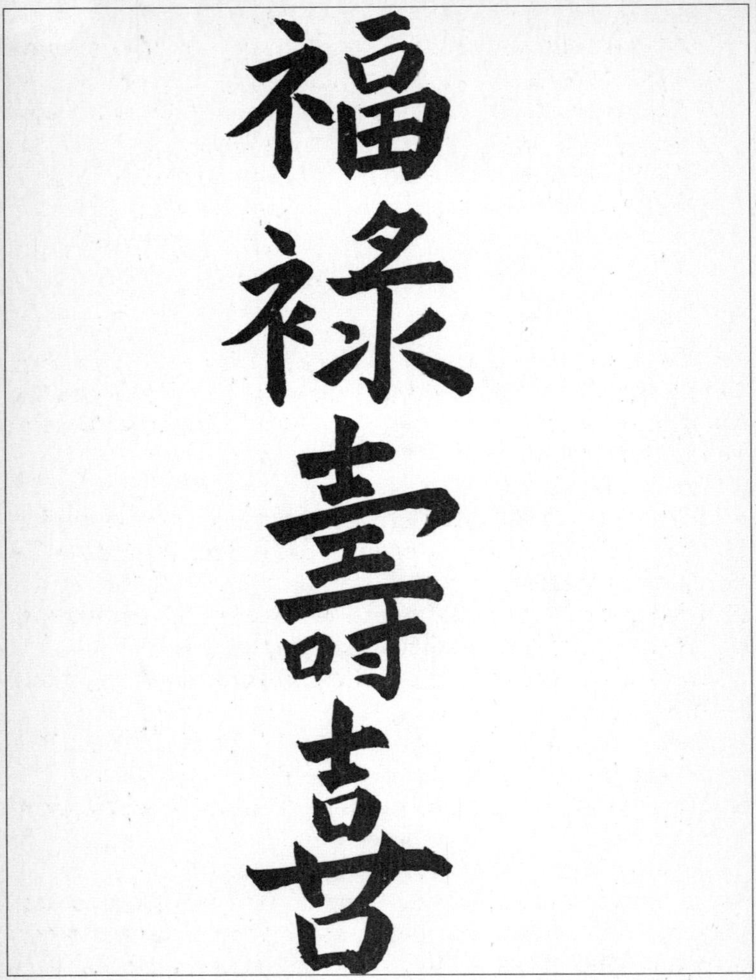

Abb. 82: Fu-Lu-Shō-Shi; Das vierfältige Glück

Das »menschliche« Chi muß mit dem Chi der Umgebung in Balance stehen, damit das erzeugt wird, was die Chinesen das »vierfältige Glück« nennen. Fu besteht aus: Fu (zufälliges Glück), Lu (Reichtum), Shō (langes Leben) und Shi (Glückseligkeit).

Chi und die Fünf Elemente

Für die Feng-Shui-Lehre ist Chi der Beginn von allem. Dieses Chi teilte sich und bildete zwei Pole – Yin und Yang. Yin und Yang schufen auf der Erde fünf Grund-Elemente: Wasser, Feuer, Holz, Metall, Erde.

- Das Wasser fließt stets von oben nach unten und ernährt somit alles, was auf oder unter dem Boden ist; sein Geschmackscharakter ist salzig.
- Das Feuer züngelt stets von unten nach oben und erzeugt Trockenheit; sein Geschmackscharakter ist bitter.
- Das Holz ist biegesteif; sein Geschmackscharakter ist sauer.
- Das Metall ist hart, kann aber schmelzen; sein Geschmackscharakter ist scharf.
- Die Erde ist wachstumerzeugend; ihr Geschmackscharakter ist süß.

Aus der Tatsache, daß diese Elemente nicht statisch sind, sondern einmal stärker und dann wieder schwächer auftreten, entwickelt sich der Chi-Fluß, der wiederum die Jahreszeiten und deren Wechsel bedingt. Daß all dies in Harmonie stattfindet, dafür ist der Chi-Fluß verantwortlich, denn er ist es, der zwischen Yin und Yang vermittelt. Und das Erreichen dieser Harmonie ist das Ziel der Feng-Shui-Lehre.

Die Feng-Shui-Kosmologie beruht auf strenger Naturbeobachtung. Wie also könnte sie falsch sein, wenn man bedenkt, daß der Mensch ein Teil dieser Natur ist?

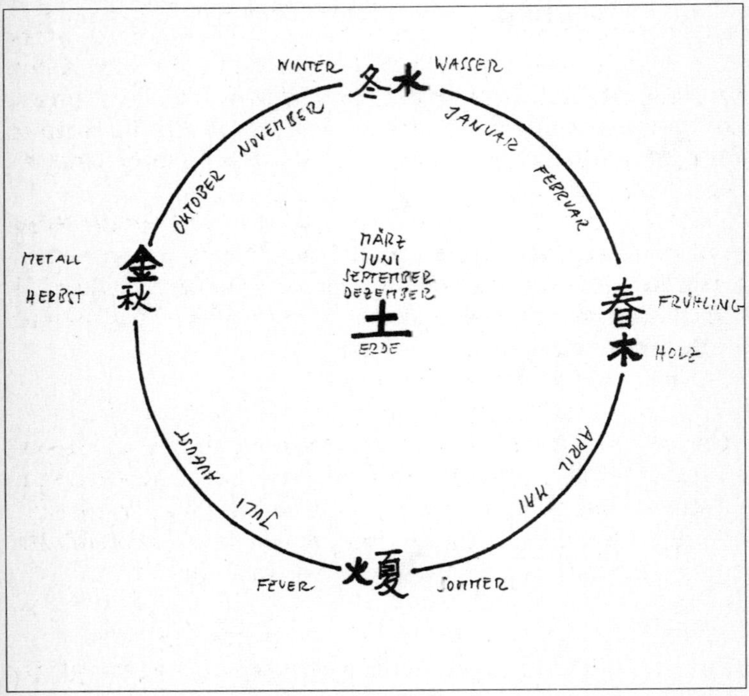

Abb. 83: Die Fünf Elemente und die Jahreszeiten

Chi-Anziehung

Auch wenn das individuelle Glück mit dem Chi in Verbindung steht, so ist dieses Chi durchaus beeinflußbar. Die positive Variante besteht dabei in der Schaffung einer harmonischen Fünf-Elemente-Ordnung, die negative in deren Zerstörung.

Selbst die traditionelle chinesische Medizin beruht auf diesem Prinzip: Solange in einer Jahreszeit alle Elemente stark sind, können Außeneinflüsse (Wind, Regen, Hitze, Kälte, Trockenheit etc.) kaum Schaden anrichten. Wenn die einzelnen Jahreszeit-Elemente ihre eigene Kraft zu reduzieren in der Lage sind, dann vermeiden sie es, ihrem Gegner Schaden zuzufügen.

So schießen z. B. im Frühling die Bäume (Holz) in die Höhe und verletzen dabei das Element Erde, dem sie zu viele Nährstoffe entziehen. Würden sie etwas weniger schnell wachsen, hätte die Erde genügend Zeit, für Nährstoffnachschub zu sorgen.

Dementsprechend muß man, um gesund zu bleiben, seine eigenen Fünf Elemente stets im Ausgleich halten, denn entweder helfen sie sich gegenseitig oder sie fügen einander Schaden zu. Das Helfen findet im »produktiven Ring« statt, das Verletzen im »destruktiven«.

Die Elemente-Balance beim Menschen basiert aber auf der richtigen Ernährung, weil auch jedes Lebensmittel sich nicht von der Fünf-Elemente-Regel trennen läßt, wie folgende Abschnitt zeigen wird.

Abb. 84: Tiao; Ausgeglichen sein

Das Chi der Natur

Das ständige Zirkulieren der Fünf Elemente bewirkt den Ablauf der vier Jahreszeiten. Das Chi der Natur ist dabei für die Stärke der einzelnen Elemente verantwortlich.

Da der menschliche Körper sich, wie alles andere auch, den Fünf Elementen nicht entziehen kann, ist es für die Gesundheit unerläßlich, daß jene sich in der produktiven Reihenfolge bewegen und daß Yin und Yang in Balance bleiben.

Diese Theorie wird heute wieder ernst genommen und findet ihren Widerhall in diversen Heilmethoden. Der Chi-Fluß wirkt nämlich auf den Blutkreislauf und beeinflußt somit die fünf wichtigsten Organe (Leber, Herz, Milz, Lunge, Nieren), weshalb deren Tätigkeit nie gleich kraftvoll ist.

Wer den Bezug Elemente – Organe – Jahreszeiten versteht, kann das Yin-Yang ausgleichen, indem er die rechte Ernährung wählt. Ein Beispiel mag dies verdeutlichen:

Frühling bezieht sich auf Holz, dieses ist demnach der »Herrscher«. Um Feuer zu machen, bedarf es des Holzes. Das Feuer kann also wegen des Holzes überleben; es ist sozusagen sein »Diener«. Da das Holz aber das Element Erde schädigt, wird diese der »Untertan« des Holzes. Nun aber ist Metall imstande, das Holz zu schlagen, denn es ist stärker und wird somit zum »Hofberater«. Da jedoch das Metall immer dort zu finden ist, wo es Wasser gibt, ist es sein Partner und somit ein »Minister«. Das Metall braucht ihn, um seine Aufgabe erfüllen zu können, aber der »Herrscher« (das Holz) bedarf wiederum des Wassers (des »Ministers«), um am Leben bleiben zu konnen. Im Sommer wird das Holz zu Feuer …

In jeder Jahreszeit spielt ein bestimmtes Element eine wichtige Rolle, was sich natürlich auch auf die Lebensmittel auswirkt, die selbst wieder in Charaktere eingeteilt werden können, und zwar in milde, kühle, feuchte und heiße.

Folgende Übersicht veranschaulicht die Bezüge:

Frühling	Holz	Wind	mild
Sommer	Feuer	Hitze	kühl
Herbst	Metall	Trockenheit	feucht
Winter	Wasser	Kälte	heiß

Daraus ergeben sich folgende Lebensmittel:

Mild: Pfirsich, Birne, Mandel, Frühlingszwiebel, Lauch, Banane, Kiwi, Pflaume, Apfel, Karotte, Aprikose, Beeren

Kühl: Melone, Pfefferminze, Ingwer, Basilikum, Zucchini, Aubergine, Koriander, Salat, Tomate, Rettich, Radieschen, Knoblauch, Grapefruit, Chinakohl, Spinat, Spargel, Kokosnuß

Feucht: Orange, Bohne, Kristallzucker, Kartoffel, Zwiebel, Zitrone, Traube, rote Bete, Erbse

Heiß: Kastanie, Erdnuß, Peperone, Chili, Pfeffer, Sesamöl, Lamm, Honig, Lychee

Somit erstreckt sich der Einfluß von Feng Shui bis in unsere Nahrung hinein.

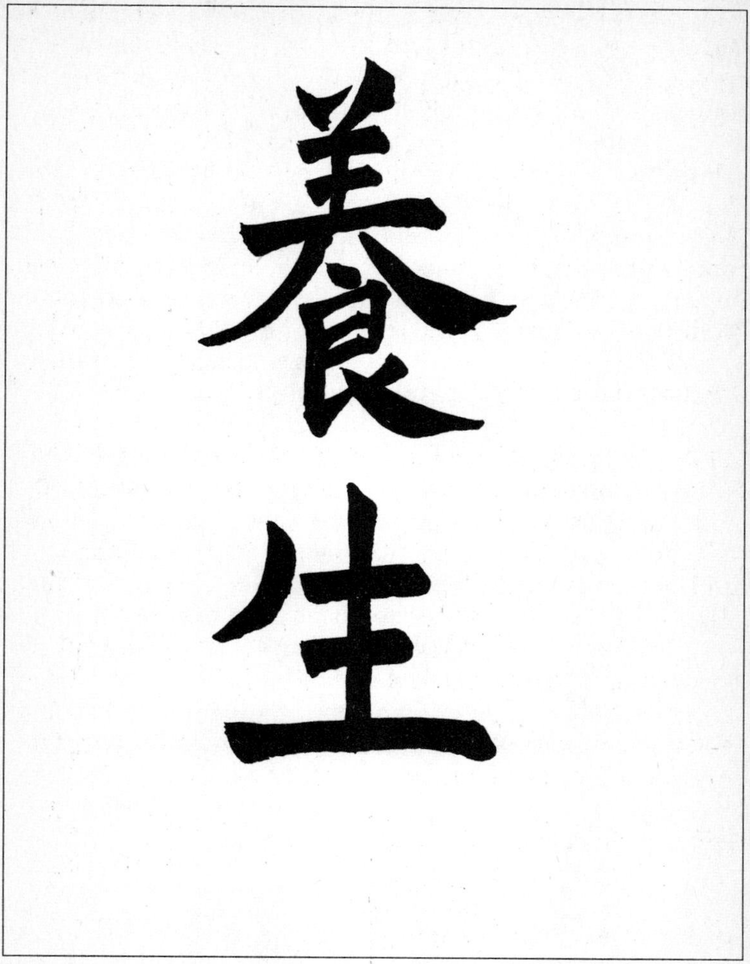

Abb. 85: Yang Shön; Fürsorge

Chi-Strom

Um das Schicksal voraussagen zu können, verbrannte man im alten China den Panzer einer Schildkröte. Man hatte herausgefunden, daß er aus neun Platten besteht. Da man auch neun Sternenkonstellationen kannte, die sich auf die Zahlen 1 – 9 bezogen, übertrug man diese kosmische »Botschaft« auf die Panzerplatten. Legte man nun einen Panzer ins Feuer, zerbrach er, und man konnte aus der neuen Konstellation der einzelnen Teile Aussagen über die Zukunft machen.

Später entwickelte Fu Hsi (Chou-Dynastie, 1122 – 256 v. Chr.) ein neues System, das sich auf die Trigramme des I-Ging stützte.

Es handelt sich hierbei um das berühmte Ba-Kua-Oktaeder, in dessen Mitte sich das Yin-Yang-Symbol befindet. Das I-Ging sagt: Am Beginn gab es Eines. Dieses teilte sich in Zwei (Himmel/Erde) und dieses wieder in Vier (Frühling/Sommer/Herbst/Winter). Daraus trat Acht: Chien (Süd), Sun (Südwest), Kan (West), Ken (Nordwest), Kun (Nord), Chen (Nordost), Li (Ost), Tui (Südost). Als die Geografie-Reform durchgeführt wurde, änderte man diese Bezeichnungen entsprechend der »neuen« Erdanschauungsweise um. Somit ergab sich: Li (Süd), Kun (Südwest), Tui (West), Chien (Nordwest), Kan (Nord), Ken (Nordwest), Chen (Ost), Sun (Südost). Beide Systeme werden heute von Feng-Shui-Meistern verwendet.

Die Alten stellten den Himmel als ein in vier gleiche Teile gegliedertes Quadrat dar, aus dem sich die acht Himmelsrichtungen ergaben. Diese bildete man auf dem Ba Kua (»Acht Vorhersagen«) als Trigramme (»Dreistriche«) ab. Die nicht unterbrochene Linie repräsentiert Yang, die unterteilte Yin.

Daraus ergeben sich 64 mathematische Möglichkeiten. Jedes Trigramm verfügt über Form, Name, Himmelsrichtung, Yin oder Yang und eine Schicksalbedeutung. Da die Veränderung von Yin und Yang sowohl des Ba Kua als auch der Fünf-Elemente-Lehre bekannt war, vereinigte man beide im Lo P'an, über den wir schon auf Seite 19 berichteten.

Dieser Vereinigung wurden die zwölf Doppelstriche beigefügt, da diese wiederum mit den Fünf Elementen in enger Beziehung stehen. Das Gesamte ist nur möglich, weil es unablässig vom Chi durchströmt wird. Dabei beinhalten die acht Basis-Trigramme folgende Bedeutung:

☵	Kan	N	Wasser	Yang	Sechs Sha
☶	Ken	N/O	Erde	Yang	Heil vom Himmel
☳	Chen	O	Holz	Yang	Lebendiges Chi
☴	Sun	S/O	Holz	Yin	Schweigen
☲	Li	S	Feuer	Yin	Fünf Geister
☷	Kun	S/W	Erde	Yin	Schaden
☱	Tui	W	Metall	Yin	Tod
☰	Chien	N/W	Metall	Yang	Langes Leben

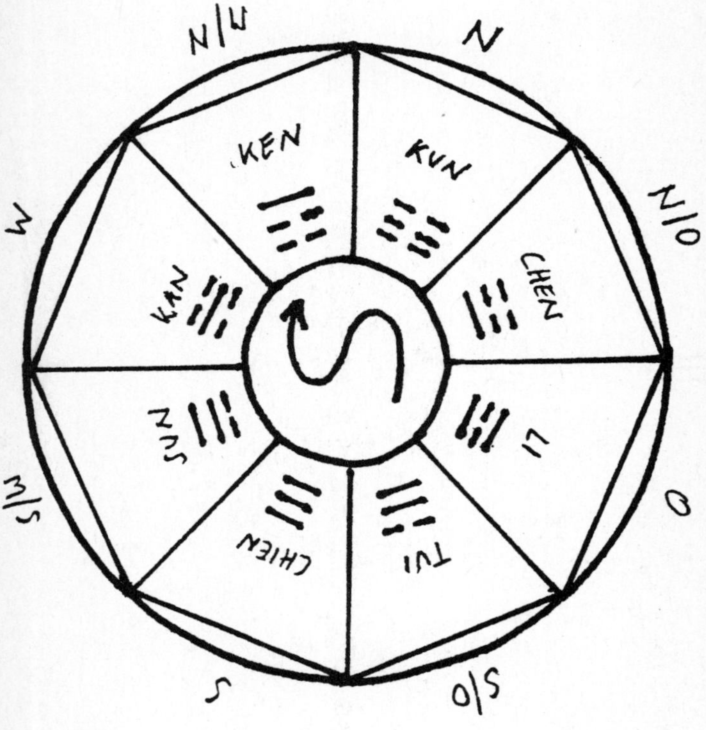

Abb. 86: Der alte Ba-Kua

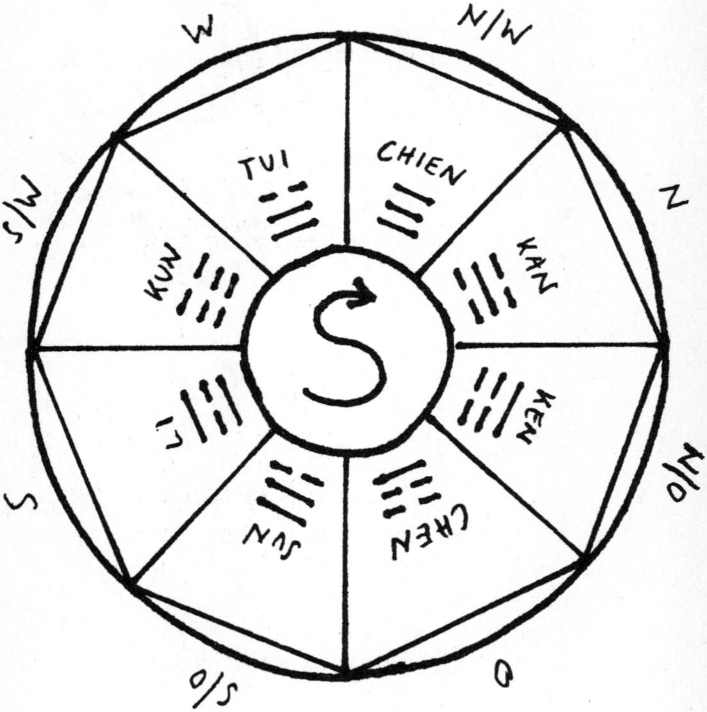

Abb. 87: Der moderne Ba-Kua

Chi-Kreativität

Alles Lebende ist der Veränderung des Chi und dem Yin-Yang-Wechsel unterworfen. Alles Lebende wurde aber auch erschaffen und ist selbst in der Lage, Neues hervorzubringen.

Das Chi ist in Vergangenheit, Gegenwart und Zukunft tätig. Da es selbst aber weder erschaffen noch zerstört werden kann, bedeutet dies, daß Vergangenheit, Gegenwart und Zukunft im gleichen Augenblick stattfinden.

Somit dürfen wir uns das Leben nicht linear vorwärtsschreitend vorstellen, sondern ganzheitlich, holistisch, wie es die moderne Physik (zumindest durch einige ihrer Vordenker) propagiert. In der buddhistischen Philosophie ist dies durch das Gesetz des Karma schon vorweggenommen.

Die Gleichzeitigkeit allen Geschehens aber läßt Astrophysiker auf ein multidimensionales Universum schließen, das uns bislang noch verborgen ist und nur mathematisch projektiert werden kann. Sollte es sich uns eines Tages offenbaren, können wir sicher sein, überall in ihm Chi zu entdecken, das nichts anderes tut, als permanent schöpferisch tätig zu sein, also Leben zu spenden.

In der chinesischen Sprache setzt sich das Wort für »Leben« aus zwei Begriffen zusammen: »Shen« steht für »geboren werden«, »Min« für »Schicksal«!

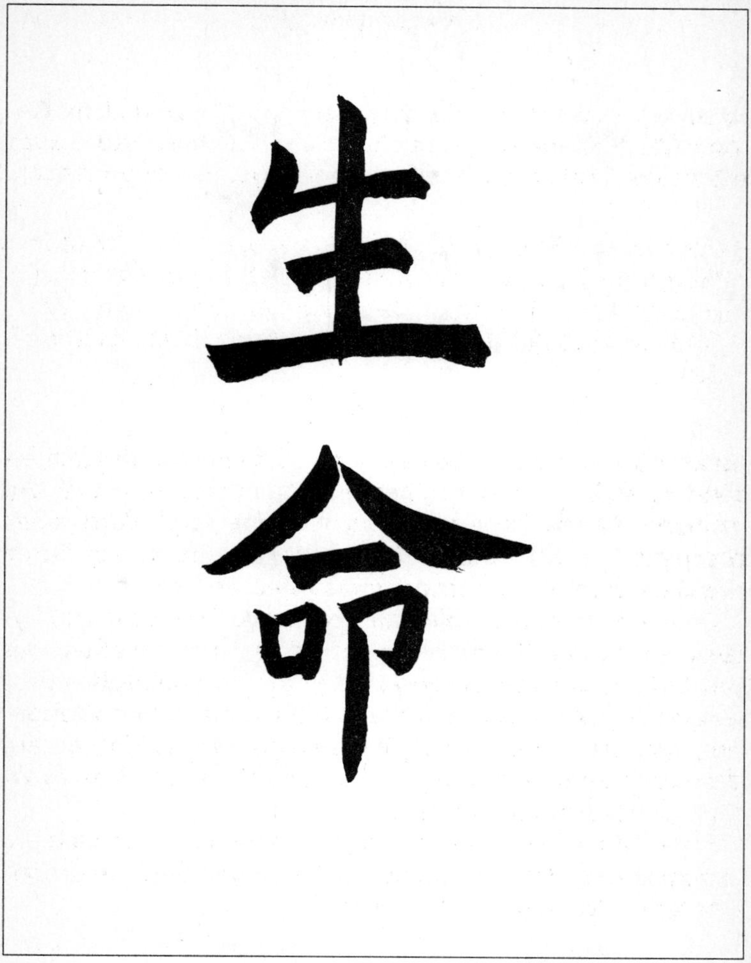

Abb. 88: Shen Min; Leben

Chi, der »Tod« von Sha

Wenn Chi Leben verheißt, dann bedeutet dies, daß sein Gegenspieler Sha keine wirkliche Chance hat, einen beständigen Triumph zu feiern.

Immer wird das Leben über den Tod siegen, das Gute über das Böse, das Helle über das Dunkel. Dennoch ist Sha notwendig, um dem Chi seine Berechtigung zu geben. Dasselbe gilt auch umgekehrt.

Diese Erkenntnis spiegelt nur den Wahrheitsgehalt der Yin-Yang-Theorie wider. Offenbar ist die Welt tatsächlich auf einem polaren Prinzip aufgebaut. Deshalb wird man selbst in den uns noch verschlossenen Dimensionen des Universums bzw. des geistigen Raums stets sowohl auf Chi wie auch auf Sha treffen, wobei es für das Geschick alles Lebendigen nur darauf ankommt, wie man mit dem Sha umgeht.

- Läßt man Sha dominieren, treten die bekannten destruktiven Folgen unweigerlich ein. Gleicht man es jedoch aus, dann tritt das ein, was für ein Gesamtleben so notwendig ist, will man Erfolg, Glück und Gesundheit für sich beanspruchen: Harmonie.

Deshalb ist Feng Shui ein unerläßlicher Ratgeber in allen Belangen des Lebens.

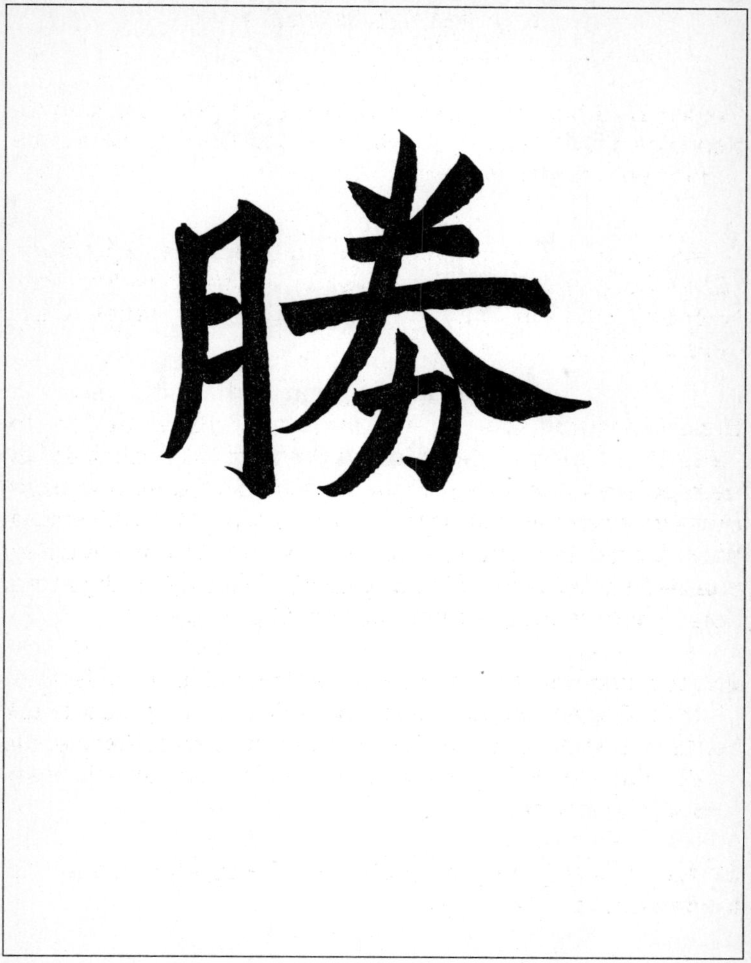

Abb. 89: Shön; Triumph

Feng-Shui-Erfüllung

Die alten chinesischen Philosophen beschäftigten sich gerne mit dem Wesen und Sein der Schönheit. Einer von ihnen sagte: »Schönheit entsteht von oben nach unten, von innen nach außen, vom Großen zum Kleinen, vom Fernen zum Nahen – wenn alle Teile im richtigen Verhältnis zueinander stehen.«

Hier wird offenbar, daß das Geheimnis der Schönheit in der Harmonie liegt. Wenn nun die Feng-Shui-Lehre so große Anstrengungen unternimmt, die günstigsten Proportionskonstellationen herauszufinden, dann dient dies letztlich nur einem Zweck: der Harmonie zwischen Himmel, Erde und Mensch. Deshalb kann man zu Recht sagen, daß die Suche der Philosophen nach dem Wesen der Schönheit von der Feng-Shui-Lehre in die Praxis des täglichen Lebens umgesetzt wurde. So gilt z. B. für die Architektur, daß sich aus der Suche nach Schönheit und Harmonie die Details für die Errichtung von Häusern und Palästen, von Gräbern und Mausoleen ergaben, sowie auch die Besonderheiten im Verhältnis von Straße, Zaun, Eingangstüre und Garten.

Feng Shui ist also mit Sicherheit »mehr« als man annehmen möchte, vor allem, wenn man bedenkt, daß alles, was existiert, den Gesetzen der Harmonie unterworfen ist. Dies herauszufinden und nutzbar zu machen, war und ist die Aufgabe von Feng Shui.

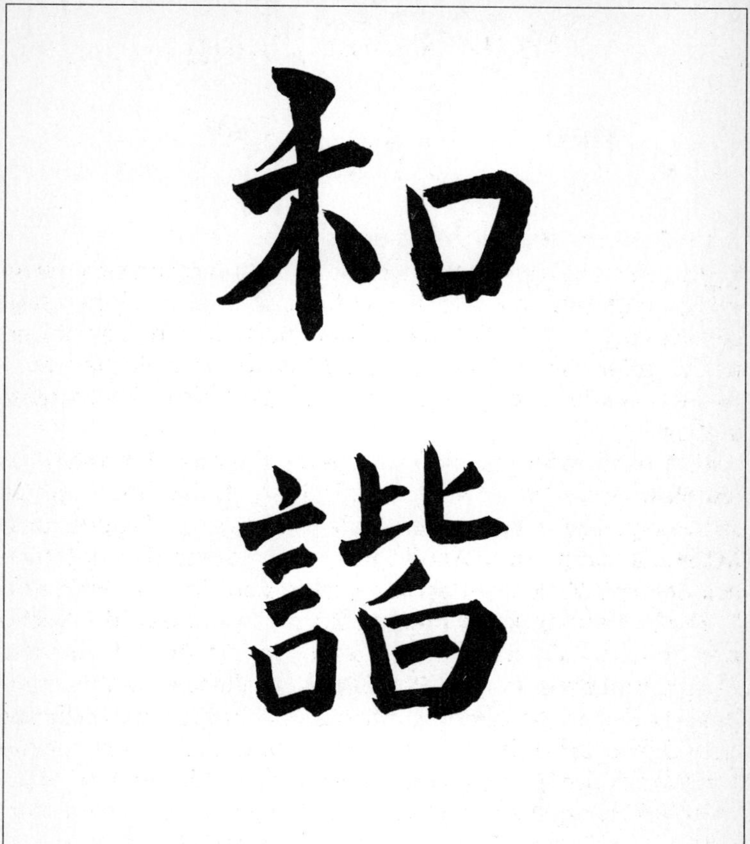

Abb. 90: Ho-Shie; Übereinstimmung

Wind in den Bergen, Wasser im Tal

Keine andere Literatur ist so reich an Landschaftsschilderungen wie die des alten China – vor allem in bezug auf Berge, Seen, Flüsse und das Meer. Hier einige Gedichtauszüge:

»Die Berge erheben sich aus eines Menschen Antlitz;
die Wolken umkreisen eines Pferdes Haupt.« (Li-Tai-Bai)

»In meinem Garten pflücke ich die Schönheit meiner Chrysanthemen, während ich zum Berg des Südens blicke.«
(Tao Yüen-Ming)

»Sommertage am See und aufsteigende Sonne am Fluß:
das ist mein Zuhause.« (Song-Tse-Wen)

»In meinem birnenblütenvollen Garten liegt der trunk'ne Mond; Weidenzweige streicheln den Teich; dann trägt der Wind seine sanfte Brise zu mir.« (Yen-Shu)

»Jenseits der Stadt ragt der Grüne Berg empor,
diesseits fließt der Weiße Fluß.« (Li-Tai-Bai)

»Ein Fluß voll reinsten Wassers umgibt das Reisfeld.
Zwei Berge tragen dessen Grün zu mir.«
(Wang-An Shi)

Berge und Wasser schenken uns die schönsten Töne. Was braucht man da noch Instrumente?

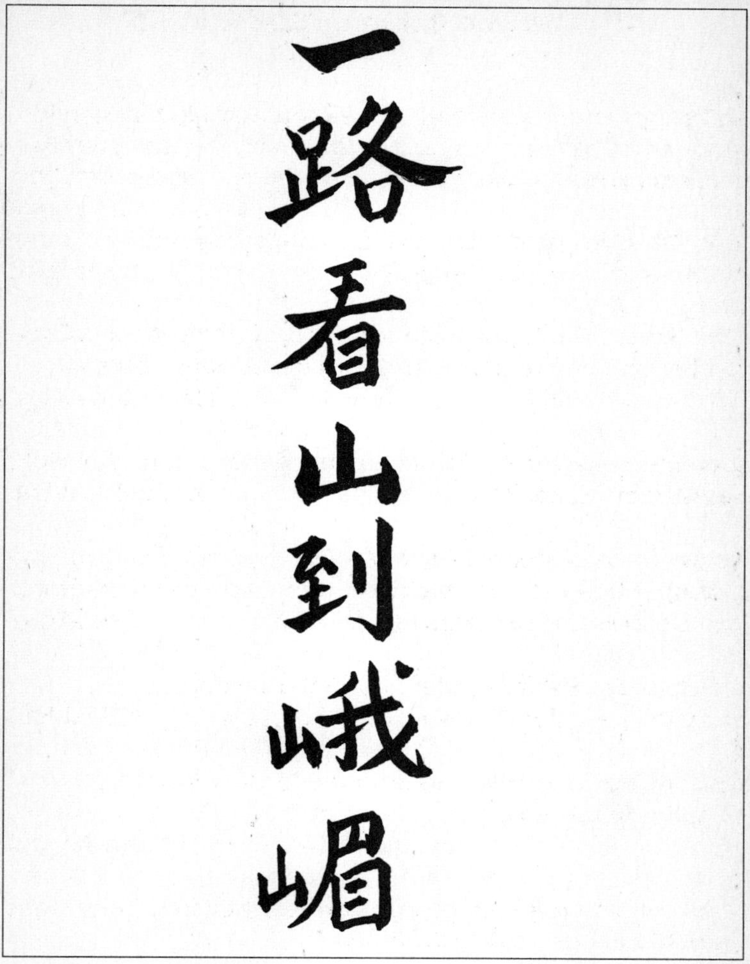

Abb. 91: Weshalb sieht man die Landschaft erst, wenn man am Gipfel des Berges steht?

Die guten Geister

Neben philosophischem und metaphysischem Gedankengut adaptierte die Feng-Shui-Lehre über Jahrtausende auch viele ethnische Besonderheiten. Vor allem der Taoismus bediente sich ausgiebig folkloristischer Elemente. Um das Schicksal vorherzusagen, wurden magische Rituale, astrologische und astronomische Symbole, mystische Zeremonien und Vorstellungen von Naturgeistern miteinander verschmolzen. Hinzu kamen physikalische, chemische und medizinische Kenntnisse sowie geistig-körperliche Übungen in Form von Meditation oder Chi-Training.

Die Kombination all dieser Einzelteile beeinflußte die gesamte Gesellschaft nachhaltig, vom Kaiser bis zum Bauern. Vor allem die Überzeugung von »Wu-Wei« (Tun im Nicht-Tun) und der starke Glaube an die Kraft der Natur wurde für jedermann zu einem Bestandteil des täglichen Lebens.

Deshalb kennt Feng Shui neben anderen auch fünf Hauptgeister, die nur dann »gut« sind, wenn man sie richtig zu behandeln versteht.

Diese sind:

- Tai-Suie: Er verbirgt sich meist unter der Erde und ist sehr bösartig. Beim Hausbau ist es demnach wichtig, den richtigen Platz dafür zu finden, damit man beim Umgraben nicht den Kopf des Tai-Suie trifft. Dann würde er nämlich zornig aus der Erde fahren und mehr als Unglück bringen. (Eine Person, die einem übel mitspielen will, nennt man daher ebenfalls »Tai-Suie«.)
- Men-Shen: Er ist der Geist der Tür und beschützt das Haus vor anderen bösen Geistern, gegen die er antritt, sobald sie erscheinen. Früher wurde ihm am 15. Januar (nach der Rechnung des Mondkalenders) geopfert. Im heutigen

Asien wird sein Bild (so wie man sich ihn vorstellt) links und rechts von der Eingangstür aufgehängt.

- Tsau-Shen: Er ist der Geist der Küche und steht mit dem täglichen Leben der Menschen in engem Kontakt. Im modernen Hotelwesen wäre er der F&B-(Food & Beverage-, Essen-und-Getränke-)Manager. Er ist der Botschafter des Himmelskaisers, der in jedes Haus gesandt wird, um alles, was dort geschieht, zu beobachten. Noch vor dem chinesischen Neujahrsfest kehrt er in den Himmel zurück und erstattet dort Bericht. Je nachdem, wie dieser Bericht ausfällt, wird eine Familie im kommenden Jahr entweder mit Glück belohnt oder durch Unglück bestraft. Um Tsau-Shen günstig zu stimmen, muß man ihm opfern. Dies geschieht meist in Form einer Weingabe (er soll betrunken werden, damit er das Schlechte vergißt) oder mit Zucker (damit sein Bericht versüßt wird).
- Wen-Chan-Shen: Er war für das Studium derer verantwortlich, die am Kaiserhof Ratgeber werden wollten, was in alten Zeiten als einzige Möglichkeit galt, reich und berühmt zu werden. Heute wird er vor allem von Schülern und Studenten »gepflegt«.
- She-Yan-Dan: Er ist ein beseelter Stein, der das Sha unter Kontrolle hält. Dieser Gedanke stammt aus dem Glauben, daß die Seelen der Toten zum Tai-Berg zurückkehren. Dort leben sie unter den Felsen, die das tote Chi durch ihr Gewicht festhalten. Die Feng-Shui-Methode verwendet daher Felsbrocken, die man in den Garten legt und mit dem dem Wort Tai-Shan (Tai-Berg) versieht.

In der Fünf-Elemente-Lehre beziehen sich diese fünf Geister auf das Feuer; somit können sie entweder großen Schaden anrichten oder unsere Diener werden. Wie immer hängt alles zuletzt doch von uns selbst ab.

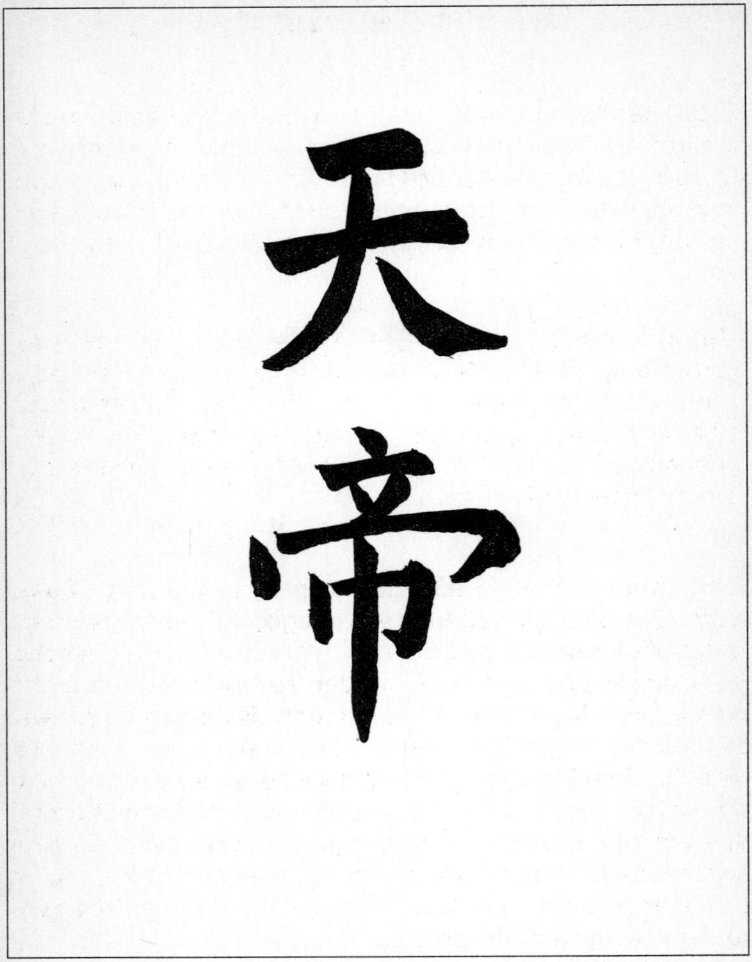

Abb. 92: Tien-Di; Der Himmelskaiser

Vergiß die Wurzeln nicht

Was ist den Grund dafür, daß sich die Feng-Shui-Lehre in China nicht nur über Jahrtausende halten konnte, sondern daß sie auch ständig weiterentwickelt wurde? Der Bezug zum Volksglauben, zu religiösen Vorstellungen oder zu Sitten und Gebräuchen wäre wohl eine Antwort, doch sie genügt nicht.

Die Hauptursache findet sich in der Kultur der Traditionspflege, deren »Herz« das moralische System bildet, dem sich keine Familie entziehen kann, und deren Basis die Verpflichtung der Kinder gegenüber den Eltern ist. »Dadurch ist es leichter, das Land in Ordnung zu halten«, resümierte Konfuzius.

Feng Shui spielt auch im Ahnenkult eine gewaltige Rolle, weshalb es sich speziell mit der Anlage und Gestaltung von Friedhöfen beschäftigt. Dieser Punkt wurde im vorliegenden Buch außer acht gelassen, da der europäische Leser hinsichtlich des Todes eher transzendent als deszendent – wie die Asiaten – denkt. Aber vielleicht ist diese Form der menschlichen Beziehungen heute auch für den Westen wichtig, da hier das Familienleben auseinanderzubrechen droht: Kindern wird anstelle von Fürsorge ein Computerspiel angeboten, Erwachsene schaffen sich Scheinwelten und ersetzen Liebe durch Geld; und Alte sterben alleingelassen in eigens für sie errichteten Ghettos ...

Europäische Touristen bestaunen in Asien immer wieder die Schönheit tropischer Orchideen. Wie aber könnte eine Orchidee ohne Wurzeln wachsen und ihre Schönheit entfalten?

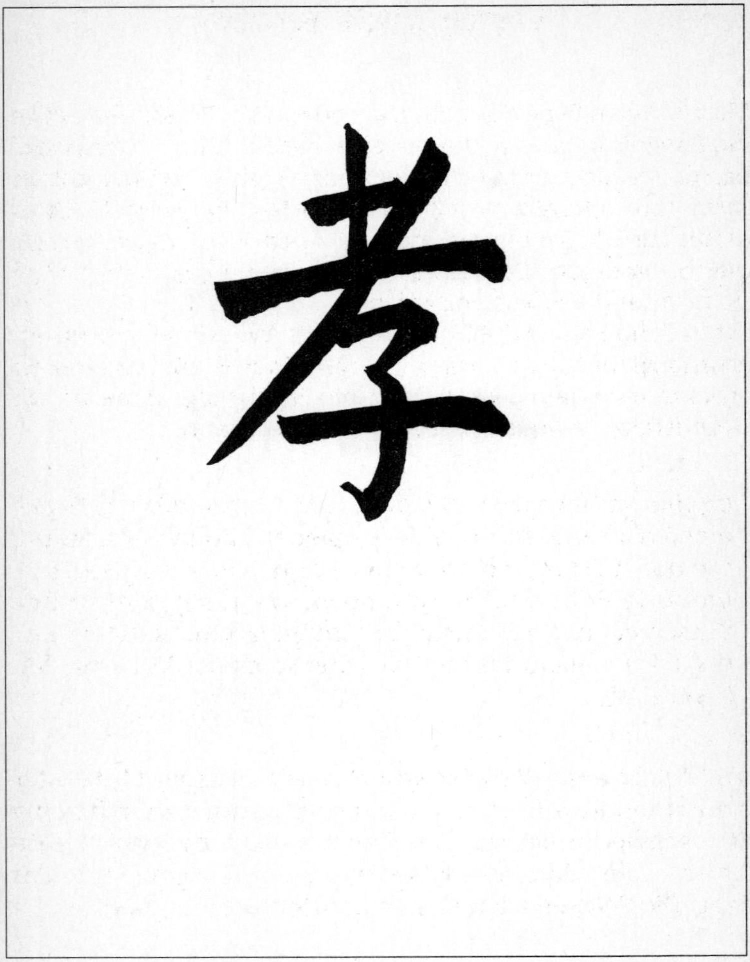

Abb. 93: Shiao; Achtung

Wissen schafft Wissen

Man kann an Feng Shui glauben oder nicht. Wenn man aber die Entstehungsweise dieser Lehre bedenkt, dann ist es wohl besser, ihr nicht negativ gegenüberzustehen, entstammt sie doch dem alltäglichen Wissen des Menschen und fließt in dieses zurück. Sie nimmt und gibt – dem Urgesetz der Natur gleich. Dinge des Geistes kann man glauben, aber man muß sie nicht in die Praxis umsetzen.

Mit Feng Shui verhält es sich anders: Wegen seines Hintergrunds glaubt man daran; wegen seiner Wirksamkeit aber arbeitet man damit, wobei man die Ergebnisse wiederum als Grundstein für neues Wissen verwenden kann.

Irgendwie scheint Feng Shui die Gesamtentwicklung menschlichen Wissens widerzuspiegeln: Zuerst wird Wissen durch Erfahrung erworben, dann wird es eingesetzt, um neue Erfahrung zu gewinnen. Wenn schließlich das Wissen kulminiert, entsteht Wissenschaft, die selbst wiederum zu neuem Wissen führt und somit die Menschheit bereichert.

Als Mutter aller Wissenschaften wurde bis zum Mittelalter die Astrologie angesehen, dann ersetzte man sie durch die Philosophie, in der sich das Denken selbst bedenkt. Heute scheint die Zeit wiedergekommen zu sein, um das Feng-Shui-Wissen allen Wissenschaften beizuordnen.

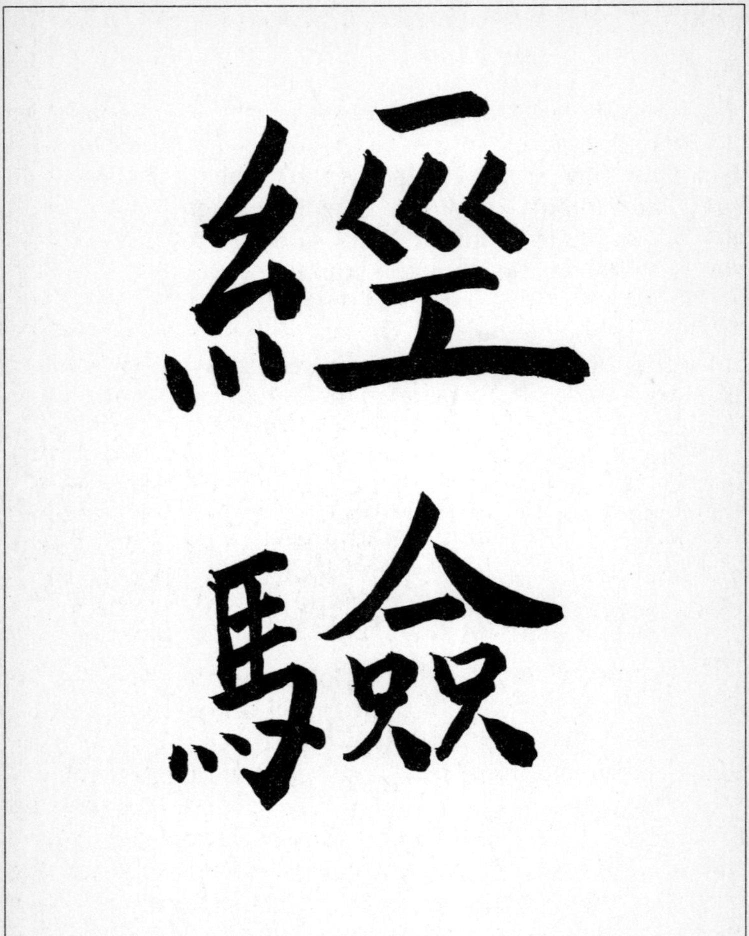

Abb. 94: Chin-Yen; Erfahrung

Alles ist – Alles ist eins – Eins ist alles

Es scheint, daß Feng Shui sich nur um die spirituelle Harmonie von Himmel, Erde und Mensch kümmert. Vom biologischen Standpunkt aus betrachtet aber zeigt es die Stellung des Menschen innerhalb der Gesamtnatur und seine Beziehung zu allem Existierenden. Da alles zu allem gehört und alles von allem abhängig ist, wäre Feng Shui auch ein hervorragendes Mittel für das Studium der Ökologie. Auch der Ort, an dem ein Mensch lebt, also sein Haus oder seine Wohnung, ist ein Spiegelbild der Mensch-Natur-Beziehung.

Alles in der Natur hat seine Wohnstatt, Bäume, Blumen, Tiere. Stimmt der Boden, das Umfeld, die Höhle oder das Nest nicht mehr, entsteht dem jeweiligen Wesen »Schaden«; so auch dem Menschen. Nur wenn Mensch und Natur in spiritueller und biologischer Balance stehen (sowohl einzeln als auch miteinander), braucht keiner Unglück zu befürchten.

Die Tatsache, daß Mensch und Natur wechselseitig aufeinander wirken, wird von der Feng-Shui-Lehre durch das Chi erklärt. Der Taoismus nennt dieses Chi den Beginn allen Seins. Das Symbol dafür ist der Kreis, in dem die polaren Hälften eingeschlossen sind – Yin und Yang. Dabei ist es wichtig zu beachten, wie diese beiden ineinandergefügt sind und wie sie durch den Kreis zusammengehalten werden. Das Fischblasensymbol ist das Ursymbol für alle Einheit. Auch wenn der heutige Mensch diese nicht mehr begreifen kann oder will, so bleibt er doch stets in ihr geborgen.

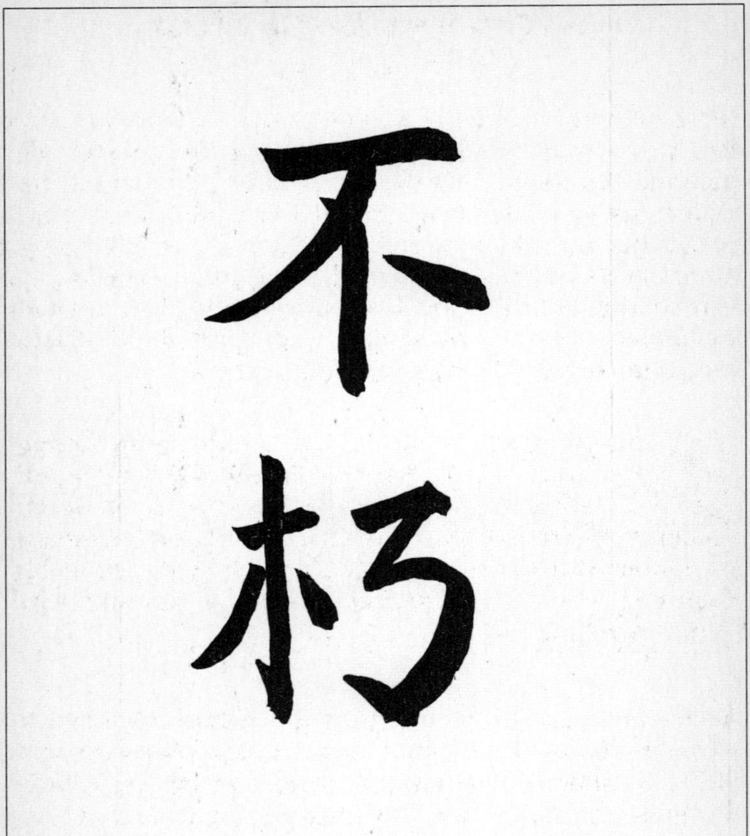

Abb. 95: Bu Shio; Ewigkeit

Die Geschichte der Geschichte

Jedes historische Geschehen, auch wenn es so klein ist wie ein Wassertropfen im Meer, verfügt über die Fähigkeit, den gesamten Hintergrund einer Kultur und einer Gesellschaft widerzuspiegeln. Feng Shui reflektiert demnach die ganze Geschichte und Kultur des Reiches der Mitte. In einer Art Rückschluß kann man daher durch Feng Shui feststellen, wie sich politisches Leben, architektonische Stilfragen, Wertvorstellungen, landwirtschaftliche Gepflogenheiten, Bestattungsriten etc. vor Jahrtausenden ausnahmen.

Feng Shui ist also nicht nur für die Zukunftsbestimmung von Nutzen, sondern auch für die Erkennung der Vergangenheit. Daraus läßt sich schließen, daß sich die in einem Leben angestrebten Werte – Glück, Reichtum, Gesundheit – zumindest in der chinesischen Kultur vom Beginn an bis heute nicht änderten, trotz diverser Dynastien und trotz Kulturrevolution.

Auch wenn die Historie meist die Geschichte tragischer Irrtümer ist, an der Grundeinstellung der Menschen vermag sie nichts zu ändern. Egal welches System »herrscht«, die Bedürfnisse der »Untertanen« bleiben stets unverändert.

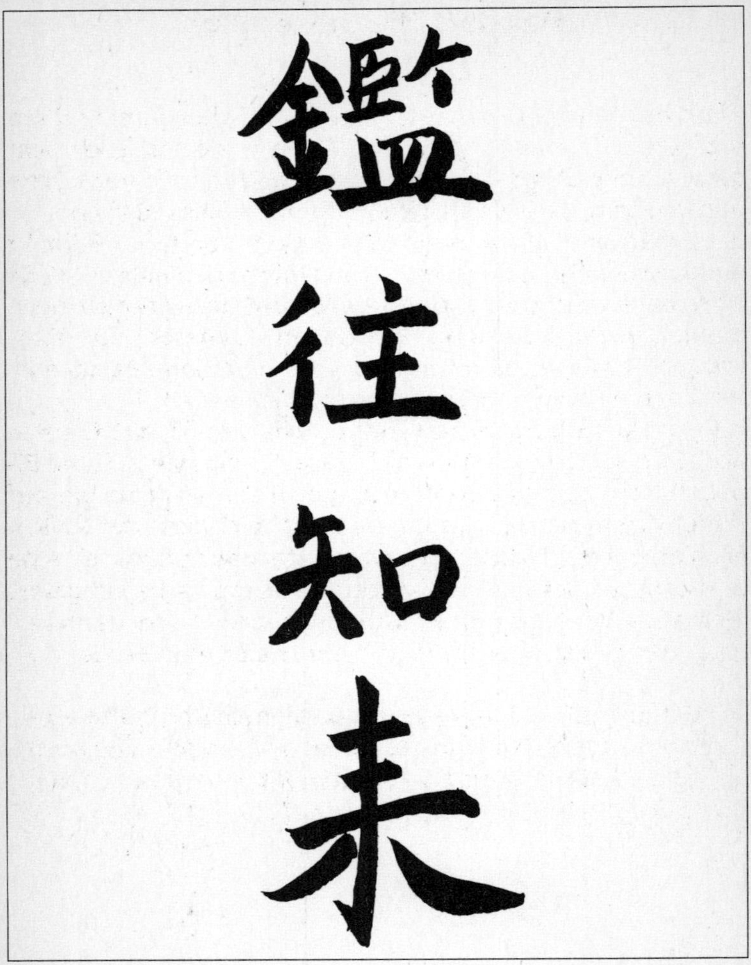

Abb. 96: Chien Wang Chü Lai; Die Vergangenheit spiegelt die Zukunft

Das Herz des Universums

Nicht-Asiaten nehmen oft an, das chinesische System sei auf absolutem Gehorsam aufgebaut. Diese Ansicht ist aber nicht ganz richtig. Schon von der Feng-Shui-Kenntnis her dürfte nun klar sein, daß es sich dabei nicht um blindes Befolgen irgendwelcher Autoritätsregeln handelt, sondern vielmehr um das Bestreben, in Harmonie zu leben, »den milden Weg« zu gehen, wie Konfuzius sagt. Weder Brachialgewalt noch intellektuelle Argumente vermögen Chinesen zu überzeugen. Ihr Bestreben ist einzig und allein, jene Balance zu finden, die sie vom Universum her verspüren.

Weshalb besteht die Feng Shui Lehre darauf, daß Mensch und Erde in Harmonie leben, und sagt nicht, wie z. B. die Bibel, »Macht euch die Erde untertan!«? Die Antwort hierauf findet sich in der Rückschau auf die alte chinesische Kultur: Probleme, egal welcher Art, waren stets nur philosophische und konnten deshalb auch nur auf philosophische Art gelöst werden. »Wenn man einen Knoten knüpfen kann, dann vermag man ihn auch wieder zu lösen«, heißt es in China.

Die chinesische Lehre besagt, daß Mensch und Natur einander helfen sollen statt Gegner zu sein, dann – wie Konfuzius erkannte – ist der Mensch das Herz von Himmel und Erde.

天中有人人中有天

Abb. 97: Im Himmel ist der Mensch und im Menschen ist der Himmel

Gleichklang der Welten

Die Feng-Shui-Lehre kümmert sich nicht nur um den Einfluß des nicht sichtbaren Chi, sondern auch um dessen Ergebnis, die Ästhetik. Für die alten Chinesen war es wichtig, die Schönheit der Natur zu bewahren und sie symbolisch in Form von architektonischen Attributen oder Wand- und Zimmerschmuck in ihre Häuser zu integrieren.

Jede geschwungene Linie bedeutet dabei »Beliebtheit«; und so entstanden geschwungene Pagodendächer, schlangenförmlige Straßen, neunkurvige Brücken und Flure, geschwungene Balkone sowie Fenster und Türen in Kreisform. Zu diesem »sanften« Element gesellte sich als Ausgleich ein »starkes«, das die geraden geometrischen Formen aufwies.

Diese Balance-Technik findet man auch in der darstellenden Kunst, wo Bilder stets ein starkes Element (z. B. einen Berg) gemeinsam mit einem sanften (z. B. Wasser) zeigen. Alles lebt hier aus dem Wechselspiel von Aktivität und Passivität, von Handlung und Ruhe. Wer diese Lebenshaltung versteht, vermag den Wert der chinesischen Kultur viel eher einzuschätzen als jemand, der nur auf die historischen Daten blickt.

Feng Shui vereint auf magische Weise die Schönheit der Natur und die Werke von Menschenhand. Selbst wenn man die Magie wegläßt, verbleibt immer noch ein Höchstmaß an biologischem, physikalischem, chemischem, mathematischem und geographischem Wissen; und damit kann Feng Shui dazu beitragen, diese Welt schöner und besser zu machen.

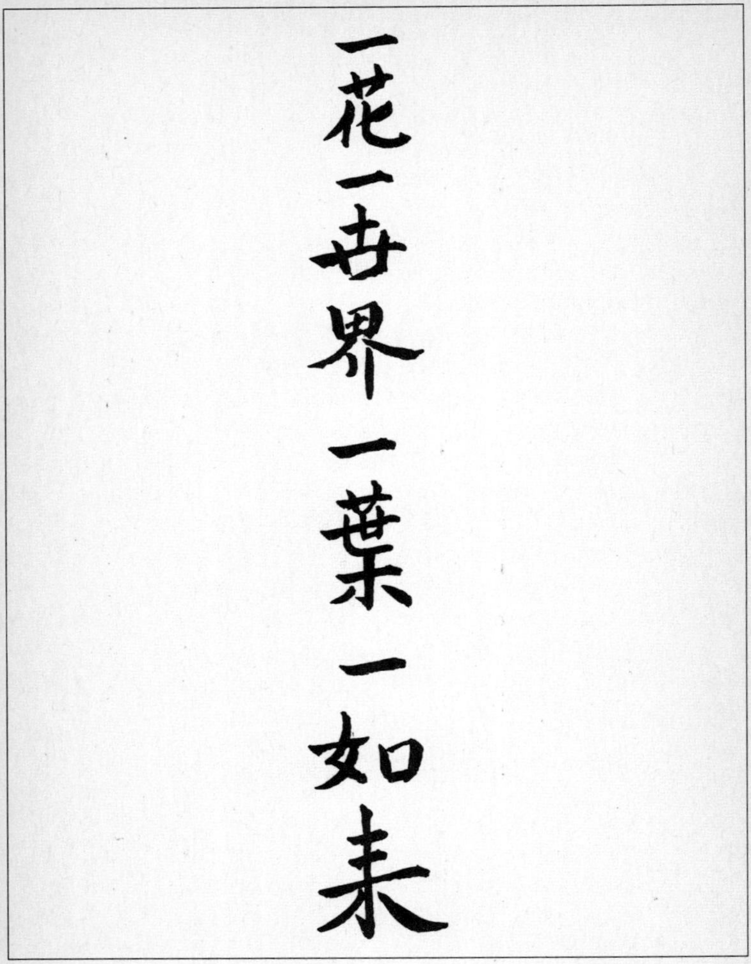

Abb. 98: Durch eine Blume sieht man die Welt, durch ein Blatt das All

Abb. 99: Sha, der Prinz der Finsternis
(keine Kalligraphie; weshalb?
Die Gründe dafür dürften nunmehr bekannt sein)

Abb. 100: Einheit

Abbildungen

Register